校企合作汽车专业精品教材

汽车故障诊断与维修

主审　程洪涛

主编　王德良　席　敏

镇　江

内 容 提 要

本书共有5个项目，包括汽车故障诊断与维修概述、汽车发动机故障诊断与维修、汽车底盘故障诊断与维修、汽车电气系统故障诊断与维修、汽车综合故障诊断与维修。

本书突出实践操作，注重培养学生的实践技能，可作为各类院校汽车检测与维修技术及其相关专业的教材。

图书在版编目（CIP）数据

汽车故障诊断与维修 / 王德良，席敏主编. -- 镇江 : 江苏大学出版社，2025. 1. -- ISBN 978-7-5684-2089-1

Ⅰ. U472.4

中国国家版本馆CIP数据核字第2025M6X433号

汽车故障诊断与维修

Qiche Guzhang Zhenduan Yu Weixiu

主　　编 / 王德良　席　敏
责任编辑 / 徐　婷
出版发行 / 江苏大学出版社
地　　址 / 江苏省镇江市京口区学府路301号（邮编：212013）
电　　话 / 0511-84446464（传真）
网　　址 / http://press.ujs.edu.cn
排　　版 / 北京时代华都印刷有限公司
印　　刷 / 北京时代华都印刷有限公司
开　　本 / 889 mm×1 194 mm　1/16
印　　张 / 17
字　　数 / 481千字
版　　次 / 2025年1月第1版
印　　次 / 2025年1月第1次印刷
书　　号 / ISBN 978-7-5684-2089-1
定　　价 / 68.00元

如有印装质量问题请与本社营销部联系（电话：0511-84440882）

前言

PREFACE

随着科技的日新月异，汽车正向智能化方向发展，但其内部结构也相应变得错综复杂。这导致汽车故障的诊断与维修工作愈发烦琐，因此，汽车维修技术人员必须掌握多元化的知识体系。与此同时，我国汽车行业近年来呈现出蓬勃发展的态势，汽车保有量持续攀升。这一趋势不仅推动了汽车维修行业的繁荣，也凸显了汽车维修技术人员供不应求的现状。因此，汽车维修行业亟需培养大量优秀的汽车维修专业人才，以满足行业的迫切需求。

为了使本书更好地适应教学需求，突出培养汽车维修技术人员应用能力和实践能力的特点，编者进行了大量的企业调研和毕业生访问调查，深入了解了市场对汽车维修技术人员的实际技能需求，在听取行业专家意见的基础上，结合活页式理念、汽车职业技能等级证书要求、近年来的教学和技能大赛指导经验编写了本书。本书具有以下特点。

1 素质教育，立德树人

本书积极贯彻党的二十大精神，有机融入“价值塑造、能力培养、知识传授”三位一体的育人理念，将素质教育潜移默化地融入教学过程。首先，本书在每个项目开头提出了“素质目标”，明确了学生的素质教育任务；其次，在讲解相关知识时穿插了“知行合一”小模块，讲述了诚实守信、爱岗敬业、精益求精的职业素养；最后，在每个项目结尾设置了“模范先锋”模块，讲述了劳模事迹等。本书注重增强学生的创新、环保意识，培养学生勤勤恳恳、专注创新、无私奉献的工匠精神，让学生在学习中树立正确的世界观、人生观、价值观。

2 校企合作，工学结合

在编写本书的过程中，编者获得了多位汽车故障诊断与维修专家和一线工作人员的大力支持，充分考虑了汽车故障诊断与维修相关岗位的实际技能需求，力求使理论知识和实际岗位有机结合，让学生在学习的过程中同步提高技能水平。

3 活页理念，素质教学

为落实教育部相关文件精神，满足教学需求，本书采用“活页式理念”进行编写，坚持以应用为主线，不仅向学生传授理论知识，还着力培养学生的专业技能、职业道德与职业意识，以实现既懂理论又擅实践的高素质人才培养。

4 知识整合，课证融通

为了有效落实 1+X 证书制度，本书将职业证书的标准和要求融入课程中，实现职业标准和课程内容的无缝对接。

5 任务驱动，理实一体

本书为活页式教材，根据实际内容划分为多个项目，每个项目又设有多个任务，每个任务以“任务引入”→“任务工单”→“相关知识”→“实践操作”的结构安排内容。

任务引入：以情景故事等引出任务，让学生初步了解所学知识的实际情况，并激发学生的学习兴趣。

任务工单：配套设计于每个任务中，体现“做中学，学中做”的教学理念。任务工单可以辅助学生记录在任务实施过程中的实际工作内容和遇到的问题，有助于培养学生自主学习的意识和能力。此外，每个任务工单都设计了考核评价和课堂小结，可辅助教师进行过程考核，辅助学生总结经验、提升技能。

相关知识：参考汽车故障诊断与维修的课程标准，以“必需、够用”为原则，侧重介绍汽车故障原理和汽车故障诊断与维修流程。

实践操作：以工作岗位所需的知识和技能为出发点来设置，注重培养学生的实践能力。

此外，本书在每个项目的最后设置了“项目考核”，让学生通过做题巩固所学知识。

6 栏目丰富，助力学习

本书在讲解内容时，穿插有“汽车论坛”模块，让学生在课堂上就相关内容进行思考、讨论，可以充分调动学生的积极性，活跃课堂气氛；同时，还设有“知识加油站”“前车之鉴”等模块，可以拓宽学生视野，增加本书的趣味性。此外，本书在关键节点处设置了“笔记”，引导学生在学习过程中记录相关经验和感想。

7 图文并茂，生动直观

本书所用的实践操作步骤图片，均是编者在汽车维修技术人员的专业指导下精心拍摄的，确保了实践操作准确、规范。同时，本书为了方便学生理解，还配备了大量的流程图、实物图等，不仅为学生营造了一个生动、直观的认知环境，还增强了本书的可读性。

8 数字资源，平台辅助

本书提供了丰富的数字资源，读者可以借助手机或其他移动设备扫描二维码观看微课视频，也可以登录文旌综合教育平台“文旌课堂”查看和下载本书配套资源，如优质课件、教案、项目考核答案等。

此外，本书还提供了在线题库，支持“教学作业，一键发布”，教师只需要通过微信或“文旌课堂”App 扫描扉页上的二维码，即可迅速选题、一键发布、智能批改，并查看学生的作业分析报告，提高教学效率、提升教学体验。学生可在线完成作业，巩固所学知识，提高学习效率。

本书由程洪涛担任主审，王德良、席敏担任主编，刘洋、陈胜深、江海滨、陈冠奇、王文斌、吴楚越、姜宇航、林坚、黄志伟担任副主编。由于编者水平有限，书中难免存在疏漏或不当之处，敬请广大读者批评指正。

特别说明：

（1）本书在编写过程中，参考了大量的资料并引用了部分文章和图片等。这些引用的资料大部分已获授权，但由于部分资料来自网络，我们未能确认出处，也暂时无法联系到原作者。对此，我们深表歉意，并欢迎原作者随时与我们联系，我们将按规定支付酬劳。

（2）本书没有注明资料来源的案例均为编者根据真实事件自编。

本书配套资源下载网址和联系方式

网址：https://www.wenjingketang.com

电话：400-117-9835

邮箱：book@wenjingketang.com

目录

CONTENTS

项目4 汽车电气系统故障诊断与维修 165

项目5 汽车综合故障诊断与维修 217

参考文献 261

项目 1

汽车故障诊断与维修概述

项目导读

随着人们生活水平的提高，汽车逐渐进入了千家万户。然而，汽车的复杂结构使其在使用过程中可能因各种各样的原因发生故障，进而降低汽车的动力性、燃料经济性、操纵稳定性、使用安全性等。汽车故障有的是突发的，有的是逐渐形成的。当汽车发生故障时，准确、快速地诊断出故障原因，找出故障部位，并尽快地进行维修，有利于延长汽车的使用寿命。

本项目主要介绍汽车故障诊断与维修的相关知识。

知识目标

1. 了解汽车故障现象和原因。
2. 掌握汽车故障诊断与维修的基本方法和基本流程。
3. 掌握汽车故障诊断与维修工具的使用方法。

技能目标

1. 能够正确认识汽车常见故障现象。
2. 能够正确使用汽车故障诊断与维修工具。

素质目标

1. 提高安全、规范作业的意识。
2. 培养勤勤恳恳、专注创新的工匠精神。

任务 1.1 汽车故障诊断与维修认知

任务引入

无论汽车是否出现故障，都需要定期对其进行检测，以便及时发现隐患，保证汽车的安全运行。同时，随着现代汽车电子化程度不断提高，汽车故障诊断与维修技术也不断提高。这就需要维修人员深入了解汽车故障诊断与维修的基础知识，进而为迅速确定汽车故障部位、提高维修效率和延长汽车使用寿命打下坚实的基础。

本任务将介绍汽车故障诊断与维修的基础知识，其知识与技能要求如表 1-1 所示。

表 1-1　知识与技能要求

任务内容	汽车故障诊断与维修认知	学习程度		
		识记	理解	应用
学习任务	汽车故障现象认知	●		
	汽车故障原因认知		●	
	汽车故障诊断与维修的基本方法认知		●	
	汽车故障诊断与维修的基本流程认知		●	
实训任务	汽车常见故障现象认知			●
自我勉励				

任务工单——汽车常见故障现象认知

1．学生分组

以 3～5 人为一组，选出组长并进行分工，将小组成员及分工情况填入表 1-2 中。

表 1-2　小组成员及分工情况

班级：　　　　　　　　组号：　　　　　　　　指导教师：

小组成员	姓名	学号	任务分工
组长			
组员			

2．获取信息

在进行实际操作前，需要掌握汽车故障诊断与维修的相关知识。请各组组长组织组员收集相关资料，回答下列问题。

引导问题 1：什么是汽车故障诊断？

引导问题 2：汽车故障的产生原因有哪些？

引导问题 3：绘制汽车故障诊断与维修的基本流程图。

3. 任务准备

在明确任务内容的情况下，根据实际情况，在表 1-3 中写出车辆信息及所需的工具、设备、资料等。

表 1-3　车辆信息及所需的工具、设备、资料

<table>
<tr><td rowspan="2">车辆信息</td><td>车型</td><td>VIN 码</td><td>行驶里程</td></tr>
<tr><td></td><td></td><td></td></tr>
<tr><td>工具、设备、资料</td><td colspan="3"></td></tr>
</table>

在进行实际操作前做好现场防护，并将现场防护措施填入表 1-4 中。

表 1-4　现场防护措施

个人防护	
设备安全防护	
场地安全防护	

4. 任务实施

在汽车或实训台上设置几个常见的汽车故障，观察各故障现象，并将其填入表 1-5 中。

表 1-5　操作步骤

序号	故障设置点	故障现象

续表

序号	故障设置点	故障现象

5．考核评价

各组组长展示任务完成情况，并配合指导教师完成如表 1-6 所示的考核评价表。

表 1-6 考核评价表

项目名称	评价内容	分值 / 分	评价分数 / 分		
			自评	互评	师评
职业素养考核项目（40%）	穿戴规范、整洁	6			
	安全意识、责任意识、服从意识强	6			
	积极参加教学活动，按时完成任务工单	10			
	团队合作、与人沟通能力强	6			
	劳动纪律良好	6			
	维修场地、设备等整洁	6			
专业能力考核项目（60%）	专业知识查找及时、准确	12			
	操作符合规范	18			
	操作熟练，工作效率高	12			
	任务完成度高	18			
合计		100			
总评	自评（20%）+ 互评（20%）+ 师评（60%）= ＿＿＿＿＿＿	综合等级	指导教师（签名）：＿＿＿＿		

6．课堂小结

____

____

____

____

____

____

____

____

____

相关知识

汽车故障诊断是指当汽车存在故障隐患、技术状况变差、部分或完全丧失工作能力时，在不解体（或仅拆下个别小零部件）的条件下，为确定汽车技术状况或查明故障部位及原因而进行的检测、分析与判断。汽车维修则是指在汽车故障诊断后，为了排除故障并使汽车恢复正常而采取的一定措施。

1.1.1 汽车故障现象

故障现象又称故障症状，是汽车故障的具体表现。汽车常见故障现象有性能异常、工况异常、响声异常、排放异常、操作异常、气味异常、外观异常、过热及渗漏等。

1．性能异常

汽车在使用一段时间后，其动力性、燃料经济性、乘坐舒适性、操纵稳定性等性能会变差，具体表现为最高行驶速度降低、燃油和机油消耗变快、振动和噪声增大、行驶跑偏、车头摆振等。

2．工况异常

汽车在启动或行驶中有时会突然出现某些不正常的现象，如冬季汽车启动困难、发动机熄火后不能启动、在汽车行驶中发动机突然熄火、汽车无法制动等。

3．响声异常

汽车在使用中有时会发出异常的响声。例如，汽车怠速运转时发出有规律的“嗒嗒”声，加速时响声杂乱无规律，这是气门间隙过大引发的敲击声；发动机在正常运转时出现“嘎嘎”声，且响声越来越大，这是发动机缺机油引起的烧轴瓦响声。

4．排放异常

汽车发动机排气管有时会出现冒黑烟、蓝烟、白烟等排放异常的现象，如图 1-1 所示。冒黑烟通常是因为混合气过浓、燃烧不完全；冒蓝烟通常是因为机油燃烧；冒白烟通常是因为燃油中有水、气缸中有水、室外温度过低等。

（a）冒黑烟

（b）冒蓝烟

（c）冒白烟

图 1-1 排放异常的现象

5．操作异常

汽车运行时，有时会出现加速、转向、制动等操控不响应驾驶员意图的情况，具体表现为加速踏板、离合器踏板、制动踏板、方向盘及变速杆的操作反应迟钝或不顺畅。

6．气味异常

汽车在使用过程中有时会出现气味异常的现象。例如，汽车刹车片（见图 1-2）和离合器片（见图 1-3）等非金属材料会因制动拖滞或离合器打滑等故障产生烧焦味；电气系统导线烧毁，会产生烧焦味；机油泄漏到排气管上，会产生臭味。

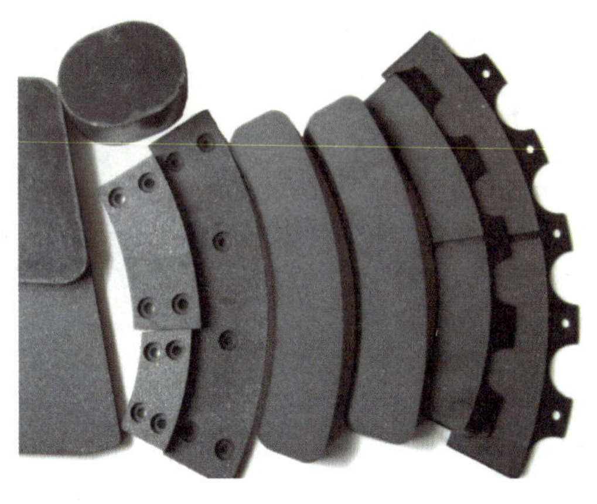

图 1-2　刹车片

图 1-3　离合器片

7．外观异常

在检查汽车外观时可能会发现汽车出现纵向倾斜或横向歪斜，灯光、信号、仪表失常，壳体有碰伤、擦痕等异常。

8．过热及渗漏

汽车各部件温度有时会超出正常范围，如变速器、制动器、后桥壳发热烫手等，即汽车过热。汽车在使用过程中有时会发生燃油、机油、冷却液、制动液、电解液、制冷剂泄漏，电气系统漏电，以及气缸、进（排）气管、真空管等漏气，即汽车渗漏。

汽车论坛

说一说你见过上述哪种故障现象。

1.1.2　汽车故障原因

汽车故障原因有很多，包括存在易损件、使用劣质消耗品、处于恶劣环境、使用错误的驾驶技术和驾驶方法、使用错误方法维修汽车等。

1．存在易损件

汽车中零件的寿命不完全相同，且部分零件为易损件，需要定期更换。例如，空气滤清器滤芯（见图 1-4）、火花塞（见图 1-5）等较易损坏，需要定期更换，若不定期更换，汽车很可能会发生故障。此外，由于大批量生产，零件的质量会不可避免地存在差异，质量较差的零件可能会使汽车发生故障。

图 1-4　空气滤清器滤芯

图 1-5　火花塞

2．使用劣质消耗品

汽车上使用的消耗品主要有燃油和机油等，其质量直接影响汽车的使用性能和使用寿命。若稍不注意使用了劣质消耗品，汽车则较易发生故障，且该故障可能不易被察觉。

3．经受恶劣环境

汽车受恶劣环境的影响较大。例如，道路不平易引起汽车振动，而严重的振动易引起汽车故障；汽车在山区行驶时，动力消耗较大，易发生故障；汽车在城市行驶时，经常会保持怠速运转，而长时间的怠速运转易引起汽车突发性故障。

4．使用错误的驾驶技术和驾驶方法

错误的驾驶技术和驾驶方法对汽车的影响很大。例如，野蛮启动、野蛮驾驶等，都会使汽车发生故障。

5．使用错误方法维修汽车

汽车发生故障时，若维修人员使用错误方法维修汽车，则会导致旧故障未排除，新故障又出现。

1.1.3　汽车故障诊断与维修的基本方法

汽车故障诊断与维修的基本方法有直观法、仪器法等。

1．直观法

直观法又称人工经验法，即维修人员凭借积累的经验，使用简单的工具对汽车故障进行直观诊断的方法。直观法包括询问、眼看、耳听、手摸、鼻嗅、试验等步骤。

（1）询问。询问车主汽车的行驶里程、近期的使用状况、维修情况、故障发生预兆、故障现象等。

（2）眼看。观察汽车是否有漏油、漏水、漏气等现象，观察各仪表的信号是否正常，观察发动机是否抖动等。

（3）耳听。听发动机、底盘等在运行时是否有异响。

（4）手摸。摸发生故障的部位，检查温度是否正常、是否有振动；摸各连接部位，检查温度是否正常、连接是否松旷等。

（5）鼻嗅。嗅汽车在运行中是否发出特殊气味，如离合器片的烧焦味、机油燃烧的臭味、电气系统导线的烧焦味等。

（6）试验。用一些特定试验方法检查汽车的性能。例如，通过慢慢踩加速踏板，检查发动机在怠速、中速、高速状态下的性能；通过对汽车实施紧急加速操作，检查发动机的加速性能；通过观察汽车加速后的滑行状态，判断底盘总成部件是否有异常；通过断火、断油测试，检查发动机是否有异响。

2．仪器法

仪器法是在直观法的基础上发展起来的，是指使用仪器测量与汽车性能和故障相关的参数，并将测量结果与正常参数比较，最终诊断出故障部位和原因并进行维修的方法。仪器法的具体步骤如下：首先，通过故障诊断仪读取故障码，确定故障部位；其次，利用万用表对电路中的电阻、电压、电流等关键参数进行检测，以进一步锁定具体的故障部件；最后，基于诊断结果，对确认的故障部件进行维修或更换。

知识加油站

在实际应用时，往往先使用直观法，再使用仪器法综合进行故障诊断与维修，这种方法又称综合法。使用综合法进行故障诊断与维修更加精确。

1.1.4 汽车故障诊断与维修的基本流程

汽车故障诊断与维修应按照以下基本流程逐步进行，包括了解故障现象、问诊试车、分析研究、推理假设、流程设计、测试确认、维修验证、确定最终原因，如图 1-6 所示。

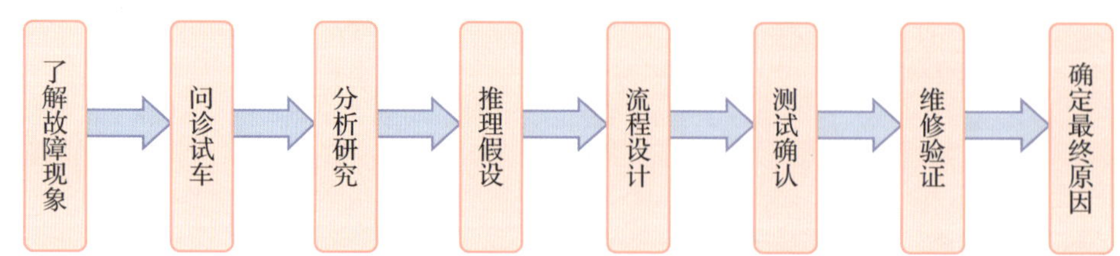

图 1-6 汽车故障诊断与维修的基本流程

1．了解故障现象

了解故障现象是指维修人员根据车主的描述以及自身观察，准确了解汽车的故障现象。通过了解故障现象，维修人员可以明确诊断的方向。

2．问诊试车

问诊试车即直观法中的“询问”和“试验”。通过询问了解故障现象后，维修人员应再现故障现象，以验证故障现象的真实性，为故障原因的分析做准备。

3．分析研究

分析研究是指通过对比汽车正常运行和非正常运行时的现象和规律，结合汽车的结构和工作原理，分析故障产生的条件和特点。在这一步，维修人员需要深入了解汽车的结构和工作原理，特别是与故障现象相关的系统或部件。

知识加油站

分析研究时需要用到一些资料，如汽车结构与原理方面的参考资料、所修汽车的维修手册、机械与液压结构原理图、油路电路图、控制原理图、技术参数表等。

4．推理假设

推理假设是在分析研究的基础上，根据逻辑分析和经验弄清故障发生的机理，推理并假设可能的故障原因。这一步需要维修人员具备丰富的专业知识和实践经验。推理假设是后续故障诊断和排除的重要依据，但需要注意假设的合理性和可验证性。

案例分析

若发动机的排气管排放黑烟，从机理的方面去考虑可知，该现象是由混合气过浓造成的，但不知道具体是哪个零部件损坏导致的。进一步推理得出，导致混合气过浓的原因可能是燃油多、空气少等。燃油多可能有油压高和喷油时间长两个原因，而喷油时间长又可能有控制喷油时间不正常和喷油器关闭不严两个原因；空气少则又有空气真少和空气假少两种情况，空气真少可能是由进气系统堵塞导致的，空气假少可能是由空气流量计输出信号强度过低导致的。最终推理出排气管排放黑烟的可能原因有控制喷油时间不正常、喷油器关闭不严、进气系统堵塞、空气流量计输出信号强度过低。

这样一步步推理出可能的故障原因，并分别做出假设，为后面的诊断打下基础。

5．流程设计

流程设计是指根据推理假设的故障原因，设计出具体的故障诊断流程。设计时需要确定检测项目和检测方法，进而逐渐缩小故障怀疑范围，最终锁定故障点。

6．测试确认

测试确认是指根据设计好的故障诊断流程逐步进行检测、试验、确认。检测是指采用直观法和仪器法诊断、检测主要部件和部位；试验是指通过模拟试验和动态分析对系统进行技术诊察；确认是指在故障诊断的过程中进行逻辑分析，并判断检测和试验的结果，最后确认故障部位。

7. 维修验证

维修验证是指对故障发生部位进行维修，并对维修结果进行验证。维修时要根据故障部位和原因选择合适的维修方法，验证则是对维修好的车辆进行功能测试，若故障现象完全消失，则可以认定故障维修成功。

8. 确定最终原因

虽然经过维修验证后，汽车的故障现象已经消除，但是故障诊断工作并没有完全结束。因为故障的原因还没有被最终确定。在这一阶段，维修人员需要综合前面的诊断结果和维修过程，确定最终原因。通过确定最终原因，可以为今后的故障预防和维修工作提供参考和借鉴，从而彻底消除故障隐患，杜绝故障再次发生。

笔记

实践操作——汽车常见故障现象认知

1. 任务准备

准备迈腾 B8L 汽车。

汽车常见故障现象认知

2. 认识常见故障现象

为汽车设置不同的故障，观察各故障现象。

（1）设置活塞环磨损严重的故障，发现该故障导致气缸压力偏低，汽车启动困难。

（2）设置点火线圈及其相关线路故障，发现该故障导致启动机不转，发动机抖动，仪表盘上的 EPC 灯点亮，如图 1-7 所示。

图 1-7　仪表盘上的 EPC 灯点亮

（3）设置机油压力传感器相关线路故障，发现该故障导致机油压力过低，仪表盘机油压力报警灯点亮并显示“故障：机油压力”，如图 1-8 所示。

图 1-8　仪表盘机油压力报警灯点亮并显示“故障：机油压力”

（4）设置刮水器供电保险丝故障，发现该故障导致仪表盘显示“故障：车窗玻璃刮水器”（见图 1-9），操作刮水器的控制开关（见图 1-10）时刮水器不工作。

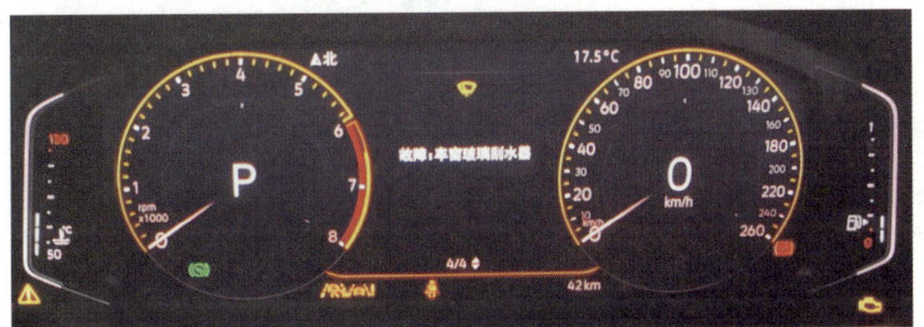

图 1-9　仪表盘显示“故障：车窗玻璃刮水器”

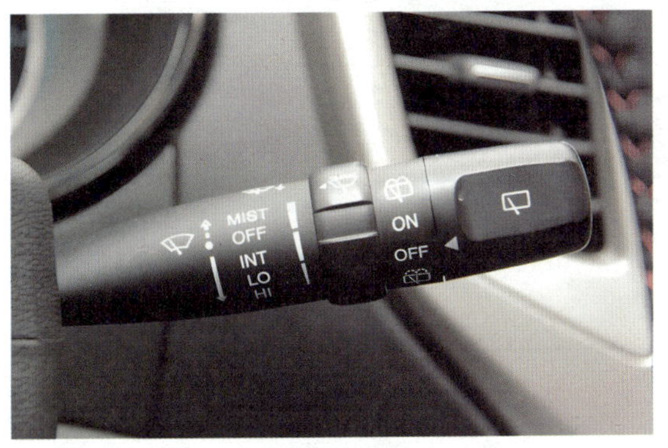

图 1-10　操作刮水器的控制开关

任务 1.2 汽车故障诊断与维修工具认知

任务引入

一天，小张去一家汽车维修厂应聘，应聘考核题目是使用气缸压力表测量气缸压力，并使用故障诊断仪读取故障码。当看到这个题目时，小张很为难，只好说他不会做。招聘人员说："这些工具的使用是汽车故障诊断与维修的基础工作，不好意思，我们不能录用你。"小张最终应聘失败了。

本任务将介绍汽车故障诊断与维修的常用工具，其知识与技能要求如表 1-7 所示。

表 1-7 知识与技能要求

任务内容	汽车故障诊断与维修工具认知	学习程度		
		识记	理解	应用
学习任务	万用表认知		●	
	气缸压力表认知		●	
	燃油压力表认知		●	
	真空表认知认知		●	
	故障诊断仪认知		●	
	喷油器清洗仪认知		●	
	示波器认知		●	
	尾气分析仪认知		●	
实训任务	汽车故障诊断与维修的常用工具认知			●
自我勉励				

班级________ 姓名________ 学号________

任务工单——汽车故障诊断与维修的常用工具认知

1. 学生分组

以 3～5 人为一组，选出组长并进行分工，将小组成员及分工情况填入表 1-8 中。

表 1-8 小组成员及分工情况

班级： 组号： 指导教师：

小组成员	姓名	学号	任务分工
组长			
组员			

2. 获取信息

在进行实际操作前，需要掌握汽车故障诊断与维修工具的相关知识。请各组组长组织组员收集相关资料，回答下列问题。

引导问题 1：什么是万用表？其由哪些部分组成？

引导问题 2：简述使用气缸压力表测量气缸压力的方法。

引导问题 3：故障诊断仪具有哪些功能？

3. 任务准备

在明确任务内容的情况下，根据实际情况，在表 1-9 中写出车辆信息及所需的工具、设备、资料等。

表 1-9 车辆信息及所需的工具、设备、资料

车辆信息	车型	VIN 码	行驶里程
工具、设备、资料			

在进行实际操作前做好现场防护，并把现场防护措施填入表 1-10 中。

表 1-10 现场防护措施

个人防护	
设备安全防护	
场地安全防护	

4. 任务实施

认识汽车故障诊断与维修的常用工具，并将其使用方法和注意事项填入表 1-11 中。

表 1-11 操作步骤

序号	常用工具	使用方法	注意事项

续表

序号	常用工具	使用方法	注意事项

5. 考核评价

各组组长展示任务完成情况，并配合指导教师完成如表 1-12 所示的考核评价表。

表 1-12　考核评价表

项目名称	评价内容	分值 / 分	评价分数 / 分		
			自评	互评	师评
职业素养考核项目（40%）	穿戴规范、整洁	6			
	安全意识、责任意识、服从意识强	6			
	积极参加教学活动，按时完成任务工单	10			
	团队合作、与人沟通能力强	6			
	劳动纪律良好	6			
	维修场地、设备等整洁	6			
专业能力考核项目（60%）	专业知识查找及时、准确	12			
	操作符合规范	18			
	操作熟练，工作效率高	12			
	任务完成度高	18			
合计		100			
总评	自评（20%）+ 互评（20%）+ 师评（60%）= __________	综合等级	指导教师（签名）：__________		

6．课堂小结

____

____

____

____

____

____

____

____

相关知识

汽车维修人员常常需要借助一些工具来进行汽车故障诊断与维修。在使用这些工具前，必须了解其组成、使用方法等，以保证汽车故障诊断与维修的准确性。下面主要介绍汽车故障诊断与维修的常用工具：万用表、气缸压力表、燃油压力表、真空表、故障诊断仪、喷油器清洗仪、示波器、尾气分析仪。

1.2.1 万用表

万用表是一种带有整流器的，可以测量交（直）流电流、电压及电阻等多种电学参数的磁电式仪表。万用表分为指针式万用表和数字式万用表两种。指针式万用表的内阻较小，使用时电流较大。而汽车电气系统的电阻大、电压小、电流小，为防止使用指针式万用表时产生的较大电流损坏汽车电气系统，在进行汽车故障诊断与维修时通常使用汽车专用的万用表。汽车专用的万用表是一种具有高阻抗的数字式万用表（以下简称万用表）。

1. 万用表的组成

万用表（见图 1-11）主要由显示屏、选择开关和各种插孔组成。

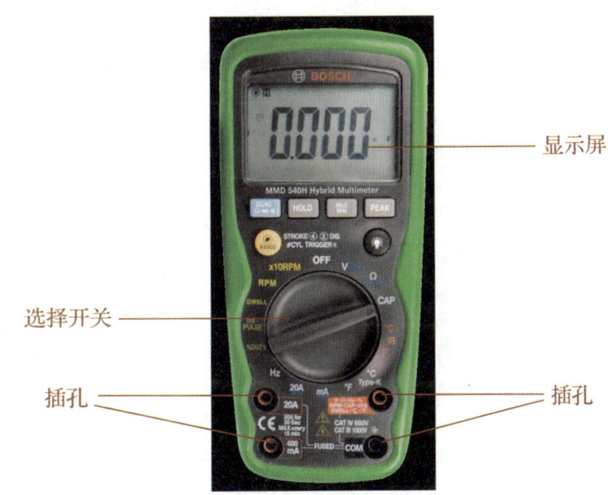

图 1-11 万用表

（1）显示屏是用于显示测量结果的界面。

（2）选择开关一般是周围标有功能和量程的圆形拨盘。转动选择开关，可以选择不同的功能和量程挡位。

（3）插孔用于连接不同的测试线和探头。

知识加油站

一般情况下，万用表会配有两根表笔（见图 1-12），一根红表笔，一根黑表笔，用来连接被测零部件。

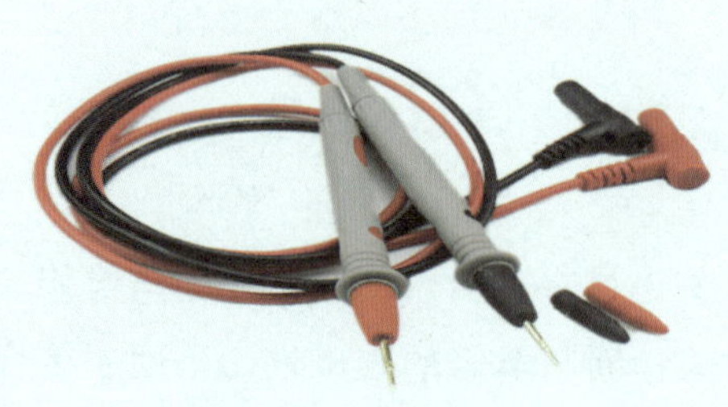

图 1-12　表笔

2. 万用表的使用方法

(1) 将两根表笔连接到万用表上，红表笔连接红色端子（按需要选择合适的红色端子），黑表笔连接黑色端子。

(2) 打开万用表开关，将选择开关转到相应的功能和量程挡位。

(3) 用表笔连接被测零部件，红表笔连接被测零部件的正极（或高电位端），黑表笔连接被测零部件的负极（或低电位端）。

(4) 读出数据并关闭万用表。

1.2.2　气缸压力表

气缸压力表（见图 1-13）用来测量气缸的压力，以检测气缸的气密性。按量程的不同，气缸压力表可分为 0～1.4 MPa 和 0～4.9 MPa 两种规格，前者用于汽油发动机气缸的检测，后者用于柴油发动机气缸的检测。

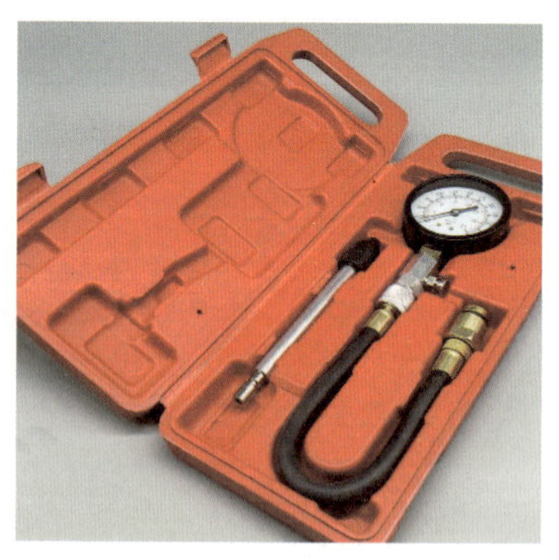

图 1-13　气缸压力表

使用气缸压力表测量气缸压力的方法：① 启动发动机，待其运转到正常工作温度后停止；② 用压缩空气吹净火花塞外部的尘土，拆下火花塞；③ 打开节气门，排出气缸内的废气；④ 将气缸压力表安装在火花塞孔上，用力压紧；⑤ 迅速转动曲轴，待气缸压力表指针保持不动后，读取数值；⑥ 取下气缸压力表，按下单向阀，使指针回零；⑦ 将测量结果与标准值进行对比，判断气缸的气密性。

1.2.3　燃油压力表

燃油压力表（见图 1-14）用来测量发动机燃油供给系统的燃油压力。通常会在燃油总管上设置一个专用的燃油压力检查口，并用螺塞旋紧。在检查燃油压力时，首先把螺塞卸下；然后用专用接头和软管把燃油压力表安装在燃油压力检查口上，并拧紧；最后启动发动机，读取燃油压力表上的数值即可。

1.2.4　真空表

真空表（见图 1-15）又称真空测量仪，用来测量发动机进气歧管的真空度，以检测发动机性能，分析故障原因。使用时将真空表安装在节气门的后方，然后启动发动机并使其怠速运转，此时真空表的读数即为进气歧管的真空度。若改变节气门的开度（汽车急加速或急减速），真空表的读数将会随之变化，根据变化值则可以检测发动机的性能（如进气系统的气密性、机械结构的密封性、配气正时性等）是否良好。

图 1-14　燃油压力表

图 1-15　真空表

1.2.5　故障诊断仪

故障诊断仪又称解码器，用来初步确定汽车故障的部位和原因，具有以下功能：① 读取故障码；② 清除故障码；③ 读取动态数据流，如发动机转速、节气门开度、点火提前角等；④ 零部件动作测试，即向零部件发出指令，让零部件执行，看其执行效果；⑤ 调整和设置汽车电子系统，如初始化节气门开度、匹配钥匙等；⑥ 其他辅助功能，如可当作英汉词典、计算器等使用。

故障诊断仪通常分为通用故障诊断仪和专用故障诊断仪两种。通用故障诊断仪（见图 1-16）适用于多种车型，常应用于维修多种汽车的综合汽车维修厂；专用故障诊断仪则适用于单一车型，一般仅由汽车制造厂向代理商或特约维修厂提供，适用范围有限且价格昂贵。

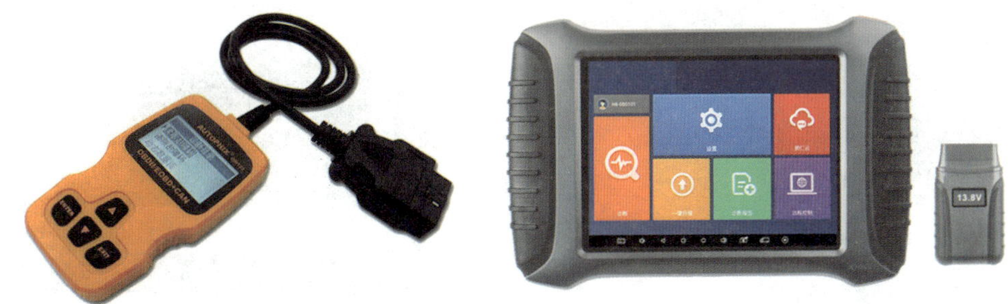

图 1-16　通用故障诊断仪

故障诊断仪的使用方法：将故障诊断仪与汽车诊断接口相连→选择相应车型→选择需要诊断的系统→读取故障码→查看数据流→维修后清除故障码。

1.2.6　喷油器清洗仪

喷油器清洗仪是指清洗汽车喷油器的仪器，分为便携式喷油器清洗仪和固定式喷油器清洗仪两种。

1. 便携式喷油器清洗仪

便携式喷油器清洗仪能随车对喷油器进行清洗，而无须拆下喷油器，其主要由储液器、电动泵等组成。

使用便携式喷油器清洗仪清洗喷油器的步骤如下。

（1）将储液器加满清洗液。

（2）释放燃油供给系统的燃油压力。

（3）将便携式喷油器清洗仪的一端连接喷油器总管或燃油泵总管上的油压检测接口，另一端连接油压调节器的回油管。

（4）断开燃油泵驱动电路，接通便携式喷油器清洗仪的电路。

（5）启动发动机，向发动机中加入除碳剂，使发动机在 2 000 r/min 的转速下运转 10 min 后停止运转。

（6）拆下便携式喷油器清洗仪，清洗完毕。

2. 固定式喷油器清洗仪

固定式喷油器清洗仪（见图 1-17）需要将喷油器拆下来进行清洗，其利用超声波清洗喷油器。此外，它还能模拟发动机的各种工况，检测喷油器的参数。由于不同厂家的固定式喷油器清洗仪的功能不尽相同，其使用方法也不完全相同，因此使用时需要详细阅读说明书并按说明书进行操作。

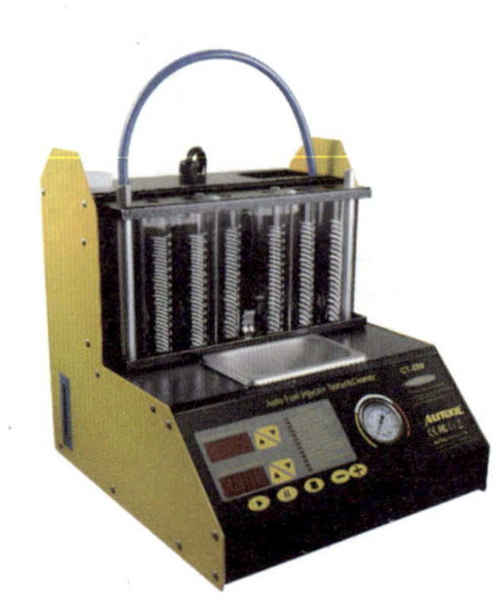

图 1-17　固定式喷油器清洗仪

1.2.7　示波器

示波器主要用来检测控制系统中各元件和线路输入、输出信号的电压波形，使维修人员能够根据电压波形诊断故障。示波器分为模拟示波器（见图 1-18）和数字示波器（见图 1-19）两种。

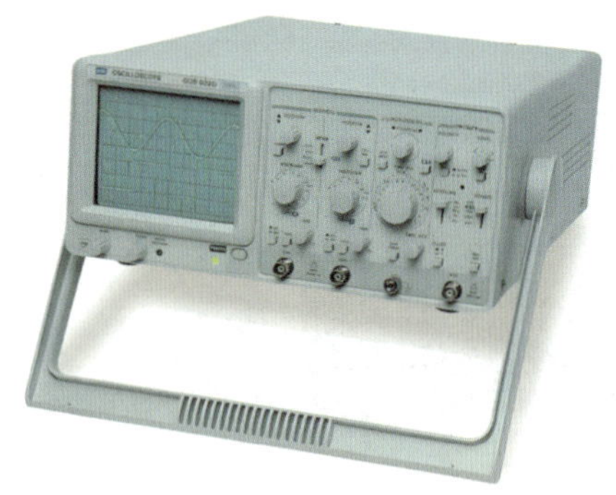

图 1-18　模拟示波器

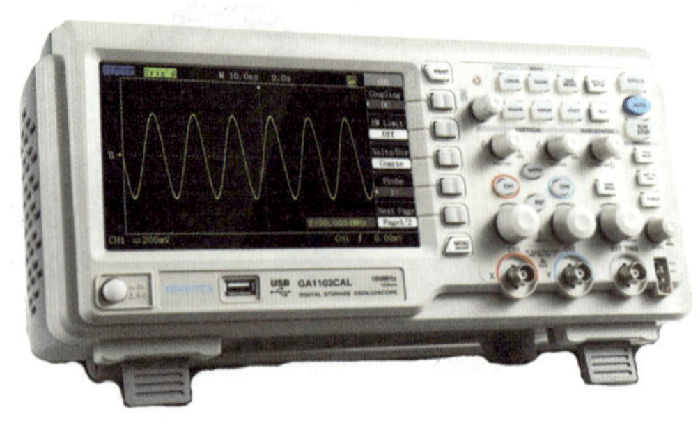

图 1-19　数字示波器

（1）模拟示波器是基于模拟电路设计的示波器，其核心部件是电子枪。此外，它还包含了开关、按键、旋钮以及一个用于显示波形的屏幕。电子枪负责发射电子，这些电子经过聚焦和加速后，形成电子束，该电子束在电场或磁场的作用下发生偏转，最终打在屏幕上。屏幕内表面涂有荧光物质，当被电子束击中时，荧光物质会发光，形成可见的波形图像。在检测时，用户可通过按键、旋钮等控制元件来调整波形的垂直幅度、水平幅度、垂直位置、水平位置和亮度等参数。模拟示波器显示波形速度快但不稳定，且没有记忆功能。

（2）数字示波器是利用数据采集、A/D 转换、软件编程等一系列先进技术制造的高性能示波器。它通常具备多级菜单系统，用户可以在这些菜单上选择测试项目，并根据需要调整示波器的各项参数（如时间基准、垂直灵敏度、触发设置等），以便更准确地观测和分析波形。此外，许多数字示波器还具备存储功能，能够保存波形数据并实现波形回放、波形比较、波形参数测量等多种高级功能。

使用示波器时，需要用示波器探头（见图 1-20）连接示波器和被测系统。示波器探头共有两端，一端插到示波器的相应通道上，另一端的小夹子连接被测系统的接地端子，探针连接被测点，这样示波器就可以采集到该点的电压波形。

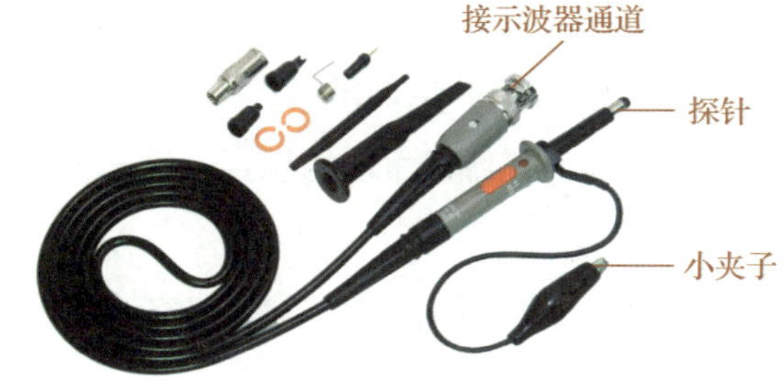

图 1-20　示波器探头

1.2.8　尾气分析仪

尾气分析仪（见图 1-21）是现代汽车重要的检测仪器之一。它能在不同工况下对尾气中不同气体的含量进行检测和分析，是一种辅助诊断设备。

1．尾气分析仪的分类

尾气分析仪包括两气尾气分析仪、四气尾气分析仪和五气尾气分析仪等多种类型。

图 1-21　尾气分析仪

（1）两气尾气分析仪用来检测汽车尾气中 CO（一氧化碳）和 HC（碳氢化合物）的体积分数。由于多数两气尾气分析仪都不具有检查泄漏的功能，因此数据的真实性很难保证。

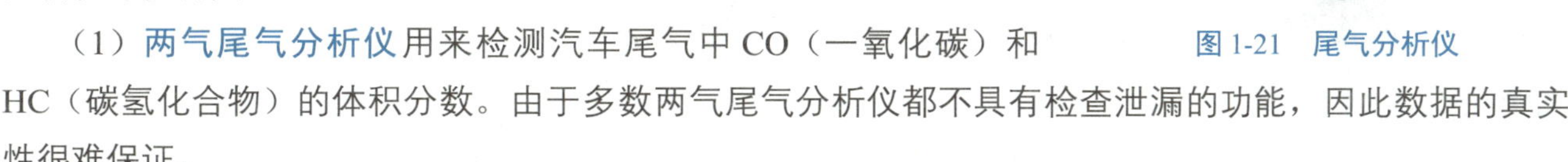

（2）四气尾气分析仪除了能检测汽车尾气中 CO 和 HC 的体积分数，还能检测 CO_2（二氧化碳）和 O_2（氧气）的体积分数、发动机的油温和转速等。此外，它还能进行故障诊断和分析，以及计算过量空气系数和空燃比。因此，四气尾气分析仪不仅可作为检测仪器，还可作为诊断工具。

（3）五气尾气分析仪除了能检测 CO、HC、CO_2 和 O_2 的体积分数，还能实时检测 NO_x（氮氧化合物）的浓度。其应用较为广泛，在测量尾气时可直接将采样探头伸到排气管中。

知识加油站

在高温、大负荷的情况下，尾气中的 NO_x 浓度会升高，过多的 NO_x 被排放到空气中会造成污染。

2．尾气分析仪的使用方法

1）仪器准备

（1）按仪器使用说明书的要求对仪器进行检查，特别是检查尾气取样系统是否泄漏。

（2）接通电源，使尾气分析仪预热一段时间并达到稳定状态，调整其精度。

（3）每次检测尾气前 2 min 内，尾气分析仪应完成自动调零、环境空气检测和 HC 残留量检测。

2）汽车准备

（1）进气系统应装有空气滤清器，排气系统应装有消声器，且不得有泄漏。

（2）在发动机上安装转速仪、点火正时仪、冷却液温度计和机油温度计等测量仪器。

（3）将尾气分析仪的采样探头插入排气管并固定，插入的深度应大于等于 400 mm。当汽车排气管长度小于 400 mm 时，应安装加长排气管。

（4）预热发动机，使冷却液和机油温度达到汽车说明书中规定的热车状态。

（5）按汽车维修手册的规定，设置发动机的低怠速转速和点火正时。

3）测量方法

（1）将发动机的怠速转速提高至特定转速（如额定转速的 70%），维持一定时间（如 60 s）后降至高怠速转速。

知识加油站

普通汽车的高怠速转速通常为额定转速的一半，但这一标准并非绝对，因为实际的高怠速转速可能会因汽车制造商、车型、年份以及当地的法规要求而有所不同；轻型汽车的高怠速转速为（2 500 ± 100）r/min。

（2）把读数转换开关置于最高量程挡位。

（3）在发动机维持高怠速转速运转 15 s 后开始读数，读取各气体在 30 s 内排放的最高值和最低值，取其平均值作为高怠速转速下污染物排放的测量结果。

（4）将发动机从高怠速转速降至低怠速转速，待其运转 15 s 后，读取各气体在 30 s 内排放的最高值和最低值，取其平均值作为低怠速转速下污染物排放的测量结果。

知识加油站

若汽车有多个排气管，则在高怠速转速（或低怠速转速）下，分别测量每个排气管的排放情况，并将这些测量结果取平均值，以此作为该汽车在高怠速转速（或低怠速转速）下污染物排放的测量结果。

（5）检测工作结束后，将采样探头从排气管中取出，继续使尾气分析仪工作 5 min、吸入新鲜空气，待仪器指针回到零位后再关闭电源。

知识加油站

为了让学生更加清楚地认识汽车的内部结构和工作原理，大多数学校配备了汽车一体化实训台。下面以迈腾 B8L 一体化实训台（见图 1-22）为例进行介绍。

迈腾 B8L 一体化实训台是将迈腾 B8L 汽车整车拆解组装而成的。该实训台在原车基础上安装了嵌入式教学系统，使车辆在教学过程中适时发挥作用，提高课堂讲授的真实感。通过该实训台，学生可以进行验证性实验；由于车身覆盖件被全部去除并配备路面加载模拟装置，学生能够完整看到相关系统及元器件的安装位置和工作状态；该实训台还能够模拟汽车常见故障，学生可以进行汽车常见故障的诊断与维修。

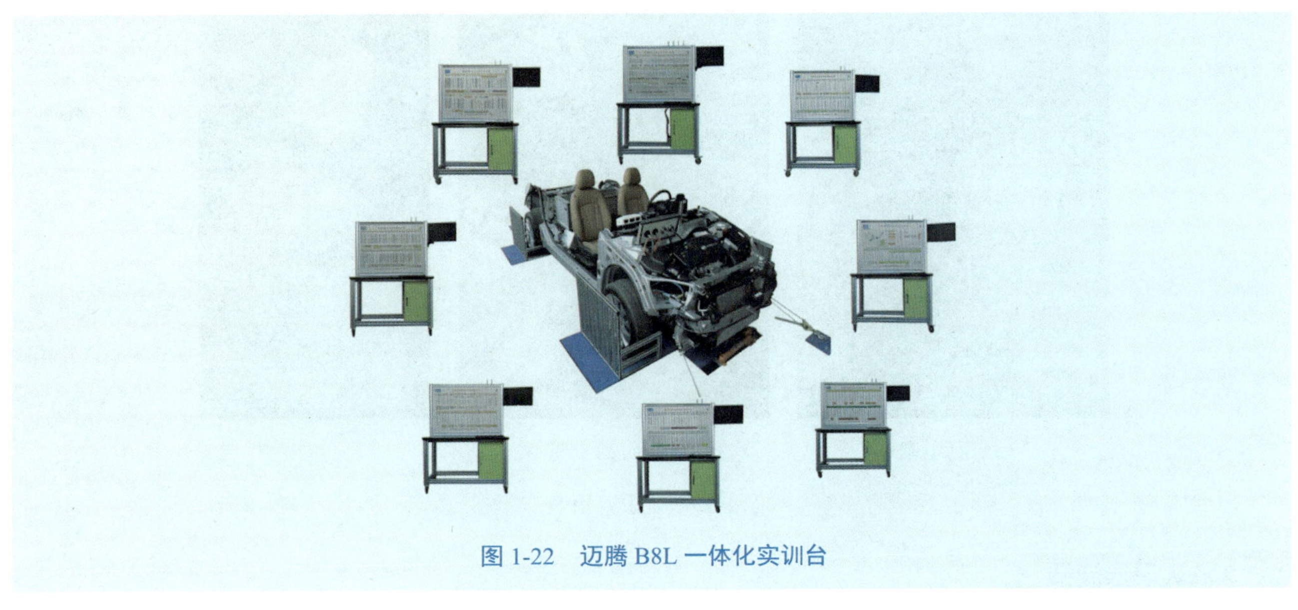

图 1-22 迈腾 B8L 一体化实训台

笔记

实践操作——汽车故障诊断与维修的常用工具认知

1. 任务准备

准备迈腾 B8L 汽车、万用表、示波器、故障诊断仪等。

汽车故障诊断与维修的常用工具认知

2. 认识常用工具

1）认识万用表

如图 1-23 所示，万用表通常用来测量元件的电阻、电压、电流等，因此其常用的挡位为欧姆挡、电压挡、电流挡。

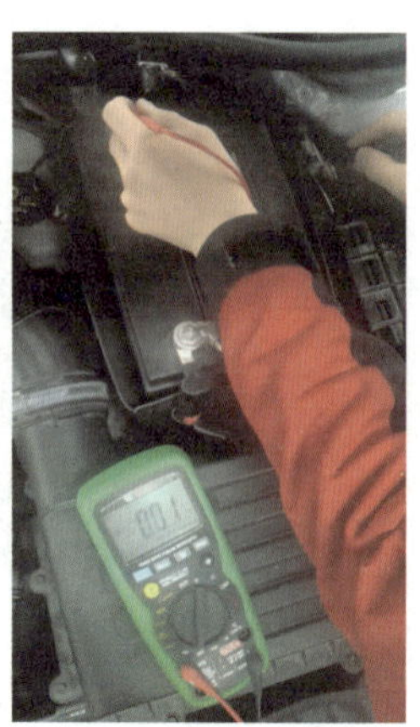

（a）测电阻　　（b）测电压　　（c）测电流

图 1-23　认识万用表

2）认识示波器

示波器（见图 1-24）常用来检测电压波形。它常用的端子为 1 号端子和 2 号端子，其中 1 号端子对应屏幕上的黄色波形，2 号端子对应屏幕上的蓝色波形，如图 1-25 所示。在测试时，将 1 号端子和 2 号端子分别接被测部件端子，如图 1-26 所示。

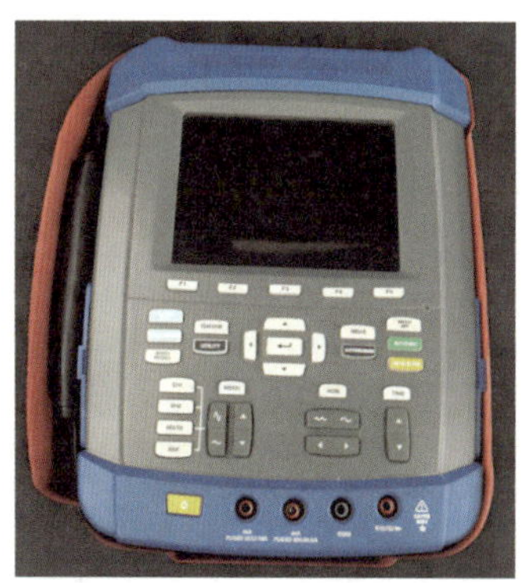

图 1-24　示波器

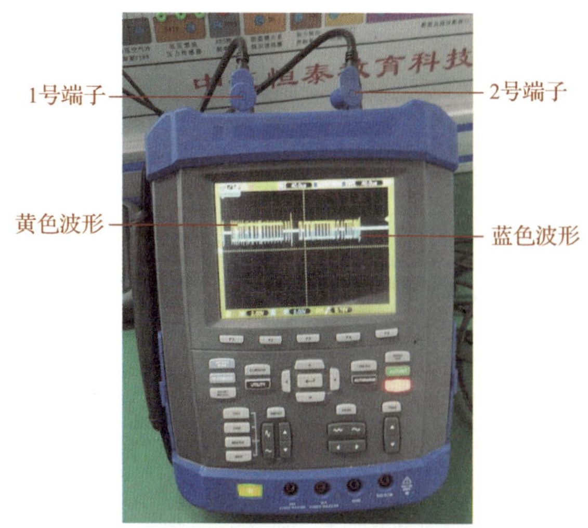

图 1-25　示波器的端子和显示波形

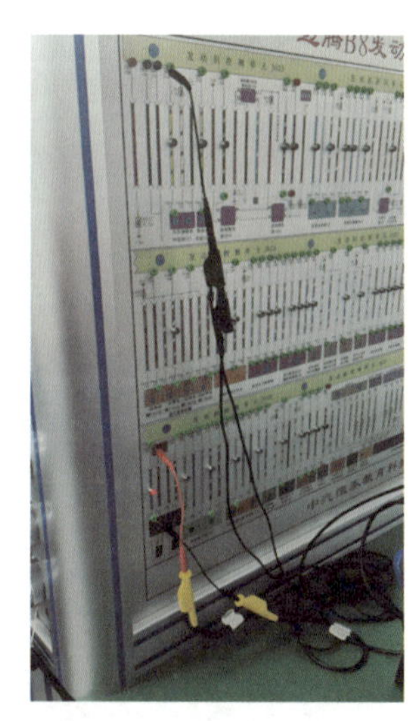

图 1-26　示波器端子的连接

3）认识故障诊断仪

故障诊断仪（见图 1-27）与蓝牙接线盒搭配使用，使用时要将蓝牙接线盒与汽车的数据总线接口连接起来，如图 1-28 所示。故障诊断仪可用来读取故障码、清除故障码、读取数据流等，如图 1-29 所示。

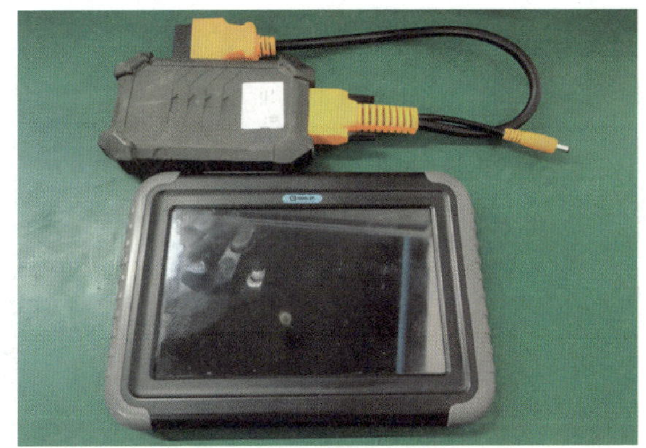

图 1-27　故障诊断仪

图 1-28　将蓝牙接线盒与汽车的数据总线接口连接起来

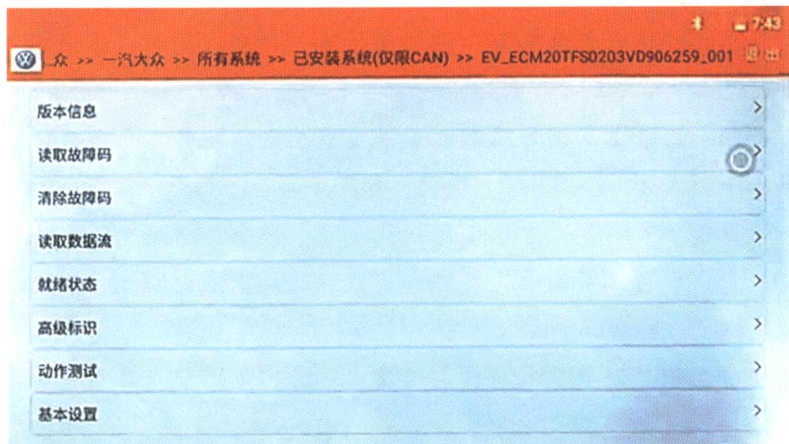

图 1-29　故障诊断仪的功能

模范先锋

“汽车医生”张斌：车辆检修不容半点含糊

在两江新区的长安福特汽车有限公司，提及车辆检修技术，张斌是公认的一把好手。

与汽车打交道25年，张斌先后组织、参与技术攻关100余项，创造经济价值超800万元，并荣获“巴渝特级技师”“重庆市技能大师”“全国技术能手”“全国五一劳动奖章”等多项荣誉。

张斌从事的工作是在总装车间进行车辆装调、检测，这一职业角色被形象地称为“汽车医生”。作为造车的最后一环，在总装车间，“汽车医生”不仅要将检验合格的数以千计的零部件组装成完整的汽车，更需要对其进行“问诊”，严格把控汽车的质量关。

“每个细节都关乎安全。”张斌告诉记者，这项工作容不得半点含糊。

几年前，某款汽车已经进入总装环节，即将交付客户。就在这时，张斌按“辅助工装”的技术要求组装后，却发现车辆达不到合格标准。

一直以来，该类辅助工装都从国外采购。如果重新采购，花费不止百万，并且耗时久，可能面临延迟交付的风险……

面对如此棘手的难题，张斌第一时间接下任务。

“办法总比困难多。”凭借扎实的理论功底和实战经验，张斌大胆尝试、谨慎论证，针对每个装配细节，进行反复推敲、打磨。

最终，他成功推翻了国外设计样本，自主研发出一套完美匹配产品质量标准的新工装，确保车辆按时交付。

自此，“遇到难题找斌哥”似乎成了工友们的默契。

在车辆检修的过程中，间歇性故障最让人头疼。由于问题偶发，很难重现，因此故障的检修过程烦琐且消耗人的意志。

张斌向记者讲述了这样一个案例。有一次，他接收到一台问题车，除了故障灯在闪，其他都是正常的，一时间很难找到问题根源。

但是，本着“交付给客户的必须是合格车辆”的宗旨，张斌的态度很坚决，“找不出问题誓不罢休”。

张斌开始对车辆的每个零部件进行检测，并反复将不同时间、不同路况进行排列组合……最终，张斌找到了问题的核心：一个不到1 mm的毛刺。

“不怕苦、不怕累，有耐心试遍所有可能。”这既是张斌的工作信条，也是他对工友们最常说的一句话。

靠着一次次的亲身实践、一点一滴的积累。现如今，张斌已经从一名普通一线员工成长为高级技师，并通过传帮带、成立创新攻关小组等方式，将自己多年积累的经验，毫无保留地分享给工友。

近年来，两江新区积极培育技能人才，持续努力为技能人才搭建施展才华、挖掘潜能的舞台。2020 年，“张斌汽车装调工市级技能大师工作室”正式成立，并且不断发展壮大。

截至 2024 年 7 月，张斌已累计完成汽车装配、装调和维修等技能培训 1 200 人次，培养出高级技师 3 名，高级技工 120 名，并带领团队斩获各级技能比赛一等奖 8 次，二等奖 9 次，三等奖 16 次。

（资料来源：张洋洋，《“汽车医生”张斌：车辆检修不容半点含糊》，两江新区官网，2024 年 7 月 31 日，有改动）

项目考核

1. 填空题

（1）直观法包括询问、眼看、耳听、____________、鼻嗅、____________等步骤。

（2）仪器法是在直观法的基础上发展起来的，是指使用仪器测量与汽车性能和故障相关的参数，并将测量结果与正常参数比较，最终诊断出________________________并进行维修的方法。

（3）万用表主要由____________、选择开关和各种插孔组成。

（4）真空表又称真空测量仪，用来测量发动机进气歧管的________________，以检测发动机性能，分析故障原因。

（5）示波器分为模拟示波器和______________两种。

2. 简答题

（1）汽车常见故障现象有哪些？

（2）简述使用便携式喷油器清洗仪清洗喷油器的步骤。

（3）简述尾气分析仪的类型。

项目2

汽车发动机故障诊断与维修

项目导读

发动机是汽车的心脏，能为汽车提供动力。它是一种将燃料燃烧产生的热能转变为机械能的机器。发动机的性能直接影响汽车的动力性、经济性和安全性。发动机若出现故障，则会对汽车的性能产生很大影响，应及时进行维修。

本项目主要介绍发动机的配气机构和曲柄连杆机构、启动系统、点火系统、燃料供给系统、润滑系统、冷却系统故障诊断与维修的基础知识。

知识目标

1. 了解汽车发动机常见故障现象。
2. 掌握汽车发动机常见故障的原因。
3. 掌握汽车发动机常见故障诊断与维修的基本方法。

技能目标

1. 能够正确诊断汽车发动机常见故障的原因。
2. 能够正确维修汽车发动机常见故障。

素质目标

1. 养成保护环境的良好意识。
2. 培养为人民服务的雷锋精神。

任务 2.1 配气机构和曲柄连杆机构故障诊断与维修

任务引入

小吴买了辆二手车。他开了不到两个月就发现汽车出现启动困难、行驶无力、油耗增加、怠速不稳等现象，这让他烦恼不已。由于小吴从未有过汽车维修经验，因此他将汽车送到了 4S 店进行维修。维修人员先确认了故障现象，初步发现气缸压力过低，并按一套确定的诊断与维修流程逐步操作，最终排除了汽车故障。那么，维修人员是如何进行故障诊断与维修的呢？

本任务将介绍气门异响、气缸压力过高、气缸压力过低的诊断与维修，其知识与技能要求如表 2-1 所示。

表 2-1　知识与技能要求

任务内容	配气机构和曲柄连杆机构故障诊断与维修	学习程度		
		识记	理解	应用
学习任务	气门异响诊断与维修		●	
	气缸压力过高诊断与维修		●	
	气缸压力过低诊断与维修		●	
实训任务	气缸压力过低诊断与维修			●
自我勉励				

任务工单——气缸压力过低诊断与维修

1. 学生分组

以 3～5 人为一组，选出组长并进行分工，将小组成员及分工情况填入表 2-2 中。

表 2-2　小组成员及分工情况

班级：　　组号：　　指导教师：

小组成员	姓名	学号	任务分工
组长			
组员			

2. 获取信息

在进行实际操作前，需要掌握配气机构和曲柄连杆机构故障诊断与维修的相关知识。请各组组长组织组员收集相关资料，回答下列问题。

引导问题 1：什么是配气机构和曲柄连杆机构？

引导问题 2：导致气门异响的原因有哪些？

引导问题 3：绘制采用直观法进行气缸压力过低诊断与维修的流程图。

3．任务准备

在明确任务内容的情况下，根据实际情况，在表 2-3 中写出车辆信息及所需的工具、设备、资料等。

表 2-3　车辆信息及所需的工具、设备、资料

车辆信息	车型	VIN 码	行驶里程
工具、设备、资料			

在进行实际操作前做好现场防护，并把现场防护措施填入表 2-4 中。

表 2-4　现场防护措施

个人防护	
设备安全防护	
场地安全防护	

4．任务实施

1）观察并描述故障现象

2）故障诊断与维修

根据出现的故障现象进行故障诊断与维修，并将操作内容填入表 2-5 中。

表 2-5　操作步骤

序号	任务点	操作内容
1	用气缸压力表测量气缸压力	（1）安装__________ （2）启动车辆，3～5 s 后读取气缸压力表的示数，结果为________MPa （3）气缸压力________于标准气缸压力，故障原因可能为：
2	气缸压力高于标准气缸压力	检测______，操作步骤为：

续表

序号	任务点	操作内容
3	气缸压力低于标准气缸压力	（1）拆卸活塞环，操作步骤为： （2）用________测量活塞环的开口间隙，结果为_____mm （3）安装新的活塞环，活塞环的开口间隙为_____mm，安装时的注意事项为：

3）维修验证

检查车辆故障是否消除，并把验证结果填入表 2-6 中。

表 2-6　维修验证

序号	验证结果
1	气缸压力是否恢复正常：是 □，否 □
2	车辆是否能正常启动：是 □，否 □

4）进行 5S 工作

对照表 2-7 进行 5S 工作，并把完成结果填入表中。

表 2-7　5S 工作

序号	完成结果
1	车内四件套是否取下：是 □，否 □
2	车外三件套是否取下：是 □，否 □
3	加长排气管是否取下：是 □，否 □
4	车轮挡块是否取下：是 □，否 □
5	地面是否清理干净：是 □，否 □

5．考核评价

各组组长展示任务完成情况，并配合指导教师完成如表 2-8 所示的考核评价表。

表 2-8　考核评价表

项目名称	评价内容	分值 / 分	评价分数 / 分		
			自评	互评	师评
职业素养考核项目（40%）	穿戴规范、整洁	6			
	安全意识、责任意识、服从意识强	6			
	积极参加教学活动，按时完成任务工单	10			
	团队合作、与人沟通能力强	6			
	劳动纪律良好	6			
	维修场地、设备等整洁	6			
专业能力考核项目（60%）	专业知识查找及时、准确	12			
	操作符合规范	18			
	操作熟练，工作效率高	12			
	任务完成度高	18			
合计		100			
总评	自评（20%）+ 互评（20%）+ 师评（60%）= ＿＿＿＿＿＿	综合等级	指导教师（签名）：＿＿＿＿		

6．课堂小结

＿＿＿＿＿＿＿＿＿＿＿＿＿＿＿＿＿＿＿＿＿＿＿＿＿＿＿＿＿＿

＿＿＿＿＿＿＿＿＿＿＿＿＿＿＿＿＿＿＿＿＿＿＿＿＿＿＿＿＿＿

＿＿＿＿＿＿＿＿＿＿＿＿＿＿＿＿＿＿＿＿＿＿＿＿＿＿＿＿＿＿

＿＿＿＿＿＿＿＿＿＿＿＿＿＿＿＿＿＿＿＿＿＿＿＿＿＿＿＿＿＿

＿＿＿＿＿＿＿＿＿＿＿＿＿＿＿＿＿＿＿＿＿＿＿＿＿＿＿＿＿＿

＿＿＿＿＿＿＿＿＿＿＿＿＿＿＿＿＿＿＿＿＿＿＿＿＿＿＿＿＿＿

＿＿＿＿＿＿＿＿＿＿＿＿＿＿＿＿＿＿＿＿＿＿＿＿＿＿＿＿＿＿

＿＿＿＿＿＿＿＿＿＿＿＿＿＿＿＿＿＿＿＿＿＿＿＿＿＿＿＿＿＿

＿＿＿＿＿＿＿＿＿＿＿＿＿＿＿＿＿＿＿＿＿＿＿＿＿＿＿＿＿＿

相关知识

配气机构是控制发动机进、排气的机构，其按照气缸工作顺序的要求，定时开闭进、排气门，使新鲜可燃混合气或空气及时进入气缸，并把燃烧后的废气及时排出气缸。配气机构主要由气门组和气门传动组等组成。

（1）气门组主要由气门、气门座、气门导管和气门弹簧等组成。其中，气门由气门头部和气门杆组成。

（2）气门传动组主要由凸轮轴、挺柱、推杆、摇臂和正时传动装置等组成。

曲柄连杆机构是使发动机实现工作循环、完成能量转换的传动机构。曲柄连杆机构主要由机体组、活塞连杆组和曲轴飞轮组等组成。

（1）机体组主要由气缸体、曲轴箱、气缸套、气缸盖、气缸垫和油底壳等组成。其中，气缸体上部的圆柱形空腔称为气缸，用于引导活塞做往复运动；下部为支撑曲轴的曲轴箱，其内腔为曲轴运动的空间。

（2）活塞连杆组主要由活塞、活塞环、活塞销和连杆总成等组成。

（3）曲轴飞轮组主要由曲轴、飞轮及一些附件（如主轴承、主轴承盖、止推片等）组成。

配气机构和曲柄连杆机构的常见故障有气门异响、气缸压力过高、气缸压力过低等。

2.1.1　气门异响

1. 故障现象

（1）气门异响通常表现为发动机怠速运转时发出连续不断的、有节奏的异响。这些异响包括气门杆一端与摇臂之间发生撞击而产生的“嗒嗒”声，气门座处因配合不良或磨损而产生的“啪啪”声。

（2）气门异响将随发动机转速的增大而升高，当转速到达中速以上时，异响将变得模糊嘈杂。

（3）若数只气门发出异响，则异响较为杂乱。

2. 故障原因

（1）推杆固定螺栓松动或调整螺栓的端面不平，导致气门间隙过大而产生撞击声。

知识加油站

气门间隙是指发动机不工作，气门完全关闭时，在气门及其传动机构间留有的适当间隙，如图 2-1 所示。气门间隙主要是为了给热膨胀留有余地，以保证气门密封。

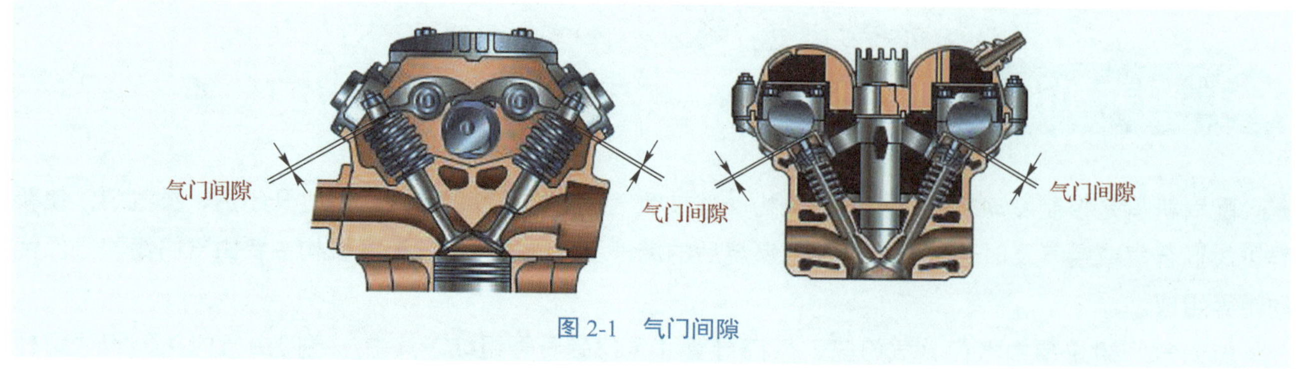

图 2-1　气门间隙

（2）气门弹簧脱落，导致气门与气门座之间不能严密配合，产生异响。

（3）气门导管因积炭过多而“咬”住气门，产生异响。

3. 故障诊断与维修

（1）在气门组处听异响是否随发动机转速的变化而变化。若是，则可确定该异响是气门异响。

（2）使发动机怠速运转，并将厚薄规（见图 2-2）插入气门间隙中。当厚薄规插入某个气门间隙时，异响减弱，应进行以下操作。

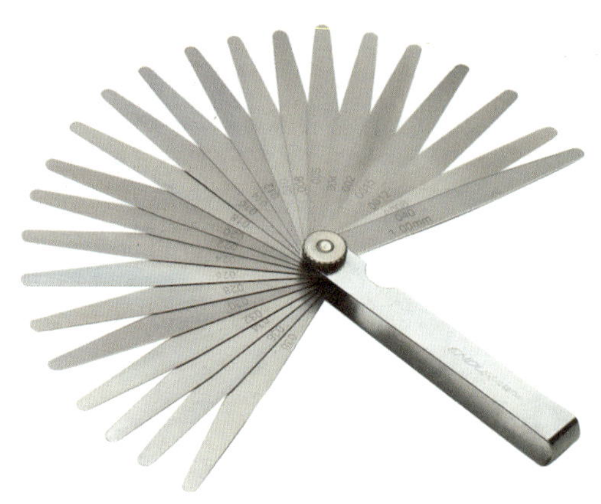
图 2-2　厚薄规

（3）检查推杆固定螺栓是否松动或调整螺栓端面是否不平。若存在推杆固定螺栓松动或调整螺栓端面不平的情况，则应拧紧推杆固定螺栓或维修调整螺栓的端面；若正常，则直接转动调整螺母来调节气门间隙。

（4）检查气门弹簧是否脱落。若脱落，则安装好气门弹簧；若未脱落，则异响是气门导管积炭过多造成的，应清除积炭。

知行合一

某汽车维修厂的维修师傅老张非常擅长调整气门间隙，维修厂都会将这样的工作交给他。实习生小王每次都调整不好，于是向老张请教。老张告诉他，调整气门间隙是细致工作，不能急躁，要有耐心，并抱着精益求精的态度，这样才能在反复学习和摸索中掌握技巧，提高自己的工作能力；此外，工作时要始终保持负责任的态度，把客户的车当成自己的车来爱护。

2.1.2　气缸压力过高

气缸压力过高会出现发动机启动困难，甚至爆燃的现象。一般气缸压力过高的主要原因是燃烧室内积炭过多。对于刚大修过的发动机，气缸压力过高的主要原因是气缸垫或气缸盖过薄。所以在诊断与维修气缸压力过高的故障时，应先询问车主该车是否刚刚大修过。若不是刚刚大修过，则通常只需要清除燃烧室内的积炭即可；若刚刚大修过，则通常只需要更换气缸垫或气缸盖即可。

知识加油站

发动机气缸的标准压力为 0.9～1.2 MPa，磨损极限压力为 0.7 MPa，各气缸压力之差应不超过 0.3 MPa。对于汽油机，各气缸压力与平均压力的差不超过平均压力的 8%；对于柴油机，各气缸压力与平均压力的差不超过平均压力的 10%。此外，发动机大修后的气缸压力应符合原设计规定。

2.1.3 气缸压力过低

1. 故障现象

当气缸压力过低时，汽车将出现启动困难、行驶无力、油耗增加、怠速不稳等现象。

2. 故障原因

（1）空气滤清器过脏，不能过滤掉空气中的灰尘等杂质。杂质进入气缸，会对气缸体、活塞环等造成磨损，导致气缸不封闭而漏气，气缸压力过低。

（2）燃油、机油中的机械杂质及不完全燃烧产生的积炭等，也会对气缸、活塞、活塞环等造成磨损，导致气缸不封闭而漏气，气缸压力过低。

（3）气缸垫损坏或气缸盖变形、不密封，导致气缸不封闭而漏气，气缸压力过低。

（4）气门或气门座磨损或烧灼，导致气门封闭不严，进而导致气缸不封闭而漏气，气缸压力过低。

（5）气门间隙调整不当，导致气门封闭不严，进而导致气缸不封闭而漏气，气缸压力过低。

（6）正时齿轮安装错误、磨损等，导致配气相位错误，使配气正时不当，造成气缸压力降低。

知识加油站

正时齿轮的作用是时间尺度定位。气门动作的时刻和状态必须和活塞运动一致，而曲轴与凸轮轴并不在同一轴线上，它们之间必须通过传动系统来连接，这个传动系统就是正时齿轮。正时齿轮通常由两个齿轮和一条链条（或皮带）组成。

配气相位是用曲轴转角表示的进、排气门的开闭时刻和开启持续时间。

配气正时是按活塞的工作行程去配置进、排气门的开启时间。

3. 故障诊断与维修

若气缸压力过低的故障现象较明显，故障程度较严重，则可以采用直观法进行诊断与维修；若气缸压力过低的故障现象不明显，故障程度较轻，则主要采用气缸压力表法进行诊断与维修。

1）直观法

采用直观法进行气缸压力过低的诊断与维修流程如图 2-3 所示。

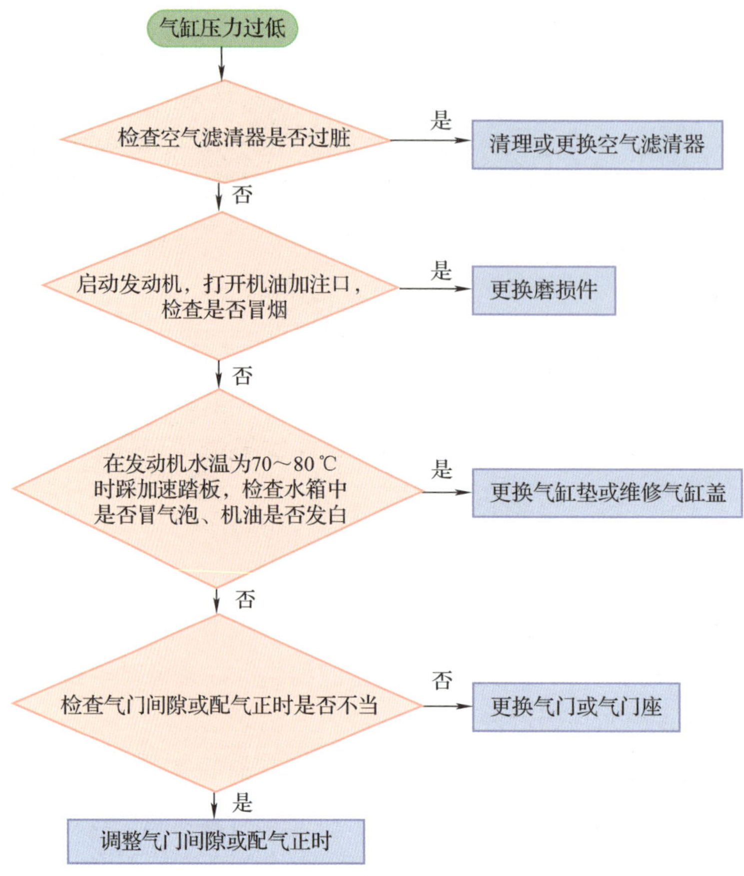

图 2-3　采用直观法进行气缸压力过低的诊断与维修流程

（1）检查空气滤清器是否过脏。若是，则应清理或更换空气滤清器；若不是，则进行下一步操作。

（2）启动发动机，打开机油加注口，检查是否冒烟。若冒烟，则说明气缸、活塞、活塞环磨损过大，应更换磨损件；若不冒烟，则进行下一步操作。

（3）在发动机水温为 70～80 ℃时踩加速踏板，检查水箱中是否冒气泡、机油是否发白。若是，则说明气缸垫损坏或气缸盖变形、不密封，应更换气缸垫或维修气缸盖；若不是，则进行下一步操作。

（4）检查气门间隙或配气正时是否不当。若正常，则说明气门或气门座磨损、烧灼，应更换气门或气门座；若不当，则调整气门间隙或配气正时。

2）气缸压力表法

气缸压力表法包括机油注入法、启动检测法、缸压比较法，具体如下。

（1）机油注入法。

首先，用气缸压力表测量气缸压力，此时气缸压力过低；其次，向火花塞孔中注入少量机油，启动发动机，测量气缸压力；最后，比较前后两次的测量结果。若两次测量结果相差不大，则说明气门发生故障，应检查并维修气门；若第二次的测量结果大于第一次，则说明活塞环发生故障，应更换活塞环。

（2）启动检测法。

运转启动机，用气缸压力表测量气缸压力。在启动机刚运转时，气缸压力表的指针会变化很小，随着启动机运转时间的增加，指针慢慢转动，直到指针不动时开始读数。若读数稍高于气缸压力标准值，则故障原因为气门间隙不当，应调整气门间隙；若读数低于气缸压力标准值，则故障原因为活塞或活塞环磨损过大，应更换磨损件。

（3）缸压比较法。

用气缸压力表测量各气缸的压力，若相邻两气缸的压力相等且都偏低，则故障原因为相邻两气缸的气缸垫烧灼，应更换气缸垫；若各气缸压力普遍偏低，则故障原因为配气正时不当，应进行调整。

笔记

实践操作——气缸压力过低诊断与维修

1. 任务准备

气缸压力过低诊断与维修

（1）准备迈腾 B8L 汽车、气缸压力表、车轮挡块、加长排气管、车内四件套、车外三件套、活塞环拆装钳、厚薄规、支架、皮锤等。

（2）安装车轮挡块，如图 2-4 所示。

（3）安装加长排气管，如图 2-5 所示。

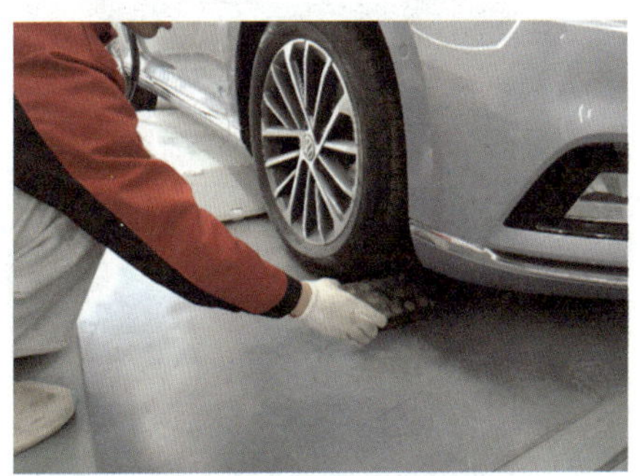
图 2-4　安装车轮挡块

图 2-5　安装加长排气管

（4）安装车内四件套，如图 2-6 所示。

（5）安装车外三件套，如图 2-7 所示。

图 2-6　安装车内四件套

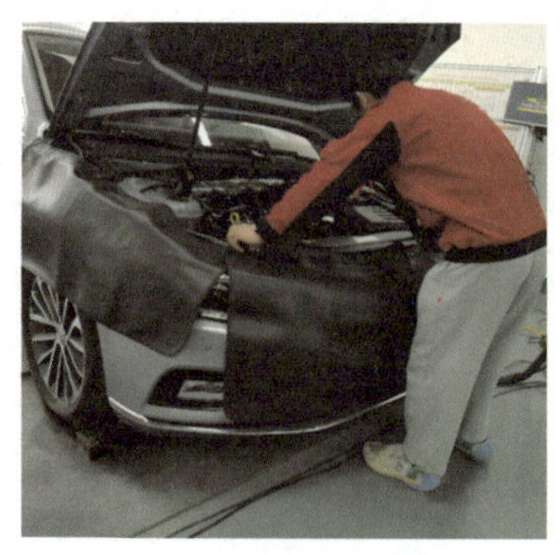

图 2-7　安装车外三件套

（6）进入车内，降下车窗。

2. 观察并描述故障现象

踩下制动踏板，按压点火开关（见图 2-8），汽车启动困难。

图 2-8　按压点火开关

3. 故障诊断与维修

1）用气缸压力表测量气缸 1 的压力

（1）安装气缸压力表，如图 2-9 所示。

（2）启动车辆，3～5 s 后读取气缸压力表的示数，结果为 0.65 MPa，如图 2-10 所示。

图 2-9　安装气缸压力表

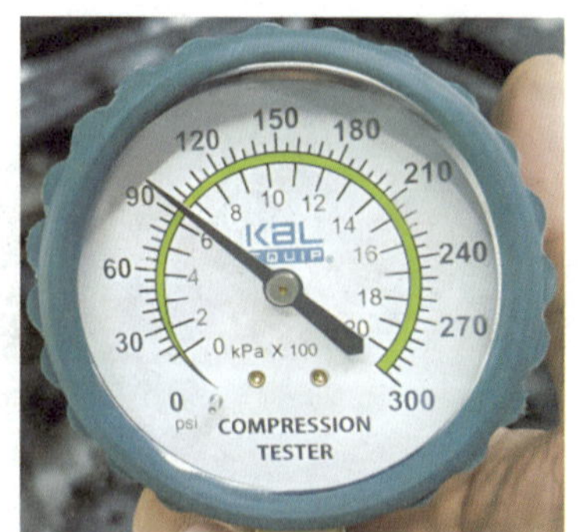

图 2-10　读取气缸压力表的示数

（3）气缸压力低于标准气缸压力，故障原因可能为活塞环磨损过大，应拆卸活塞环，并测量活塞环的开口间隙。

2）拆卸活塞环

（1）拆卸发动机并将其安装在支架上。

（2）拆卸气缸盖，如图 2-11 所示。

（3）拆卸气缸垫，如图 2-12 所示。

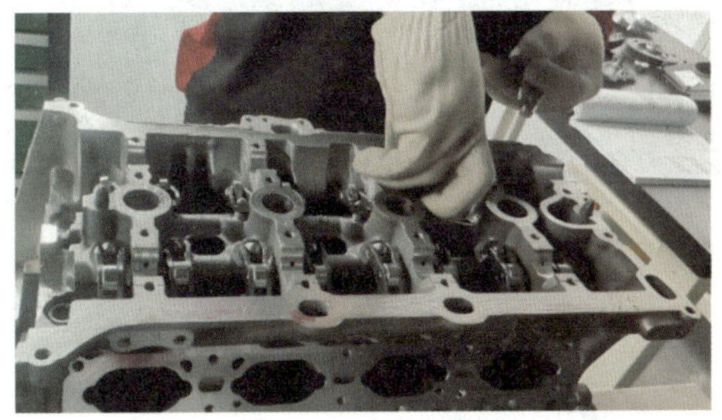

图 2-11　拆卸气缸盖

图 2-12　拆卸气缸垫

（4）旋转发动机，拆卸油底壳，如图 2-13 所示。

（5）拆卸防溅板，如图 2-14 所示。

图 2-13　拆卸油底壳

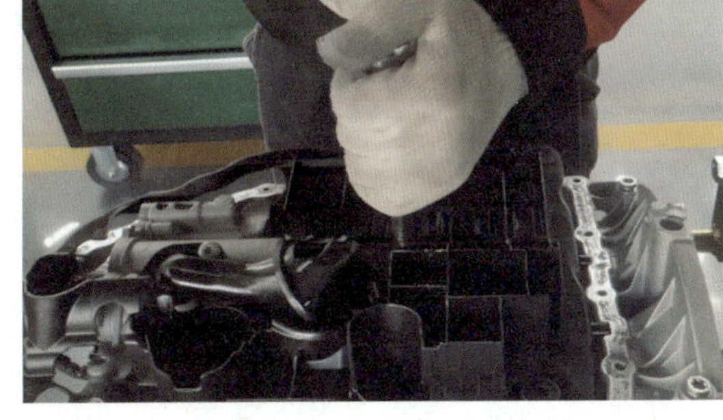

图 2-14　拆卸防溅板

（6）拆卸机油泵，如图 2-15 所示。

（7）拆卸油底壳上部件，如图 2-16 所示。

图 2-15　拆卸机油泵

图 2-16　拆卸油底壳上部件

（8）取下活塞轴承盖，如图 2-17 所示

（9）使用皮锤敲出气缸 1 的活塞，如图 2-18 所示。

图 2-17　取下活塞轴承盖

图 2-18　使用皮锤敲出气缸 1 的活塞

（10）使用活塞环拆装钳拆下活塞环，如图 2-19 所示。

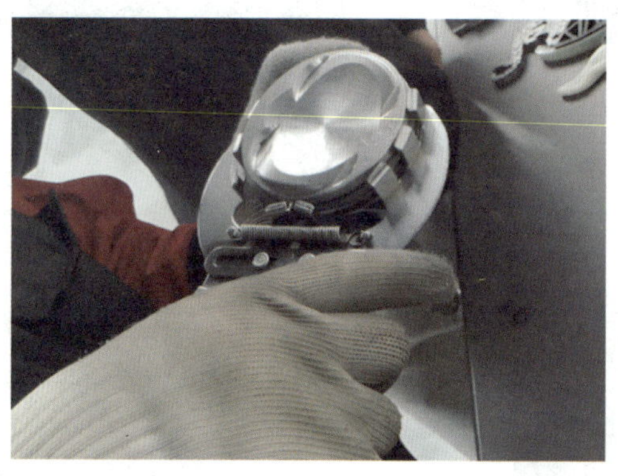

图 2-19　使用活塞环拆装钳拆下活塞环

3）测量活塞环的开口间隙

（1）清理活塞环、气缸筒和厚薄规。

（2）将活塞环放入气缸筒中，如图 2-20 所示。

（3）用厚薄规测量活塞环的开口间隙，如图 2-21 所示。测量结果为 0.8 mm，已达到活塞环的磨损极限，应更换新的活塞环。

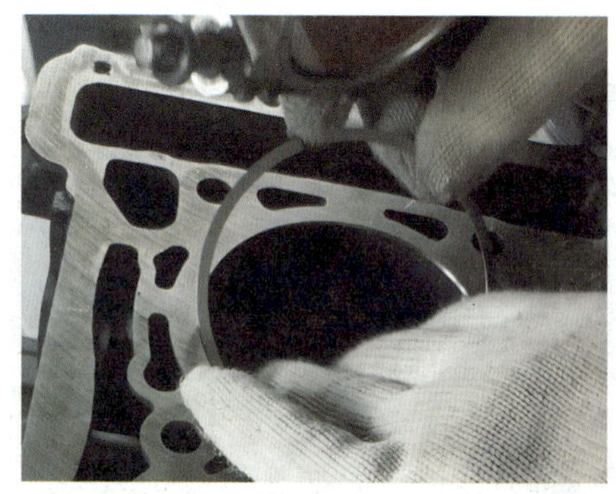

图 2-20　将活塞环放入气缸筒中

图 2-21　用厚薄规测量活塞环的开口间隙

4）安装新的活塞环

（1）测量新的活塞环开口间隙，结果为 0.3 mm，符合要求（0.3～0.4 mm）。

（2）安装新的活塞环，安装顺序与拆卸顺序相反，此处不再赘述。

前车之鉴

安装活塞环时应注意以下事项。

（1）将活塞环有字的一面朝上，上、下活塞环的开口应错开 120°。

（2）活塞箭头方向朝向发动机前端。

（3）安装油底壳上部件之前，应转动曲轴，使气缸 1 在最上方。

（4）应按顺序安装螺栓，并注意拧紧螺栓的力矩不能超过标准力矩（应查阅维修手册）。

4．维修验证

（1）再次测量气缸 1 的压力，结果为 0.98 MPa，符合标准，如图 2-22 所示。

（2）踩下制动踏板，按压点火开关，汽车能正常启动。

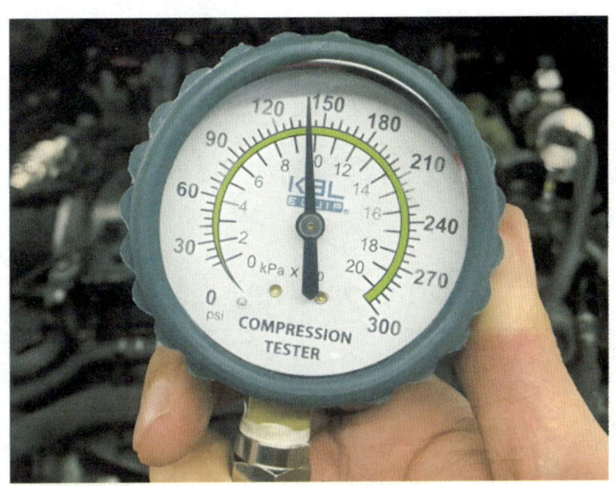

图 2-22　再次测量气缸 1 的压力

5．进行 5S 工作

取下车内四件套、车外三件套、加长排气管、车轮挡块，清理地面等。

任务 2.2 启动系统故障诊断与维修

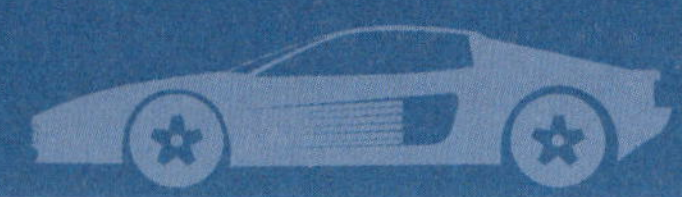

任务引入

某天，小航像往常一样打算开车去上班，但当他打开点火开关时，发现汽车启动机不转。小航并不擅长维修汽车，只好将其送到汽车维修厂进行故障诊断与维修。维修人员经过一系列故障诊断操作，最终找到了故障原因并修好了汽车。那么，维修人员是如何进行故障诊断与维修的呢？

本任务将介绍启动机不转或运转无力、启动机空转的诊断与维修，其知识与技能要求如表 2-9 所示。

表 2-9 知识与技能要求

任务内容	启动系统故障诊断与维修	学习程度		
		识记	理解	应用
学习任务	启动机不转或运转无力诊断与维修		●	
	启动机空转诊断与维修		●	
实训任务	启动机不转诊断与维修			●
自我勉励				

任务工单——启动机不转诊断与维修

1．学生分组

以 3～5 人为一组，选出组长并进行分工，将小组成员及分工情况填入表 2-10 中。

表 2-10 小组成员及分工情况

班级： 组号： 指导教师：

小组成员	姓名	学号	任务分工
组长			
组员			

2．获取信息

在进行实际操作前，需要掌握启动系统故障诊断与维修的相关知识。请各组组长组织组员收集相关资料，回答下列问题。

引导问题 1：启动机的常见故障有哪些？

引导问题 2：绘制启动机不转的诊断与维修流程图。

引导问题 3：启动机空转的故障原因有哪些？

3. 任务准备

在明确任务内容的情况下，根据实际情况，在表 2-11 中写出车辆信息及所需的工具、设备、资料等。

表 2-11 车辆信息及所需的工具、设备、资料

车辆信息	车型	VIN 码	行驶里程
工具、设备、资料			

在进行实际操作前请做好现场防护，并把现场防护措施填入表 2-12 中。

表 2-12 现场防护措施

个人防护	
设备安全防护	
场地安全防护	

4. 任务实施

1）观察并描述故障现象

2）故障诊断与维修

根据出现的故障现象进行故障诊断与维修，并将操作内容填入表 2-13 中。

表 2-13 操作步骤

序号	任务点	操作内容
1	连接故障诊断仪	连接过程：
2	读取故障码	无故障码（　　）/ 有故障码（　　） 故障码： 故障码说明：

续表

序号	任务点	操作内容
3	有故障码时，按故障码内容进行操作	可能故障原因：
		诊断步骤：
		诊断结果：
		维修步骤：
4	无故障码时，检查相关部件	相关部件：
		检查步骤：
		检查结果：
		维修步骤：

3）维修验证

检查车辆故障是否消除，并把验证结果填入表 2-14 中。

表 2-14　维修验证

序号	验证结果
1	故障点是否恢复正常：是 □，否 □
2	故障码是否清除：是 □，否 □
3	故障现象是否消失：是 □，否 □
4	车辆是否能够正常行驶：是 □，否 □

4）进行 5S 工作

对照表 2-15 进行 5S 工作，并把完成结果填入表中。

表 2-15　5S 工作

序号	完成结果
1	车内四件套是否取下：是 □，否 □
2	车外三件套是否取下：是 □，否 □
3	加长排气管是否取下：是 □，否 □
4	车轮挡块是否取下：是 □，否 □
5	地面是否清理干净：是 □，否 □

5．考核评价

各组组长展示任务完成情况，并配合指导教师完成如表 2-16 所示的考核评价表。

表 2-16　考核评价表

项目名称	评价内容	分值 / 分	评价分数 / 分		
			自评	互评	师评
职业素养考核项目（40%）	穿戴规范、整洁	6			
	安全意识、责任意识、服从意识强	6			
	积极参加教学活动，按时完成任务工单	10			
	团队合作、与人沟通能力强	6			
	劳动纪律良好	6			
	维修场地、设备等整洁	6			
专业能力考核项目（60%）	专业知识查找及时、准确	12			
	操作符合规范	18			
	操作熟练，工作效率高	12			
	任务完成度高	18			
合计		100			
总评	自评（20%）+ 互评（20%）+ 师评（60%）= ＿＿＿＿＿＿	综合等级	指导教师（签名）：＿＿＿＿		

6．课堂小结

＿＿＿＿＿＿＿＿＿＿＿＿＿＿＿＿＿＿＿＿＿＿＿＿＿＿＿＿＿＿

相关知识

发动机的启动是指发动机借助外力从静止状态到稳定运转状态的过程，它需要借助启动系统来实现。启动系统由启动机、蓄电池、启动继电器、点火开关等组成，如图 2-23 所示。

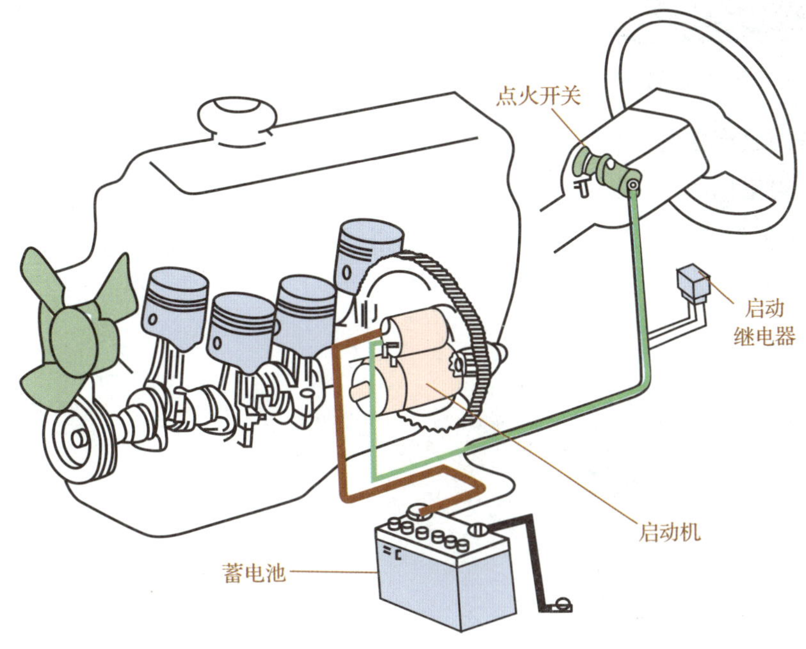

图 2-23　启动系统的组成

启动机是启动系统的主要部件，主要为发动机提供外力支持。它较易出现故障，常见的故障有启动机不转或运转无力、启动机空转。

2.2.1　启动机不转或运转无力

1．故障现象

将点火开关置于启动挡时，启动机可能会出现以下几种故障。

（1）启动机不转且无任何动作迹象。

（2）启动机不转且只有“咔哒”声。

（3）启动机运转缓慢无力，几乎不能带动发动机。

2．故障原因

（1）自动变速器操纵杆（见图 2-24）没有置于 P 挡或 N 挡。

（2）启动继电器（见图 2-25）出现线圈短路、搭铁或触点接触不良等故障。

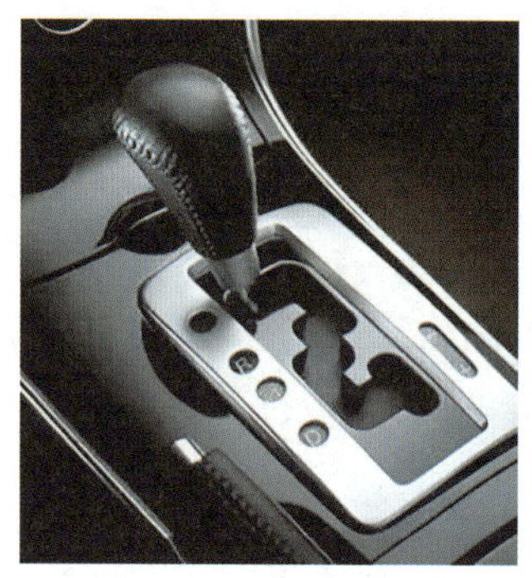
图 2-24　自动变速器操纵杆

图 2-25　启动继电器

（3）启动系统线路出现接触不良或松脱等故障。

（4）蓄电池出现电量用尽、极板硫化、短路、接线柱与线夹接触不良等故障。

（5）启动机出现换向器与电刷接触不良，电刷搭铁，电磁开关断路、短路、搭铁或触点烧蚀等故障。

3．故障诊断与维修

启动机不转或运转无力的诊断与维修流程如图 2-26 所示。

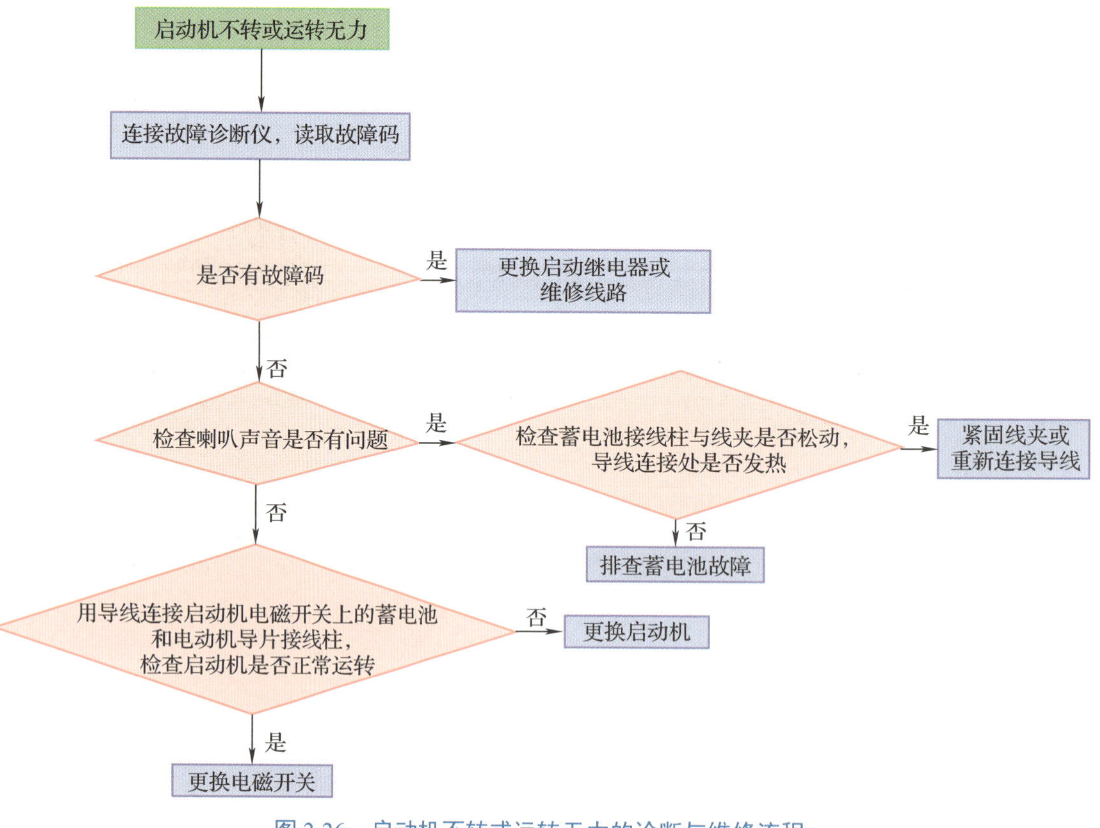

图 2-26　启动机不转或运转无力的诊断与维修流程

（1）连接故障诊断仪，读取故障码，看是否有故障码。若有故障码，则按故障码内容进行维修，可能的故障原因有启动继电器故障、启动继电器与点火开关间的线路发生故障，应更换启动继电器或维修线路；若无故障码，则进行下一步操作。

（2）检查喇叭声音是否有问题。若喇叭声音小或嘶哑，则检查蓄电池接线柱与线夹是否松动，通过触摸检查导线连接处是否发热。如有松动或发热，就紧固线夹或重新连接导线；如无松动或发热，就说明蓄电池发生故障，应排查蓄电池电量用尽、极板硫化、短路、接线柱与线夹接触不良等故障。若经检查喇叭声音没问题，则进行下一步操作。

（3）检查启动机。用导线连接启动机电磁开关上的蓄电池和电动机导片接线柱，检查启动机是否正常运转。若仍然不转，则说明启动机内部发生故障，应予以更换；若正常运转，则说明电磁开关可能发生故障，此时用导线连接启动机电磁开关和启动机上的蓄电池接线柱，电磁开关无动作，应更换电磁开关。

汽车论坛

电动机是启动机的主要部件。查找资料，说一说电动机在启动机中是如何工作的。

知识加油站

电磁开关有无动作可通过听有无吸合撞击声，或通过触摸感受有无振动来判断。

2.2.2 启动机空转

1. 故障现象

将点火开关置于启动挡时，只有启动机快速运转而发动机不转。

2. 故障原因

启动机能运转，说明启动机电路正常，但其不能带动发动机运转，则可能有以下两种情况。

（1）驱动齿轮不能与飞轮齿圈啮合，此时说明启动机的操作与控制部分可能发生故障，飞轮齿圈严重磨损或损坏。

（2）驱动齿轮与飞轮齿圈啮合（见图 2-27），说明此时启动机的单向离合器打滑，导致启动机空转。

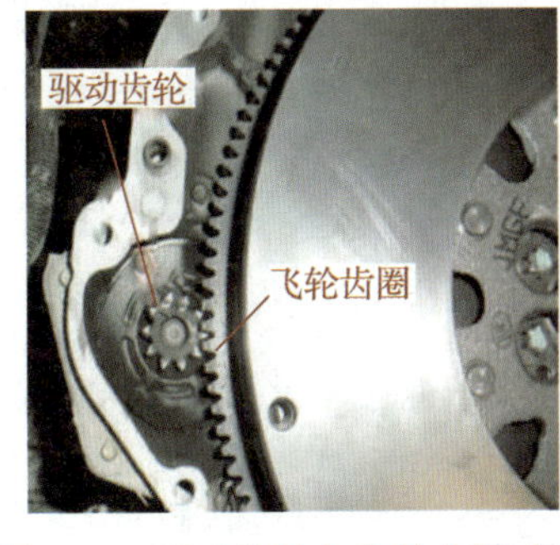

图 2-27　驱动齿轮与飞轮齿圈啮合

3. 故障诊断与维修

（1）听是否有齿轮的撞击声。若有，则表明驱动齿轮或飞轮齿圈的牙齿磨损严重，导致驱动齿轮不能与飞轮齿圈正确啮合，应视情况更换启动机或飞轮齿圈；若没有，则进行下一步操作。

（2）检查启动机的单向离合器是否打滑。若是，则应拆卸并维修启动机；若不是，则分为以下两种情况。

① 若启动机传动装置采用一级行星齿轮减速装置，则说明其载荷过大，应查找载荷大的部位并进行维修。

② 若启动机采用摩擦片式离合器，则说明其出现压紧弹簧损坏，花键锈蚀、卡滞，摩擦片式离合器打滑等故障，应进行相应的维修。

笔记

实践操作——启动机不转诊断与维修

1．任务准备

（1）准备迈腾 B8L 汽车、车轮挡块、加长排气管、车内四件套、车外三件套、故障诊断仪、启动继电器等。

启动机不转诊断与维修

（2）安装车轮挡块、加长排气管、车内四件套、车外三件套等，进入车内，降下车窗。

2．观察并描述故障现象

启动车辆时，踩下制动踏板，按压点火开关，启动机不转，车辆未启动。

3．故障诊断与维修

（1）插入蓝牙接线盒，安装故障诊断仪，如图 2-28 所示。

（2）读取故障码，如图 2-29 所示。

图 2-28　安装故障诊断仪

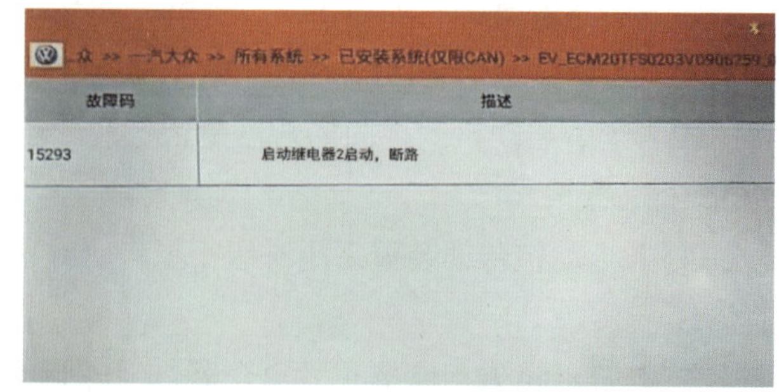

图 2-29　读取故障码

（3）打开保险盒盖（见图 2-30），拔下启动继电器，如图 2-31 所示。

图 2-30　打开保险盒盖

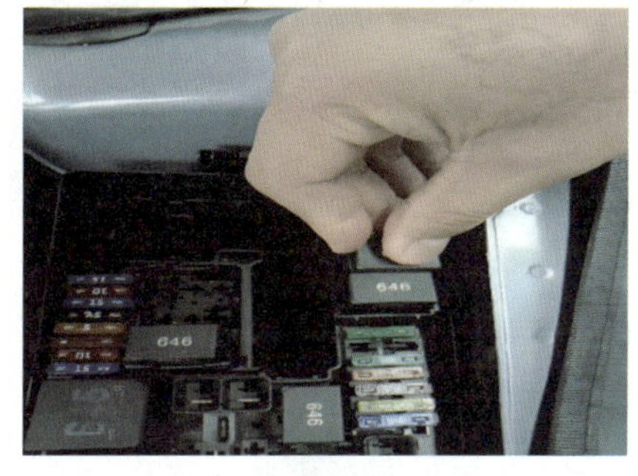

图 2-31　拔下启动继电器

（4）将万用表的测量挡位调至欧姆挡，并校零，如图 2-32 所示。

（5）用万用表测量启动继电器的线圈电阻，结果为无穷大，如图 2-33 所示。

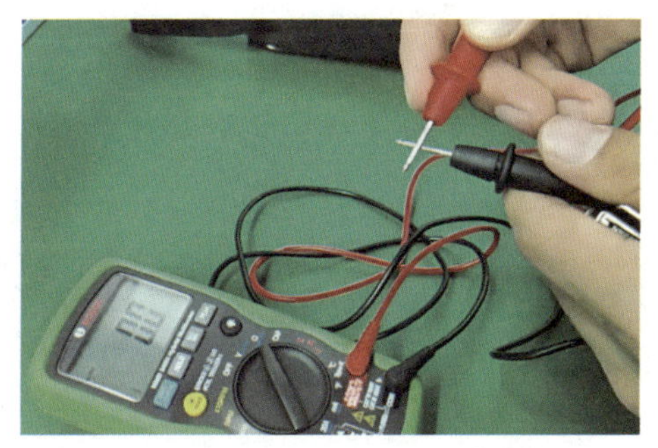

图 2-32　将万用表校零

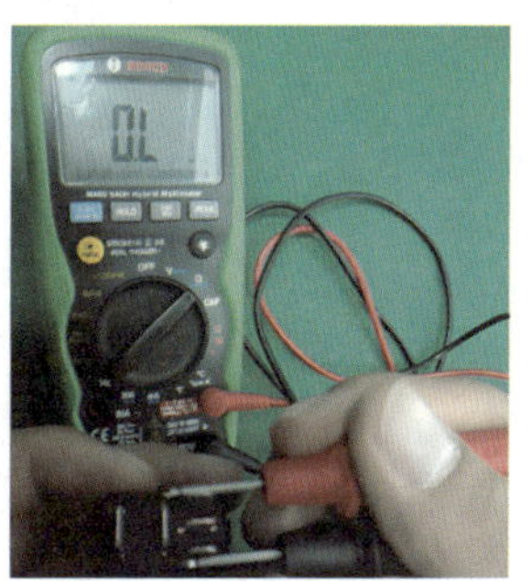

图 2-33　用万用表测量启动继电器的线圈电阻

（6）诊断结果为启动继电器断路，应更换新的启动继电器。

4. 维修验证

再次启动车辆，车辆正常启动。清除故障码后，再次读取故障码，无故障码，如图 2-34 所示。

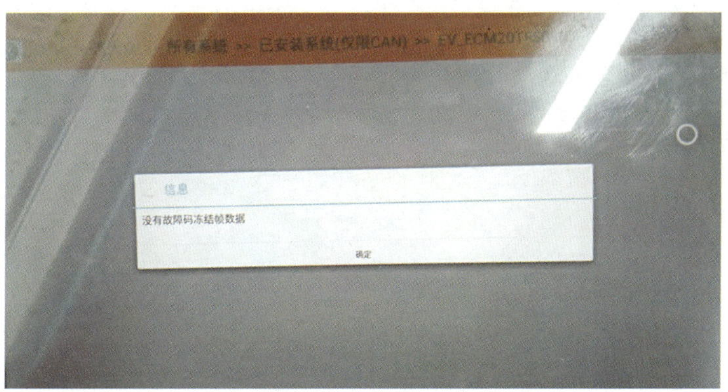

图 2-34　无故障码

5. 进行 5S 工作

盖上保险盒盖，拔下故障诊断仪，取下车内四件套、车外三件套、加长排气管、车轮挡块，清理地面等。

任务 2.3 点火系统故障诊断与维修

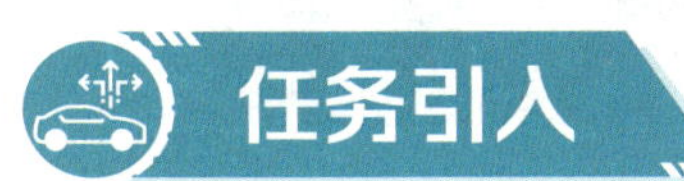

任务引入

假期来临，小王打算带着家人出游。为了出行方便，他决定开车去。但是，当他启动汽车时，发动机出现了反转、怠速的现象，且汽车急加速时出现了爆震。小王只好去 4S 店维修汽车。经过一番检查，维修人员诊断出是点火正时不当的问题。经过维修人员的维修，汽车最终恢复了正常，小王一家愉快地出游了。那么，点火正时不当的诊断与维修过程是怎样的呢？

本任务将介绍个别气缸不点火、点火正时不当、点火错乱的诊断与维修，其知识与技能要求如表 2-17 所示。

表 2-17 知识与技能要求

任务内容	点火系统故障诊断与维修	学习程度		
		识记	理解	应用
学习任务	个别气缸不点火诊断与维修		●	
	点火正时不当诊断与维修		●	
	点火错乱诊断与维修		●	
实训任务	个别气缸不点火诊断与维修			●
自我勉励				

任务工单——个别气缸不点火诊断与维修

1. 学生分组

以 3～5 人为一组，选出组长并进行分工，将小组成员及分工情况填入表 2-18 中。

表 2-18 小组成员及分工情况

班级： 组号： 指导教师：

小组成员	姓名	学号	任务分工
组长			
组员			

2. 获取信息

在进行实际操作前，需要掌握点火系统故障诊断与维修的相关知识。请各组组长组织组员收集相关资料，回答下列问题。

引导问题 1：什么是点火系统？

引导问题 2：导致个别气缸不点火的原因有哪些？

引导问题 3：当出现点火正时不当的故障时，应如何用直观法进行诊断与维修？

3. 任务准备

在明确任务内容的情况下，根据实际情况，在表 2-19 中写出车辆信息及所需的工具、设备、资料等。

表 2-19 车辆信息及所需的工具、设备、资料

车辆信息	车型	VIN 码	行驶里程
工具、设备、资料			

在进行实际操作前做好现场防护，并把现场防护措施填入表 2-20 中。

表 2-20 现场防护措施

个人防护	
设备安全防护	
场地安全防护	

4. 任务实施

1）观察并描述故障现象

2）故障诊断与维修

根据出现的故障现象进行故障诊断与维修，并将操作内容填入表 2-21 中。

表 2-21 操作步骤

序号	任务点	操作内容
1	连接故障诊断仪	连接过程：
2	读取故障码	无故障码（　　）/ 有故障码（　　） 故障码： 故障码说明：

续表

序号	任务点	操作内容
3	有故障码时，按故障码内容进行操作	可能故障原因：
		诊断步骤：
		诊断结果：
		维修步骤：
4	无故障码时，检查相关部件	相关部件：
		检查步骤：
		检查结果：
		维修步骤：

3）维修验证

检查车辆故障是否消除，并把验证结果填入表 2-22 中。

表 2-22　维修验证

序号	验证结果
1	故障点是否恢复正常：是 □，否 □
2	故障码是否清除：是 □，否 □
3	故障现象是否消失：是 □，否 □
4	车辆是否能够正常行驶：是 □，否 □

4）进行 5S 工作

对照表 2-23 进行 5S 工作，并把完成结果填入表中。

表 2-23　5S 工作

序号	完成结果
1	车内四件套是否取下：是 □，否 □
2	车外三件套是否取下：是 □，否 □
3	加长排气管是否取下：是 □，否 □
4	车轮挡块是否取下：是 □，否 □
5	地面是否清理干净：是 □，否 □

5. 考核评价

各组组长展示任务完成情况，并配合指导教师完成如表 2-24 所示的考核评价表。

表 2-24　考核评价表

<table>
<tr><th rowspan="2">项目名称</th><th rowspan="2">评价内容</th><th rowspan="2">分值 / 分</th><th colspan="3">评价分数 / 分</th></tr>
<tr><th>自评</th><th>互评</th><th>师评</th></tr>
<tr><td rowspan="6">职业素养考核项目（40%）</td><td>穿戴规范、整洁</td><td>6</td><td></td><td></td><td></td></tr>
<tr><td>安全意识、责任意识、服从意识强</td><td>6</td><td></td><td></td><td></td></tr>
<tr><td>积极参加教学活动，按时完成任务工单</td><td>10</td><td></td><td></td><td></td></tr>
<tr><td>团队合作、与人沟通能力强</td><td>6</td><td></td><td></td><td></td></tr>
<tr><td>劳动纪律良好</td><td>6</td><td></td><td></td><td></td></tr>
<tr><td>维修场地、设备等整洁</td><td>6</td><td></td><td></td><td></td></tr>
<tr><td rowspan="4">专业能力考核项目（60%）</td><td>专业知识查找及时、准确</td><td>12</td><td></td><td></td><td></td></tr>
<tr><td>操作符合规范</td><td>18</td><td></td><td></td><td></td></tr>
<tr><td>操作熟练，工作效率高</td><td>12</td><td></td><td></td><td></td></tr>
<tr><td>任务完成度高</td><td>18</td><td></td><td></td><td></td></tr>
<tr><td colspan="2">合计</td><td>100</td><td></td><td></td><td></td></tr>
<tr><td rowspan="2">总评</td><td rowspan="2">自评（20%）+ 互评（20%）+ 师评（60%）=
__________________</td><td>综合等级</td><td colspan="3" rowspan="2">指导教师（签名）：__________</td></tr>
<tr><td></td></tr>
</table>

6. 课堂小结

相关知识

点火系统是汽油机的重要组成部分。在汽油机中，气缸内的可燃混合气是靠电火花点燃的。点火系统是能够按时在火花塞电极间产生电火花的设备，常用的点火系统有传统点火系统和微机控制点火系统。

（1）传统点火系统一般由蓄电池、断电器、分电器、分缸线、点火线圈、附加电阻、电容器和火花塞等组成。

（2）微机控制点火系统主要由传感器、电子控制器（ECU）和执行器等组成。其中，传感器包括凸轮轴位置传感器、车速传感器、曲轴位置传感器、爆燃传感器、空气流量传感器、节气门位置传感器、冷却液温度传感器和进气温度传感器等，执行器包括点火器、点火线圈和火花塞等，如图 2-35 所示。

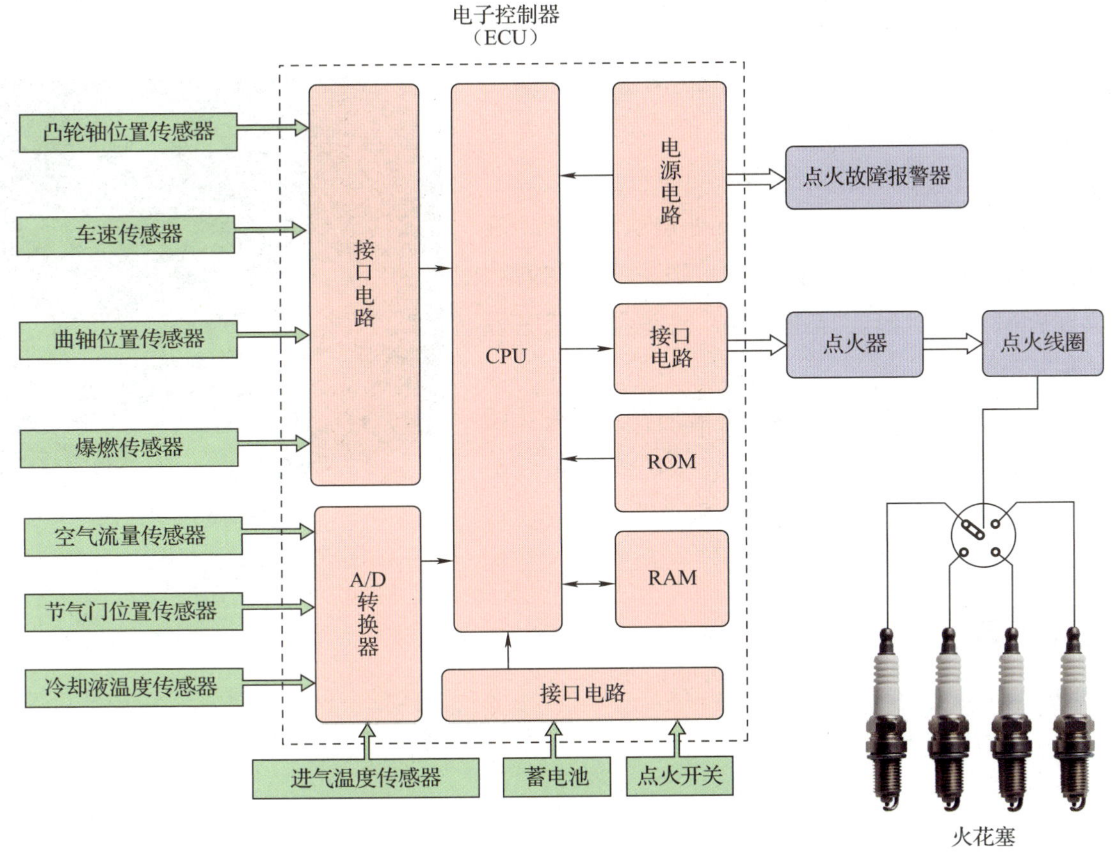

图 2-35　微机控制点火系统的组成

点火系统的常见故障有个别气缸不点火、点火正时不当、点火错乱等。

2.3.1　个别气缸不点火

1．故障现象

个别气缸不点火主要表现为发动机怠速时发生抖动、急加速无力、排气管处发出“突突”声或放炮声。

2．故障原因

（1）不点火气缸的分缸线松动、脱落、漏电或发生其他故障。

（2）不点火气缸的点火线圈性能不良或线路连接不良。

（3）不点火气缸的火花塞绝缘体裂开，电极间隙不当，有油污、积炭等。

（4）不点火气缸的分电器盖漏电等。

3．故障诊断与维修

（1）连接故障诊断仪，读取故障码，看是否有故障码。若有故障码，则用示波器测量点火线圈的电压波形，并根据电压波形判断故障原因，故障原因可能是点火线圈性能不良或线路连接不良，应更换点火线圈或维修线路；若没有故障码，则进行下一步操作。

（2）用单缸断火法进行检查，看各气缸断火时发动机转速是否下降。若发动机转速明显下降，则气缸工作正常；若发动机转速没有明显变化，则进行下一步操作。

（3）向外拔分缸线（见图 2-36），在其距离发动机 5～8 mm 处进行跳火试验，看电火花是否正常。若电火花正常，则进行步骤（4）；若电火花不正常，则进行步骤（5）。

（4）在分缸线距离发动机 2～3 mm 处启动发动机，看气缸工作是否正常。若气缸工作正常，则说明火花塞积炭，应清除积炭；若气缸工作不正常，则说明火花塞漏电，应更换火花塞。

（5）用点火线圈高压线在气缸分电器插孔周围进行跳火试验，看是否有电火花。若有电火花，则说明分缸线出现故障，应检修分缸线；若无电火花，则说明分电器盖漏电，应更换分电器盖。

图 2-36　分缸线

知识加油站

跳火试验的操作步骤：① 拆卸点火线圈；② 分离喷油器连接器，以免检查时存在燃油喷射的现象；③ 使用火花塞套筒拆卸火花塞；④ 把火花塞安装到点火线圈上；⑤ 将火花塞搭铁到发动机上；⑥ 启动发动机 5～10 s，检查火花塞的电火花情况。

单缸断火法的操作步骤：在发动机怠速或低速运转时，拔下火花塞上的分缸线并使火花塞与发动机短路连接，观察发动机的工作情况。若发动机出现转速下降、平稳性变差、故障加剧的现象，则说明气缸工作良好，否则说明气缸不工作或工作不良。

2.3.2　点火正时不当

1．故障现象

发动机的压缩冲程终了，活塞接近上止点时，点火系统利用火花塞点燃气缸内的可燃混合气，这个时间就是点火正时。点火正时不当包括点火过早和点火过迟两种情况。

（1）点火过早可能会出现发动机启动时反转、怠速运转，急加速时有爆震等现象。

（2）点火过迟可能会出现发动机发闷、无力，发动机温度易过高，排气管冒黑烟、放炮等现象。

2. 故障原因

（1）点火正时调整不当，使点火过早或过迟。

（2）分电器上点火提前角离心调节装置失效，使点火提前角变化，造成点火过早或过迟。

（3）管路连接处密封不严，降低可燃混合气的浓度，造成点火过迟。

知识加油站

点火正时调整一般是通过转动分电器外壳来实现的。比较准确的点火正时调整采用动态调整，即发动机在某一转速下运转，我们通过点火正时测量点火提前角，并根据发动机在该转速下的最佳性能需求调整点火提前角。其中，从点火时刻起到活塞到达压缩上止点，这段时间内曲轴转过的角度称为点火提前角。

3. 故障诊断与维修

点火正时不当可用直观法和点火正时仪法进行诊断与维修。

1）直观法

启动发动机，当发动机水温上升到 80 ℃时急加速，观察发动机的状态。

（1）若发动机出现类似金属敲击的声音，则说明点火过早。此时应更换分电器上的点火提前角离心调节装置或转动分电器外壳来调整点火正时。

（2）若发动机的转速不能立即升高，或在排气管中有“突突”声，则说明点火过迟。此时，检查管路连接处密封是否严密。若不严密，则更换密封不严密处的密封件；若严密，则检查分电器上的点火提前角离心调节装置是否失效。若失效，则予以更换；若未失效，则转动分电器外壳来调整点火正时。

2）点火正时仪法

（1）取下气门罩盖，找到曲轴带轮上的上止点活动标记，如图 2-37 所示。

（2）安装点火正时仪，如图 2-38 所示。将点火正时仪的两个电源夹夹到蓄电池的正、负接线柱上（红正、黑负），将点火正时仪的外卡式传感器卡在分缸线上。

图 2-37　上止点活动标记

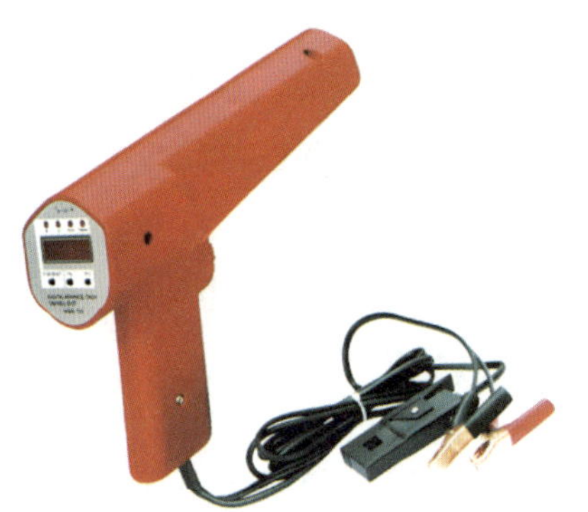

图 2-38　点火正时仪

（3）打开点火正时仪开关，此时点火正时仪应闪光，数值显示为零。

（4）启动发动机并使其工作至正常温度，然后使发动机在怠速下稳定运转。

（5）使曲轴带轮上的上止点活动标记与点火正时仪固定装置对齐，此时点火正时仪指示装置上的读数即为发动机怠速运转时的点火提前角。

（6）用同样方法分别检测发动机在不同工况下的点火提前角。

（7）将测出的点火提前角与标准值进行对比，判断点火提前角的大小是否符合标准，若不符合标准，则应调整点火正时。

2.3.3 点火错乱

1. 故障现象

点火错乱主要表现为发动机启动困难，或发动机启动后运转不稳，有时还会伴有排气管放炮和爆震等。

2. 故障原因

火花塞点火时，应由分电器按顺序分配点火信号到各气缸火花塞，而点火错乱则是点火信号未按顺序分配到各气缸火花塞。其常见原因有各分缸线相对位置弄错、分电器盖绝缘不良而导致漏电等。

3. 故障诊断与维修

检查各分缸线是否沿分火头转动方向分布，是否按点火顺序排列。若分布或排列顺序错误，则应重新调整分布或排列；若分布和排列顺序正确，则说明分电器盖可能潮湿或有裂纹，应更换分电器盖。

知识加油站

分火头是装在分电器轴端的上嵌铜片的绝缘旋转零件。它每转一圈就使分电器中央插座孔中的电极与各周边插座孔中的电极轮流接通一次，并向各火花塞依次输送高压电。

笔记

实践操作——个别气缸不点火诊断与维修

1. 任务准备

个别气缸不点火诊断与维修

（1）准备迈腾 B8L 汽车、迈腾 B8L 一体化实训台、车轮挡块、加长排气管、车内四件套、车外三件套、故障诊断仪、示波器等。

（2）安装车轮挡块、加长排气管、车内四件套、车外三件套等，进入车内，降下车窗。

2. 观察并描述故障现象

踩下制动踏板，按压点火开关，车辆启动，看到仪表盘上的 EPC 灯点亮（见图 2-39），并感觉到发动机抖动。

图 2-39　仪表盘上的 EPC 灯点亮

3. 故障诊断与维修

（1）插入蓝牙接线盒，安装故障诊断仪，读取故障码，如图 2-40 所示。

大众 >> 一汽大众 >> 所有系统 >> 已安装系统(仪表CAN) >> EV_ECM20TFS0203V0906259_001

故障码	描述	状态
15074	气缸压缩比	主动的/静态的
15131	气缸3检测到不发火	主动的/静态的
15062	气缸3点火促动点火线圈次级回路3，功能失效	主动的/静态的

图 2-40　读取故障码

（2）借助迈腾 B8L 一体化实训台，用示波器测量点火线圈的电压波形，如图 2-41 所示。

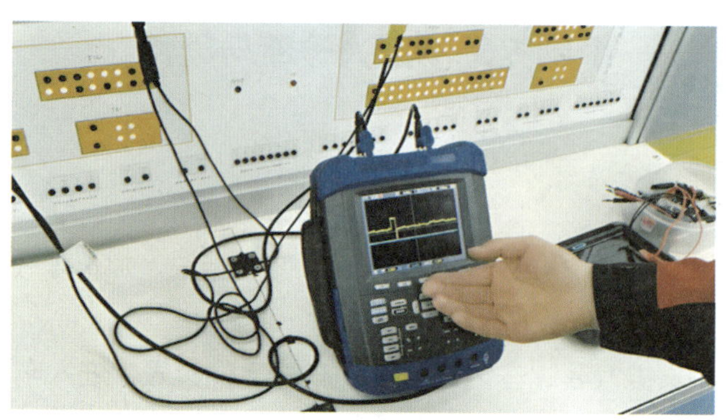

图 2-41 用示波器测量点火线圈的电压波形

（3）根据点火线圈的电压波形推断出故障原因为点火线圈断路，应更换点火线圈。

4. 维修验证

（1）再次启动车辆，车辆正常启动，EPC 灯未点亮，未感受到发动机抖动。

（2）清除故障码，再次读取故障码，无故障码，表明故障已排除。

5. 进行 5S 工作

拔下故障诊断仪，取下车内四件套、车外三件套、加长排气管、车轮挡块，清理地面等。

笔记

任务 2.4 燃料供给系统故障诊断与维修

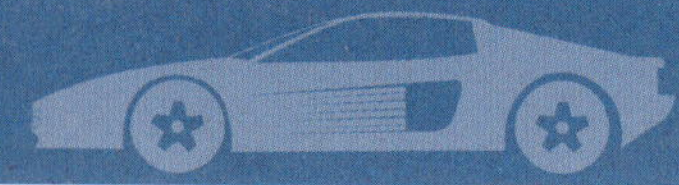

任务引入

小张已经有一段时间没有开他的汽车了。一天，他想要开车出去，在启动发动机时，发现启动机能带动发动机正常运转，但汽车不能启动，且无着车征兆。他反复启动几次后发现还存在这种情况。他又检查了燃油箱，发现油量正常。于是，他将汽车送到专业汽车维修店进行维修。维修人员初步判定故障是燃油泵不工作造成的。那么，该故障应该如何进行诊断与维修呢？

本任务将介绍发动机怠速不良、发动机加速不良、发动机排气管排放不正常的诊断与维修，其知识与技能要求如表 2-25 所示。

表 2-25 知识与技能要求

任务内容	燃料供给系统故障诊断与维修	学习程度		
		识记	理解	应用
学习任务	发动机怠速不良诊断与维修		●	
	发动机加速不良诊断与维修		●	
	发动机排气管排放不正常诊断与维修		●	
实训任务	发动机怠速不良诊断与维修			●
自我勉励				

班级________ 姓名________ 学号________

任务工单——发动机怠速不良诊断与维修

1. 学生分组

以 3～5 人为一组，选出组长并进行分工，将小组成员及分工情况填入表 2-26 中。

表 2-26 小组成员及分工情况

班级： 组号： 指导教师：

小组成员	姓名	学号	任务分工
组长			
组员			

2. 获取信息

在进行实际操作前，需要掌握燃料供给系统故障诊断与维修的相关知识。请各组组长组织组员收集相关资料，回答下列问题。

引导问题 1：导致发动机怠速不稳、易熄火的原因有哪些？

引导问题 2：简述发动机加速不良的诊断与维修流程。

引导问题 3：发动机排气管冒黑烟可能是哪些因素造成的？

3. 任务准备

在明确任务内容的情况下，根据实际情况，在表 2-27 中写出车辆信息及所需的工具、设备、资料等。

表 2-27 车辆信息及所需的工具、设备、资料

车辆信息	车型	VIN 码	行驶里程
工具、设备、资料			

在进行实际操作前做好现场防护，并把现场防护措施填入表 2-28 中。

表 2-28 现场防护措施

个人防护	
设备安全防护	
场地安全防护	

4. 任务实施

1）观察并描述故障现象

2）故障诊断与维修

根据出现的故障现象进行故障诊断与维修，并将操作内容填入表 2-29 中。

表 2-29 操作步骤

序号	任务点	操作内容
1	连接故障诊断仪	连接过程：
2	读取故障码	无故障码（ ）/ 有故障码（ ） 故障码： 故障码说明：

续表

序号	任务点	操作内容
3	有故障码时，按故障码内容进行操作	可能故障原因：
		诊断步骤：
		诊断结果：
		维修步骤：
4	无故障码时，检查相关部件	相关部件：
		检查步骤：
		检查结果：
		维修步骤：

3）维修验证

检查车辆故障是否消除，并把验证结果填入表 2-30 中。

表 2-30 维修验证

序号	验证结果
1	故障点是否恢复正常：是 □，否 □
2	故障码是否清除：是 □，否 □
3	故障现象是否消失：是 □，否 □
4	车辆是否能够正常行驶：是 □，否 □

4）进行 5S 工作

对照表 2-31 进行 5S 工作，并把完成结果填入表中。

表 2-31 5S 工作

序号	完成结果
1	车内四件套是否取下：是 □，否 □
2	车外三件套是否取下：是 □，否 □
3	加长排气管是否取下：是 □，否 □
4	车轮挡块是否取下：是 □，否 □
5	地面是否清理干净：是 □，否 □

5．考核评价

各组组长展示任务完成情况，并配合指导教师完成如表 2-32 所示的考核评价表。

表 2-32　考核评价表

<table>
<tr><th rowspan="2">项目名称</th><th rowspan="2">评价内容</th><th rowspan="2">分值 / 分</th><th colspan="3">评价分数 / 分</th></tr>
<tr><th>自评</th><th>互评</th><th>师评</th></tr>
<tr><td rowspan="6">职业素养考核项目（40%）</td><td>穿戴规范、整洁</td><td>6</td><td></td><td></td><td></td></tr>
<tr><td>安全意识、责任意识、服从意识强</td><td>6</td><td></td><td></td><td></td></tr>
<tr><td>积极参加教学活动，按时完成任务工单</td><td>10</td><td></td><td></td><td></td></tr>
<tr><td>团队合作、与人沟通能力强</td><td>6</td><td></td><td></td><td></td></tr>
<tr><td>劳动纪律良好</td><td>6</td><td></td><td></td><td></td></tr>
<tr><td>维修场地、设备等整洁</td><td>6</td><td></td><td></td><td></td></tr>
<tr><td rowspan="4">专业能力考核项目（60%）</td><td>专业知识查找及时、准确</td><td>12</td><td></td><td></td><td></td></tr>
<tr><td>操作符合规范</td><td>18</td><td></td><td></td><td></td></tr>
<tr><td>操作熟练，工作效率高</td><td>12</td><td></td><td></td><td></td></tr>
<tr><td>任务完成度高</td><td>18</td><td></td><td></td><td></td></tr>
<tr><td colspan="2">合计</td><td>100</td><td></td><td></td><td></td></tr>
<tr><td>总评</td><td>自评（20%）+ 互评（20%）+ 师评（60%）= ________</td><td>综合等级</td><td colspan="3">指导教师（签名）：________</td></tr>
</table>

6．课堂小结

____

____

____

____

____

____

____

____

____

相关知识

燃料供给系统为发动机的运转提供了条件，是决定发动机性能优劣的重要系统。它主要由燃油供给系统、空气供给系统和电子控制系统等组成。

（1）燃油供给系统主要由燃油箱（见图 2-42）、燃油泵、燃油滤清器、燃油分配管、油压调节器及喷油器等组成，用于提供发动机工作时所需要的燃油。

图 2-42　燃油箱

（2）空气供给系统包括进气系统和排气系统。进气系统主要由空气滤清器、节气门体、进气总管、进气歧管、涡轮增压器及中冷器等组成；排气系统主要由排气总管、排气歧管、催化转换器及排气消声器等组成。空气供给系统既能为发动机可燃混合气的形成提供清洁的、新鲜的空气，又能计量和控制燃料燃烧时所需的空气量。

（3）电子控制系统由传感器（如节气门位置传感器、空气流量传感器、冷却液温度传感器等）、电子控制器（ECU）和执行器等组成，用于控制喷油器的通电或断电，进而控制喷油量。

燃料供给系统的常见故障有发动机怠速不良、发动机加速不良、发动机排气管排放不正常等。

2.4.1　发动机怠速不良

发动机怠速不良可分为怠速不稳、易熄火，热车怠速转速过高等故障。

1．怠速不稳、易熄火

1）故障现象

（1）冷车运转时发动机怠速不稳、易熄火，热车运转后怠速恢复正常。

（2）冷车运转时发动机怠速正常，热车运转后怠速不稳，转速过低或熄火。

（3）发动机启动正常，但无论冷车运转还是热车运转，发动机都怠速不稳，转速过低、易熄火。

知识加油站

冷车运转是指发动机水温未达到正常运行温度时汽车的运转；热车运转是指发动机水温达到正常运行温度时汽车的运转。

2）故障原因

（1）怠速控制装置、控制线路等发生故障，导致怠速不稳。

（2）喷油器工作不良，导致喷油量不均、燃油雾化状态不良，进而造成气缸功率不平衡等。

（3）燃油压力过低，导致燃油雾化状态不良甚至呈线状、油滴状，喷油量减少等，使可燃混合气过稀，导致发动机易熄火。

（4）空气滤清器（见图 2-43）堵塞，使节气门和周围进气道的积炭、污垢过多，空气通道截面积发生变化，导致 ECU 无法精确控制怠速进气量，造成可燃混合气过浓或过稀，使可燃混合气燃烧不正常，发动机怠速不稳、易熄火。

（5）空气流量传感器故障，使 ECU 接收错误信号而发出错误指令，引起怠速进气量失控，可燃混合气燃烧不正常，发动机怠速不稳、易熄火。

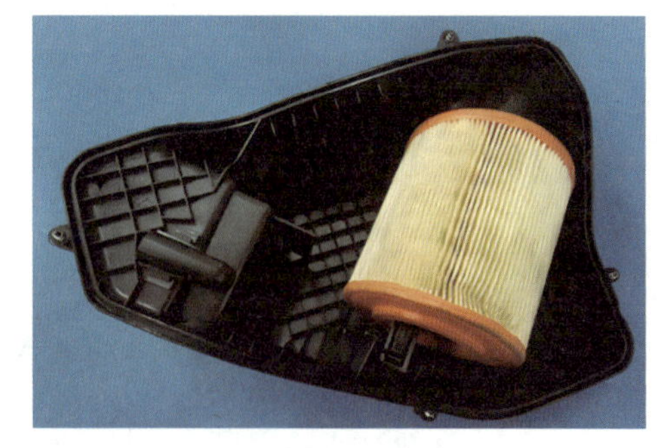

图 2-43　空气滤清器

3）故障诊断与维修

（1）用故障诊断仪读取故障码，看是否有故障码。若有故障码，则可能是怠速控制装置或控制线路发生故障，应根据故障码内容，使用示波器测量相应部件或线路的电压波形，并进行诊断与维修；若没有故障码，则进行下一步操作。

（2）怠速时依次拔下各分缸线，检查每次发动机转速下降程度是否相同。若在拔下某分缸线时发动机转速无变化，则说明该气缸工作不良或不工作，应对该气缸进行维修。

（3）检查喷油器在怠速时的工作声音是否平稳。若不平稳，则说明喷油器喷油不均，应清洗或更换喷油器；若平稳，则进行下一步操作。

（4）检查怠速时发动机的转速。若转速过低，则应按规定程序进行调整；若转速正常，则进行下一步操作。

（5）检查燃油压力。若燃油压力过低，则应检查并维修油压调节器、燃油泵、燃油滤清器等；若燃油压力正常，则进行下一步操作。

（6）检查空气滤清器。若发现空气滤清器过脏或堵塞，则应清洗或更换空气滤清器；若空气滤清器正常，则说明空气流量传感器工作不正常，应予以更换。

2. 热车怠速转速过高

1）故障现象

冷车运转时，发动机能正常怠速运转，但热车运转后发动机仍保持怠速，且转速过高。

图 2-44　节气门

2）故障原因

（1）节气门（见图 2-44）卡滞、关闭不严。发动机的正常怠速是通过怠速控制阀来保证的。当需要提高怠速转速时，ECU 会控制怠速控制阀开大进气旁通道或直接加大节气门的开度，使进气量增加，以提高怠速转速。当怠速转速高于设定转速时，ECU 便控制怠速控制阀关小进气旁通道或减小节气门的开度，使进气量减少，降低怠速转速。若节气门卡滞、关闭不到位，当怠速转速过高时，ECU 将无法进行正确的怠速调节，造成怠速转速过高。

（2）怠速转速调整不当，导致怠速转速过高。

（3）怠速控制装置发生故障，使 ECU 控制不准确，造成热车怠速转速过高。

3）故障诊断与维修

（1）用故障诊断仪读取故障码，并按故障码进行诊断与维修。

（2）发动机怠速运转时，检查节气门是否关闭、有无卡滞现象。若节气门未完全关闭或有卡滞现象，则应拆卸、清洗节气门；若正常，则进行下一步操作。

（3）检查发动机的怠速转速。若发现怠速转速过高，则应按规定程序进行调整；若怠速转速正常，则进行下一步操作。

（4）检查怠速控制装置。在发动机熄火后，先拔下怠速控制线束插头，等发动机启动后再将其插上，检查此过程中发动机的怠速转速是否变化。若是，则应检查并维修怠速控制装置及其控制电路；若不是，则拔掉冷却液温度传感器线束插头，此时发动机怠速转速恢复正常，说明冷却液温度传感器发生故障，应予以更换。

2.4.2 发动机加速不良

1. 故障现象

发动机加速不良一般有以下两种现象。

（1）踩下加速踏板后，发动机转速不能马上提高，有迟滞现象，加速反应迟缓。

（2）踩下加速踏板后，发动机转速不但不上升，反而下降。

2. 故障原因

正常情况下，踩下加速踏板，节气门开度加大，进气量增加，ECU 根据进气量、节气门位置传感器信号及其变化率来增加喷油量，进而使发动机加速。若踩下加速踏板后进气量少，则 ECU 会根据监测到的进气量信号减少喷油量，进而使加速不良。造成发动机加速不良的原因有以下几个。

（1）进气系统漏气，导致进气量少。

（2）空气滤清器堵塞，使节气门和周围进气道的积炭、污垢过多，空气通道截面积发生变化，进而减少进气量。

（3）节气门位置传感器（见图 2-45）或空气流量传感器发生故障。

图 2-45　节气门位置传感器

（4）燃油压力过低，导致可燃混合气减少，进气量少。

（5）喷油器工作不良，使喷油量增加迟缓。

3. 故障诊断与维修

（1）用故障诊断仪读取故障码，并按故障码进行诊断与维修。

（2）检查进气系统各管接头、各进气软管是否漏气。若是，则对其密封件进行更换；若不是，则进行下一步操作。

（3）检查空气滤清器是否过脏或堵塞。若是，则应进行清洗或更换；若不是，则进行下一步操作。

汽车论坛

查找资料，说一说空气滤清器和燃油滤清器的异同。

（4）检查节气门位置传感器是否出现异常。对于触点式节气门位置传感器，当节气门全闭时，怠速开关触点应闭合；当节气门打开时，怠速开关触点应断开；当节气门接近全开时，全负荷开关触点应闭合。对于可变电阻式节气门位置传感器，当节气门由全闭向全开变化时，其信号端子与接地端子间的电阻值应连续增大，不应出现断续现象。若节气门位置传感器出现异常，则应按规定对其进行调整或更换；若节气门位置传感器没有出现异常，则进行下一步操作。

（5）检查空气流量传感器是否出现异常。若是，则应进行更换；若不是，则进行下一步操作。

（6）检查燃油压力是否过低。若是，则应检查并维修油压调节器、燃油泵等；若不是，则应检查各喷油器在加速工况下的喷油量，如有异常，应更换喷油器。怠速时燃油压力应符合规定值，加速时燃油压力应上升至 50 kPa 左右。

2.4.3 发动机排气管排放不正常

发动机排气管通常会排放出一些有害气体，如 CO、HC、NO_x 等。O_2 不足会产生 CO，油料不完全燃烧会产生 HC，高温条件下会产生 NO_x。当汽车出现故障时，这些气体的排放量会发生变化，会出现发动机排气管冒黑烟、冒白烟、冒蓝烟的现象。

1. 发动机排气管冒黑烟

1）故障现象

当发动机运转时，排气管冒黑烟，并出现发动机动力不足、可燃混合气燃烧不完全、气缸中有大量积炭等现象。

2）故障原因

（1）空气滤清器堵塞，使气缸中有大量积炭，空气进气量减少，进而使可燃混合气燃烧不完全。

（2）油路故障或燃油质量不佳，导致喷油量过多。

（3）点火过迟，使点火能量较弱。

（4）气缸漏气，使压缩比下降、气缸压力变低。

（5）喷油器工作不良，使可燃混合气过浓。

3）故障诊断与维修

（1）在不同工况下，观察发动机排气管冒黑烟的情况。若仅怠速时冒黑烟，则说明怠速供油装置调整不当或损坏。若急加速时冒黑烟十分严重，则说明加速装置发生故障。

（2）在不同工况下，听排气管是否发出有节奏的“突突”声。若是，则说明个别气缸工作不良或不点火，按个别气缸不点火故障进行诊断与维修；若不是，则进行下一步操作。

（3）检查空气滤清器是否堵塞。若堵塞，则清洗或更换空气滤清器；若未堵塞，则进行下一步操作。

（4）拔出分缸线，进行跳火试验，看电火花是否强烈。若电火花不强烈，则说明点火系统发生故障，应进行相应的故障诊断与维修；若电火花强烈，则进行下一步操作。

（5）检查点火正时是否过迟。若是，则应调整点火正时；若不是，则说明喷油器工作不良，应更换喷油器。

2．发动机排气管冒白烟

1）故障现象

当发动机运转时，排气管冒白烟，并出现发动机动力不足、运转不稳等现象。

2）故障原因

（1）燃油或机油中有水，导致水蒸气出现，且水蒸气从排气管排出。

（2）发动机气缸体或气缸盖有裂纹、气缸垫（见图 2-46）损坏，使冷却液进入燃烧室，导致水蒸气出现，且水蒸气从排气管排出。

3）故障诊断与维修

（1）检查燃油或机油中是否有水。若有，则更换燃油或机油；若没有，则进行下一步操作。

（2）检查油面是否上升、机油是否呈乳状（见图 2-47）。若是，则说明气缸体或气缸盖有裂纹，应更换气缸体或气缸盖。若不是，则在发动机完全冷却后取下水箱盖，启动发动机，观察水箱口的冷却液，若冷却液迅速沸腾并产生大量气泡，则说明气缸垫损坏，应予以更换。

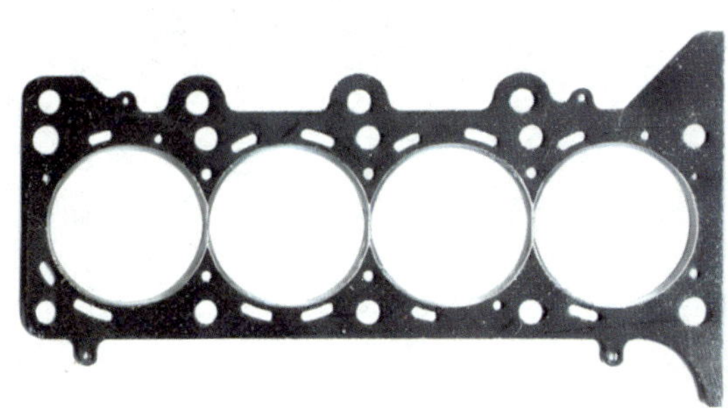

图 2-46　气缸垫

图 2-47　机油呈乳状

3．发动机排气管冒蓝烟

1）故障现象

当发动机运转时，排气管冒蓝烟，并出现机油消耗过快的现象。

2）故障原因

（1）机油油位过高或机油压力过高，导致机油进入燃烧室，与可燃混合气一起燃烧，从而产生蓝烟。

（2）活塞环和气缸套磨损，导致它们之间的间隙增大，使得机油通过间隙进入燃烧室，与可燃混合气一起燃烧，产生蓝烟。

（3）气缸垫损坏，导致气缸盖和气缸体密封不严，机油通过气缸垫的缝隙进入燃烧室，与可燃混合气一起燃烧，产生蓝烟。

3）故障诊断与维修

（1）检查机油油位与机油压力。使用机油尺检查机油油位是否过高，若过高，则放出多余机油；若正常，则使用机油压力表检查机油压力是否过高。若机油压力过高，则检查机油泵、机油滤清器、机油道等是否存在故障，若存在故障，则对它们进行维修或更换；若正常，则进行下一步操作。

（2）检查活塞环与气缸套。拆下火花塞，并在火花塞孔中加入少许机油，测量气缸压力。若气缸压力显著升高，则表明气缸套与活塞环间隙过大，应更换活塞环或气缸套；若气缸压力未升高，则进行下一步操作。

（3）检查气缸垫是否损坏，若损坏，则应更换新的气缸垫。

知识加油站

尾气参数与故障分析

当发现排气管排放不正常时，除了以上的诊断方法，还可以使用尾气分析仪测量尾气中HC、CO、CO_2、O_2、NO_x的含量，来判断排气管排放不正常的故障原因，如表2-33所示。

表2-33 排气管排放不正常的故障原因

尾气浓度变化					故障原因
HC	CO	CO_2	O_2	NO_x	
中度超标	大幅超标	有所下降	有所下降	中度下降	可燃混合气浓
中度超标	大幅下降	有所下降	有所超标	中度超标	可燃混合气稀
大幅超标	大幅下降	有所下降	大幅超标	大幅超标	可燃混合气过稀
大幅超标	有所下降	有所下降	中度超标	中度下降	气缸缺火
有所下降	稍有下降	无变化	无变化	大幅超标	点火过早
稍有增加	稍有增加	无变化	无变化	大幅下降	点火稍迟
有所超标	无变化	中度下降	无变化	有所超标	点火过迟
中度超标	有所下降	有所下降	有所超标	中度下降	气缸压力过低
有所下降	有所下降	有所下降	有所超标	无变化	排气泄漏
稍有下降	有所下降	有所下降	稍有下降	稍有下降	进排气凸轮磨损
有所超标	有所超标	有所下降	有所下降	稍有下降	发动机一般磨损
有所超标	大幅超标	中度下降	中度下降	无变化	二次空气无法喷射
大幅超标	大幅超标	中度下降	中度下降	大幅超标	催化转化器损坏

笔记

实践操作——发动机怠速不良诊断与维修

1. 任务准备

发动机怠速不良诊断与维修

（1）准备迈腾 B8L 汽车、迈腾 B8L 一体化实训台、车轮挡块、加长排气管、车内四件套、车外三件套、故障诊断仪、示波器等。

（2）安装车轮挡块、加长排气管、车内四件套、车外三件套等，然后进入车内，降下车窗。

2. 观察并描述故障现象

踩下制动踏板，按压点火开关，发现发动机怠速不良。

3. 故障诊断与维修

（1）插入蓝牙接线盒，安装故障诊断仪，读取故障码，如图 2-48 所示。

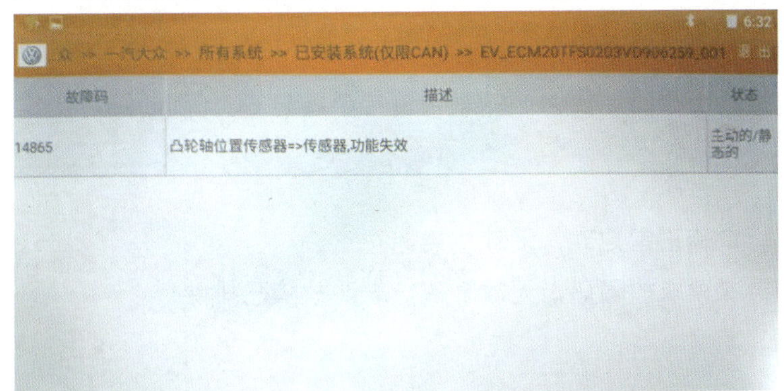

图 2-48　读取故障码

（2）在迈腾 B8L 一体化实训台上找到凸轮轴位置传感器，即霍尔传感器 3，如图 2-49 所示。

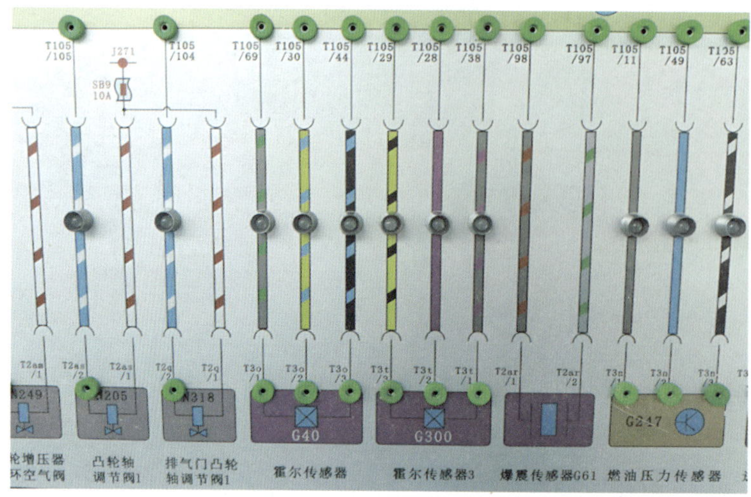

图 2-49　找到凸轮轴位置传感器

（3）用示波器测量凸轮轴位置传感器与 ECU 间线路的电压波形。将示波器的一端接地，另一端连接 T105/29 和 T3t/3 端子，如图 2-50 所示。

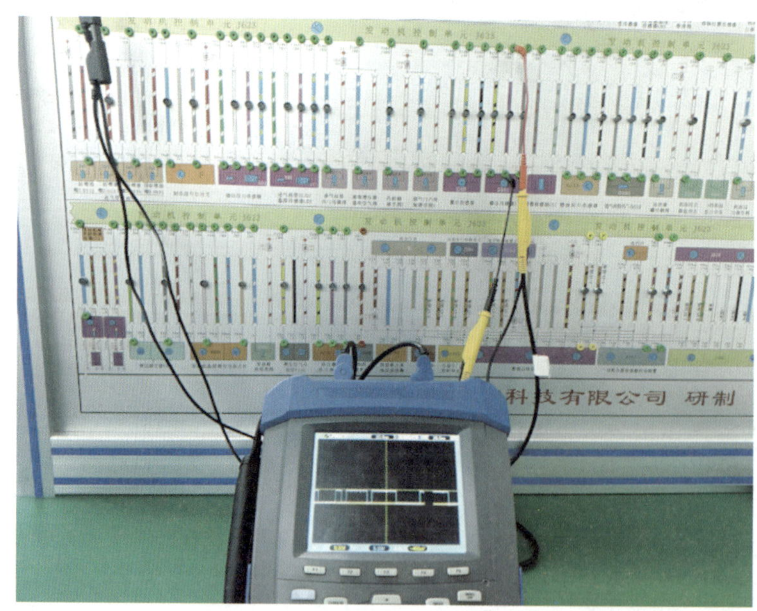

图 2-50　用示波器测量凸轮轴位置传感器与 ECU 间线路的电压波形

（4）根据电压波形推断出故障原因为凸轮轴位置传感器与 ECU 间断路，应维修线路。

4．维修验证

（1）再次启动车辆，车辆正常启动，发动机怠速正常。

（2）清除故障码，再次读取故障码，无故障码，表明故障已排除。

5．进行 5S 工作

拔下故障诊断仪，取下车内四件套、车外三件套、加长排气管、车轮挡块，清理地面等。

笔记

任务2.5 润滑系统故障诊断与维修

任务引入

小李在驾驶过程中发现机油压力报警灯突然点亮，他立刻停车查看，发现机油压力表的显示值偏低。小李从未遇到过这种情况，便求助汽车维修厂。维修人员诊断出故障原因是机油变质，便为其更换了机油，汽车最终恢复正常。那么，该故障应该如何进行诊断与维修呢？

本任务将介绍机油压力过低、机油压力过高、机油变质、机油消耗过快的诊断与维修，其知识与技能要求如表 2-34 所示。

表 2-34　知识与技能要求

任务内容	润滑系统故障诊断与维修	学习程度		
		识记	理解	应用
学习任务	机油压力过低诊断与维修		●	
	机油压力过高诊断与维修		●	
	机油变质诊断与维修		●	
	机油消耗过快诊断与维修		●	
实训任务	机油压力过低诊断与维修			●
自我勉励				

任务工单——机油压力过低诊断与维修

1. 学生分组

以 3～5 人为一组，选出组长并进行分工，将小组成员及分工情况填入表 2-35 中。

表 2-35 小组成员及分工情况

班级： 组号： 指导教师：

小组成员	姓名	学号	任务分工
组长			
组员			

2. 获取信息

在进行实际操作前，需要掌握润滑系统故障诊断与维修的相关知识。请各组组长组织组员收集相关资料，回答下列问题。

引导问题 1：导致机油压力过低的原因有哪些？

引导问题 2：简述机油变质的诊断与维修流程。

引导问题 3：导致机油消耗过快的原因有哪些？

3. 任务准备

在明确任务内容的情况下，根据实际情况，在表 2-36 中写出车辆信息及所需的工具、设备、资料等。

表 2-36 车辆信息及所需的工具、设备、资料

车辆信息	车型	VIN 码	行驶里程
工具、设备、资料			

在进行实际操作前做好现场防护，并把现场防护措施填入表 2-37 中。

表 2-37 现场防护措施

个人防护	
设备安全防护	
场地安全防护	

4. 任务实施

1）观察并描述故障现象

2）故障诊断与维修

根据出现的故障现象进行故障诊断与维修，并将操作内容填入表 2-38 中。

表 2-38 操作步骤

序号	任务点	操作内容
1	连接故障诊断仪	连接过程：
2	读取故障码	无故障码（ ）/ 有故障码（ ） 故障码： 故障码说明：

续表

序号	任务点	操作内容
3	有故障码时，按故障码内容进行操作	可能故障原因：
		诊断步骤：
		诊断结果：
		维修步骤：
4	无故障码时，检查相关部件	相关部件：
		检查步骤：
		检查结果：
		维修步骤：

3）维修验证

检查车辆故障是否消除，并把验证结果填入表 2-39 中。

表 2-39 维修验证

序号	验证结果
1	故障点是否恢复正常：是 □，否 □
2	故障码是否清除：是 □，否 □
3	故障现象是否消失：是 □，否 □
4	车辆是否能够正常行驶：是 □，否 □

4）进行 5S 工作

对照表 2-40 进行 5S 工作，并把完成结果填入表中。

表 2-40 5S 工作

序号	完成结果
1	车内四件套是否取下：是 □，否 □
2	车外三件套是否取下：是 □，否 □
3	加长排气管是否取下：是 □，否 □
4	车轮挡块是否取下：是 □，否 □
5	地面是否清理干净：是 □，否 □

班级＿＿＿＿＿＿ 姓名＿＿＿＿＿＿ 学号＿＿＿＿＿＿

5. 考核评价

各组组长展示任务完成情况，并配合指导教师完成如表 2-41 所示的考核评价表。

表 2-41　考核评价表

<table>
<tr><th rowspan="2">项目名称</th><th rowspan="2" colspan="2">评价内容</th><th rowspan="2">分值 / 分</th><th colspan="3">评价分数 / 分</th></tr>
<tr><th>自评</th><th>互评</th><th>师评</th></tr>
<tr><td rowspan="6">职业素养考核项目（40%）</td><td colspan="2">穿戴规范、整洁</td><td>6</td><td></td><td></td><td></td></tr>
<tr><td colspan="2">安全意识、责任意识、服从意识强</td><td>6</td><td></td><td></td><td></td></tr>
<tr><td colspan="2">积极参加教学活动，按时完成任务工单</td><td>10</td><td></td><td></td><td></td></tr>
<tr><td colspan="2">团队合作、与人沟通能力强</td><td>6</td><td></td><td></td><td></td></tr>
<tr><td colspan="2">劳动纪律良好</td><td>6</td><td></td><td></td><td></td></tr>
<tr><td colspan="2">维修场地、设备等整洁</td><td>6</td><td></td><td></td><td></td></tr>
<tr><td rowspan="4">专业能力考核项目（60%）</td><td colspan="2">专业知识查找及时、准确</td><td>12</td><td></td><td></td><td></td></tr>
<tr><td colspan="2">操作符合规范</td><td>18</td><td></td><td></td><td></td></tr>
<tr><td colspan="2">操作熟练，工作效率高</td><td>12</td><td></td><td></td><td></td></tr>
<tr><td colspan="2">任务完成度高</td><td>18</td><td></td><td></td><td></td></tr>
<tr><td colspan="3">合计</td><td>100</td><td></td><td></td><td></td></tr>
<tr><td rowspan="2">总评</td><td rowspan="2">自评（20%）+ 互评（20%）+ 师评（60%）= ＿＿＿＿＿＿</td><td>综合等级</td><td rowspan="2" colspan="4">指导教师（签名）：＿＿＿＿＿</td></tr>
<tr><td></td></tr>
</table>

6. 课堂小结

＿＿

相关知识

发动机上设置的润滑系统可以减少相对运动零部件表面产生的摩擦，进而使它们减小磨损、延长使用寿命，保证发动机可靠运行。润滑系统以机油为润滑介质，主要由机油泵、油道（包括连杆油道、曲轴油道）、机油滤清器（包括机油集滤器、机油粗滤器和机油细滤器）、机油喷嘴（在侧面，故图中未标出）、机油压力传感器（又称机油压力开关）、油底壳、放油螺栓、机油加注盖等组成，如图 2-51 所示。

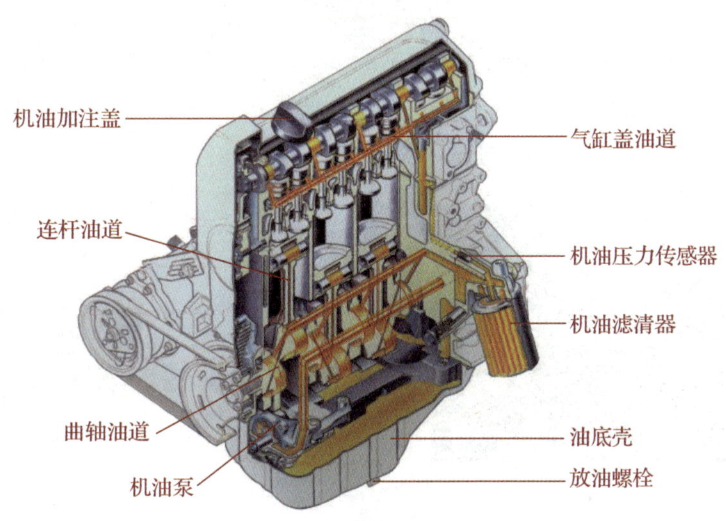

图 2-51 润滑系统的组成

润滑系统的常见故障有机油压力过低、机油压力过高、机油变质、机油消耗过快等。

2.5.1 机油压力过低

1. 故障现象

发动机在正常工作温度和转速下，机油压力表读数低于规定值，机油压力报警灯点亮，报警器报警。

知识加油站

发动机工作时，正常的机油压力应保持在 0.25～0.35 MPa 范围内。

2. 故障原因

（1）机油压力传感器发生故障，使机油压力不能调节。

（2）机油油位过低导致机油泵不能将机油吸入、泵出，造成机油压力过低或无压力。

（3）机油黏度过小，从发动机的各摩擦副间隙中泄漏，造成机油压力过低。

（4）机油压力表发生故障，导致其显示值不准。

（5）机油泵磨损异常，无法有效地将机油吸入并泵出，导致机油压力过低。

3. 故障诊断与维修

（1）用故障诊断仪读取故障码，看是否有故障码。若有故障码，则可能是机油压力传感器发生故障，应根据故障码内容，使用万用表等测量相应部件或线路的电压，并进行诊断与维修；若没有故障码，则进行下一步操作。

（2）拔出机油尺（见图 2-52），检查机油油位是否过低。若机油油位过低，则应添加适量机油，使机油油位符合要求；若正常，则进行下一步操作。

（3）检查机油黏度是否过小。若机油黏度过小，则应更换与发动机相匹配的指定型号的机油；若正常，则进行下一步操作。

（4）在润滑系统主油路上连接机油压力表（见图 2-53），读取压力值。若连接的机油压力表显示的压力值正常，而装在仪表盘上的机油压力表显示的压力值较低，则说明机油压力表有故障，应对其进行更换；若连接的机油压力表显示的压力值较低，则进行下一步操作。

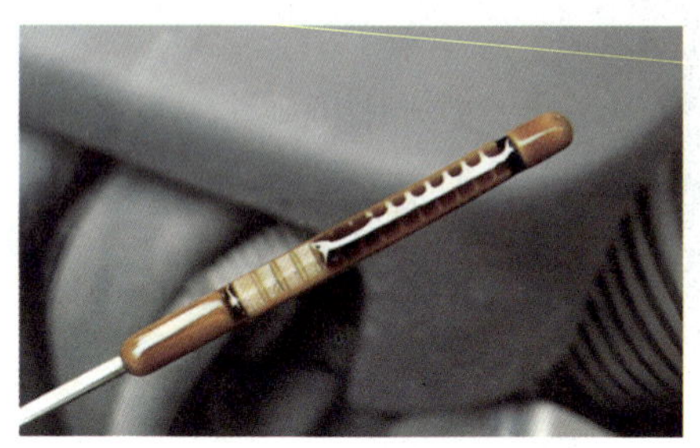

图 2-52　机油尺

图 2-53　机油压力表

（5）检查机油泵是否磨损。若是，则应减小机油泵端盖垫片厚度或维修磨损部位；若不是，则应拆卸发动机，检查并调整曲轴主轴承、连杆轴承、凸轮轴轴承等的配合间隙。

前车之鉴

配合间隙过大造成机油压力过低时，往往伴随发动机异响的现象。拆卸发动机之前，应注意听诊。

2.5.2　机油压力过高

1. 故障现象

发动机在正常工作温度和转速下，机油压力表读数高于规定值，或出现机油压力传感器等脆弱部件损坏等现象。

2. 故障原因

（1）机油油位过高或机油黏度过大，使机油流动性变差，机油压力过高。

（2）机油压力表、机油压力传感器发生故障。

（3）机油滤清器或油道堵塞，增加机油的流动阻力，使机油压力过高。

（4）机油泵的限压阀发生故障。为了使机油压力比较稳定，机油泵上设置了限压阀，当机油压力高于规定值时，限压阀会打开，机油就会由此流回油底壳内。如果机油泵的限压阀发生卡滞，那么机油压力无法驱动其打开，就可能出现机油压力过高的问题。

汽车论坛

比较机油压力过低与机油压力过高的故障原因，说一说它们的异同。

3．故障诊断与维修

（1）拔出机油尺，检查机油油位是否过高。若机油油位过高，则应释放适量机油，使机油油位符合要求；若正常，则进行下一步操作。

（2）检查机油黏度是否过大。若机油黏度过大，则应更换与发动机相匹配的指定型号的机油；若正常，则进行下一步操作。

（3）在润滑系统主油路上连接机油压力表，读取压力值，若连接的机油压力表显示的压力值正常，而装在仪表盘上的机油压力表显示的压力值较高，则说明机油压力表或机油压力传感器发生故障，应对其进行更换；若连接的机油压力表显示的压力值高，则进行下一步操作。

（4）检查机油滤清器（见图 2-54）是否过脏或堵塞。若是，则应清洗或更换机油滤清器；若不是，则进行下一步操作。

（5）检查机油泵的限压阀是否出现卡滞、失效等现象。若是，则应更换限压阀；若不是，则应拆卸发动机，检查、清洗油道，并用压缩空气吹通，同时检查曲轴主轴承、连杆轴承、凸轮轴轴承等的配合间隙是否过小。

图 2-54　机油滤清器

2.5.3　机油变质

1．故障现象

当机油变质时，其颜色会变黑，如图 2-55 所示。同时，机油油位将升高，伴有个别气缸不工作或过热的现象。

图 2-55　机油变质前后对比

2．故障原因

（1）机油未定期更换，使用时间过长。

（2）机油滤清器堵塞，导致机油未经过滤就通过油道，造成机油内杂质过多。

（3）曲轴箱通风不良，使机油中混有燃油。

（4）活塞和气缸配合间隙过大，导致活塞环密封性差，从而引起机油被稀释。

3．故障诊断与维修

（1）检查机油使用时间。若未定期更换，则更换机油；若定期更换，则进行下一步操作。

（2）检查机油滤清器是否堵塞。若堵塞，则清理或更换机油滤清器；若未堵塞，则进行下一步操作。

（3）检查曲轴箱通风阀是否失效。若失效，则更换曲轴箱通风阀；若未失效，则说明活塞和气缸配合间隙过大，应更换活塞或气缸。

2.5.4 机油消耗过快

机油在正常情况下的消耗极慢，若在日常维护中发现机油油位有明显下降，则说明机油消耗过快。

1．故障现象

机油消耗过快，伴有排气管冒蓝烟，气缸内积炭过多，火花塞油污严重。

2．故障原因

（1）发动机油底壳损坏，导致机油泄漏。

（2）发动机各部件的密封件损坏，导致机油泄漏。

（3）曲轴箱通风阀（见图 2-56）失效，使气缸进气量增加，进而增加曲轴箱内的压力，迫使机油通过状态良好的密封圈渗出。

（4）活塞、活塞环与气缸磨损严重，配合间隙过大，机油进入燃烧室燃烧。

图 2-56 曲轴箱通风阀

3．故障诊断与维修

（1）打开点火开关使发动机运转，查看排气管是否冒蓝烟。若排气管不冒蓝烟，则进行步骤（2）和步骤（3）；若排气管冒蓝烟，则说明有机油进入燃烧室燃烧，应进行步骤（4）。

（2）检查发动机外部是否漏油。重点检查油底壳放油螺栓、油底壳衬垫、气门室罩衬垫、曲轴前端油封、曲轴后端油封和凸轮轴油封等部位是否漏油。当发现上述部位有机油浸湿痕迹时，应将这些油迹清除干净，再启动发动机；若启动发动机后仍然有部位被机油浸湿，则进行下一步操作。

（3）检查被机油浸湿部位的密封件是否损坏。若是，则进行更换；若不是，则说明曲轴箱通风阀失效，应予以更换。

前车之鉴

有时发动机只在运转时才漏油，这时可以用举升机举起汽车，在发动机运转时检查是否漏油。对于难以发现泄漏部位的发动机，可以向曲轴箱内注入少量的荧光颜料。使发动机运转一段时间，然后用紫外线照射发动机可能的泄漏位置，通过发光位置，查找出泄漏点。

（4）拆下火花塞，若看到火花塞积炭（见图 2-57），排气管管口有机油流出，则说明曲轴箱通风阀存在故障，应对其进行更换。

图 2-57　火花塞积炭

知行合一

某汽车维修厂实习生小王每次给汽车更换机油后，都会将接出的废弃机油直接倒进下水道。一次，正当他要将废弃机油倒进下水道时，维修师傅老李发现并立即制止了他。老李对他进行了严厉批评并告诉他，由于废弃机油对环境的危害非常严重，因此必须统一回收，不能随意倾倒。小王认识到了错误，此后再也没有将废弃机油倒进过下水道。

不仅在工作中，在生活中也应注意垃圾不能随意乱扔，哪怕一张小小的纸巾，也应按类别扔进指定的垃圾箱内。保护环境从小事做起！

笔记

实践操作——机油压力过低诊断与维修

1. 任务准备

机油压力过低诊断与维修

（1）准备迈腾 B8L 汽车、迈腾 B8L 一体化实训台、车轮挡块、加长排气管、车内四件套、车外三件套、故障诊断仪、万用表等。

（2）安装车轮挡块、加长排气管、车内四件套、车外三件套等，然后进入车内，降下车窗。

2. 观察并描述故障现象

踩下制动踏板，按压点火开关，车辆启动后仪表盘机油压力报警灯点亮并显示“故障：机油压力”，如图 2-58 所示。

图 2-58　仪表盘机油压力报警灯点亮并显示“故障：机油压力”

3. 故障诊断与维修

（1）插入蓝牙接线盒，安装故障诊断仪，读取故障码，如图 2-59 所示。

（2）在迈腾 B8L 一体化实训台上找到相应的机油压力传感器，即机油压力降低开关，如图 2-60 所示。

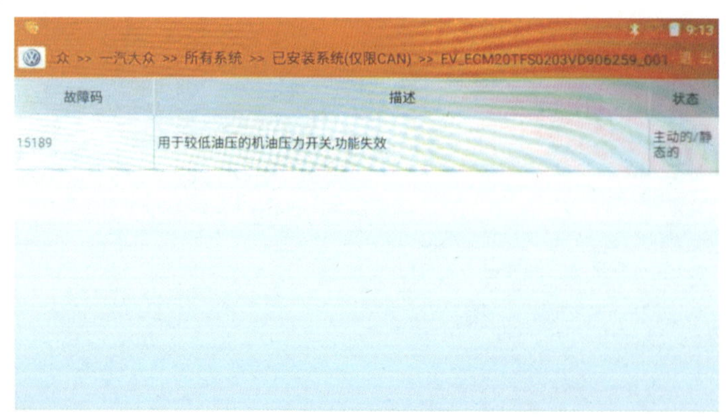

图 2-59　读取故障码

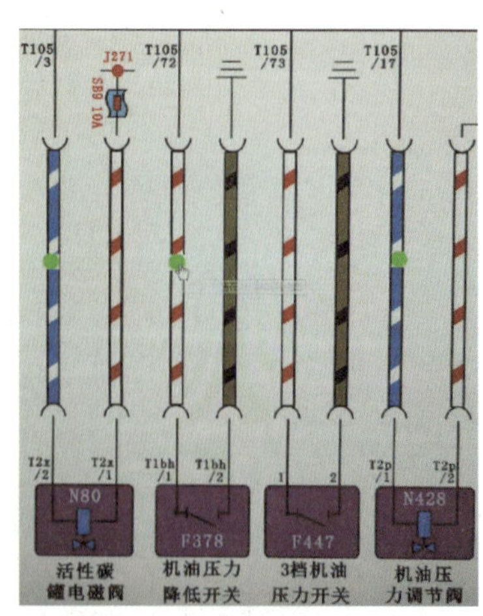

图 2-60　机油压力降低开关

（3）测量 ECU 的 T105/72 端子的接地电压。将万用表调到电压挡，并校零；然后将黑表笔搭铁，红表笔接 ECU 的 T105/72 端子，结果为 13.46 V，如图 2-61 所示。

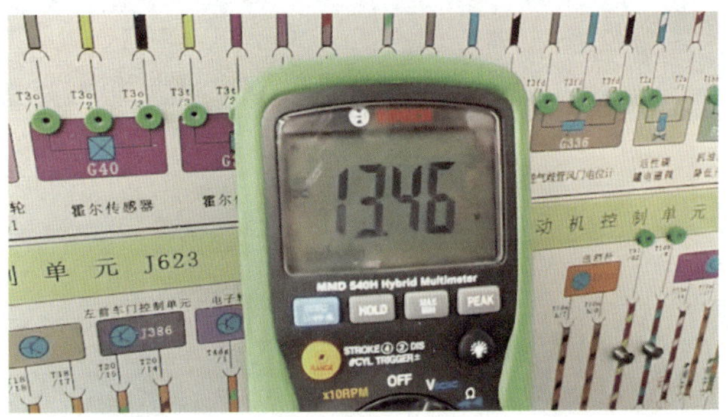

图 2-61　测量 ECU 的 T105/72 端子的接地电压

（4）测量机油压力降低开关的 T1bh/1 端子的接地电压。使万用表的黑表笔保持不动，将红表笔连接机油压力降低开关的 T1bh/1 端子，结果为 0 V，如图 2-62 所示。

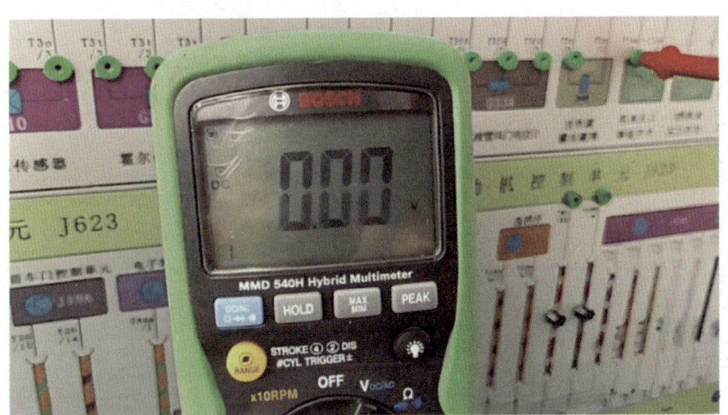

图 2-62　测量机油压力降低开关的 T1bh/1 端子的接地电压

（5）由于机油压力降低开关的 T1bh/1 端子的接地电压为 0 V，因此可判断故障原因为 ECU 与机油压力降低开关间的线路断路，应维修线路。

4．维修验证

（1）再次启动车辆，仪表盘机油压力报警灯未点亮。

（2）清除故障码，再次读取故障码，无故障码，表明故障已排除。

5．进行 5S 工作

拔下故障诊断仪，取下车内四件套、车外三件套、加长排气管、车轮挡块，清理地面等。

任务2.6 冷却系统故障诊断与维修

任务引入

小强近期买了一辆已经行驶了 200 000 km 的二手车。他开了一段时间后，发现该车的冷却液温度表指针指示的数值较高，他检查后发现散热器出现了“开锅”的现象。于是，他便找到原车主，原车主只好将该车送去维修厂维修。维修人员检查后，发现该故障是发动机过热导致的。那么，该故障应该如何进行诊断与维修呢？

本任务将介绍发动机过热、发动机过冷、冷却液消耗过快的诊断与维修，其知识与技能要求如表 2-42 所示。

表 2-42　知识与技能要求

任务内容	冷却系统故障诊断与维修	学习程度		
		识记	理解	应用
学习任务	发动机过热诊断与维修		●	
	发动机过冷诊断与维修		●	
	冷却液消耗过快诊断与维修		●	
实训任务	发动机过热诊断与维修			●
自我勉励				

班级__________ 姓名__________ 学号__________

任务工单——发动机过热诊断与维修

1. 学生分组

以 3～5 人为一组，选出组长并进行分工，将小组成员及分工情况填入表 2-43 中。

表 2-43 小组成员及分工情况

班级： 组号： 指导教师：

小组成员	姓名	学号	任务分工
组长			
组员			

2. 获取信息

在进行实际操作前，需要掌握冷却系统故障诊断与维修的相关知识。请各组组长组织组员收集相关资料，回答下列问题。

引导问题 1：简述发动机过热的诊断与维修流程。

引导问题 2：导致发动机过冷的原因有哪些？

引导问题 3：导致冷却液消耗过快的原因有哪些？

3. 任务准备

在明确任务内容的情况下，根据实际情况，在表 2-44 中写出车辆信息及所需的工具、设备、资料等。

表 2-44　车辆信息及所需的工具、设备、资料

车辆信息	车型	VIN 码	行驶里程
工具、设备、资料			

在进行实际操作前做好现场防护，并把现场防护措施填入表 2-45 中。

表 2-45　现场防护措施

个人防护	
设备安全防护	
场地安全防护	

4. 任务实施

1）观察并描述故障现象

2）故障诊断与维修

根据出现的故障现象进行故障诊断与维修，并将操作内容填入表 2-46 中。

表 2-46　操作步骤

序号	任务点	操作内容
1	连接故障诊断仪	连接过程：
2	读取故障码	无故障码（　　）/ 有故障码（　　） 故障码： 故障码说明：

续表

序号	任务点	操作内容
3	有故障码时，按故障码内容进行操作	可能故障原因：
		诊断步骤：
		诊断结果：
		维修步骤：
4	无故障码时，检查相关部件	相关部件：
		检查步骤：
		检查结果：
		维修步骤：

3）维修验证

检查车辆故障是否消除，并把验证结果填入表 2-47 中。

表 2-47　维修验证

序号	验证结果
1	故障点是否恢复正常：是 □，否 □
2	故障码是否清除：是 □，否 □
3	故障现象是否消失：是 □，否 □
4	车辆是否能够正常行驶：是 □，否 □

4）进行 5S 工作

对照表 2-48 进行 5S 工作，并把完成结果填入表中。

表 2-48　5S 工作

序号	完成结果
1	车内四件套是否取下：是 □，否 □
2	车外三件套是否取下：是 □，否 □
3	加长排气管是否取下：是 □，否 □
4	车轮挡块是否取下：是 □，否 □
5	地面是否清理干净：是 □，否 □

5. 考核评价

各组组长展示任务完成情况，并配合指导教师完成如表 2-49 所示的考核评价表。

表 2-49 考核评价表

项目名称	评价内容	分值 / 分	评价分数 / 分		
			自评	互评	师评
职业素养考核项目（40%）	穿戴规范、整洁	6			
	安全意识、责任意识、服从意识强	6			
	积极参加教学活动，按时完成任务工单	10			
	团队合作、与人沟通能力强	6			
	劳动纪律良好	6			
	维修场地、设备等整洁	6			
专业能力考核项目（60%）	专业知识查找及时、准确	12			
	操作符合规范	18			
	操作熟练，工作效率高	12			
	任务完成度高	18			
合计		100			
总评	自评（20%）+ 互评（20%）+ 师评（60%）= ________	综合等级	指导教师（签名）：________		

6. 课堂小结

____

____

____

____

____

____

____

____

____

相关知识

汽车发动机工作时，气缸内燃烧室的气体温度很高，相关发动机零部件的温度也会随之升高，如果不采取适当的冷却措施，发动机将不能正常工作。冷却系统除了能满足发动机在最大热负荷情况下的冷却要求外，还能在各种工况下，对冷却强度进行调节，以维持发动机的正常工作温度，保证发动机的正常工作。

冷却系统以冷却液为冷却介质，主要由散热器、水泵、风扇、节温器、膨胀水箱及水套（包括气缸盖水套、气缸体水套）等组成，如图 2-63 所示。此外，有些汽车的冷却系统还配有控制系统。控制系统主要用来控制风扇、节温器等的运转，其通常包括冷却液温度传感器、发动机温度调节伺服元件、控制线路等。冷却系统的常见故障有发动机过热、发动机过冷、冷却液消耗过快等。

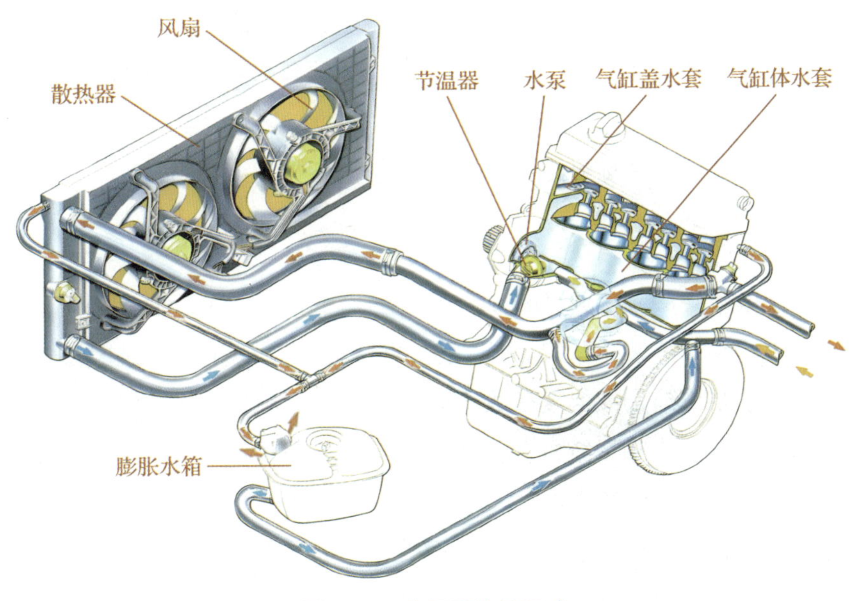

图 2-63　冷却系统的组成

2.6.1　发动机过热

1. 故障现象

汽车运行过程中，仪表盘上的发动机故障灯点亮，冷却液温度表指针指示的数值较高，并且散热器出现“开锅”现象，有时还会发生爆震或早燃。

2. 故障原因

（1）冷却液温度传感器、发动机温度调节伺服元件或控制线路等发生故障。

（2）冷却系统泄漏，导致冷却液不足。

（3）散热器（见图 2-64）的百叶窗开度不足，风扇不转，导致发动机的热量无法散发出去。

图 2-64　散热器

（4）水泵出水管已损坏或堵塞、水泵损坏等，使发动机导热的水不能及时进行循环和更新，发动机启动后水温迅速上升。

（5）水泵因密封不严而漏水，使水循环受阻，严重时会引起发动机“开锅”。

（6）散热器出水管老化、被吸瘪或散热器内部堵塞，导致散热器不能工作，从而使发动机的热量无法散发出去。

（7）节温器失灵，使冷却液大循环受阻。

3．故障诊断与维修

（1）用故障诊断仪读取故障码，看是否有故障码。若有故障码，则可能是冷却液温度传感器、发动机温度调节伺服元件、控制线路等发生故障，应根据故障码内容，使用示波器等测量相应部件及控制线路的电压波形，进而进行诊断与维修；若没有故障码，则进行下一步操作。

（2）当发动机运转时，检查冷却系统外部是否有泄漏。若有泄漏，则可以通过调节紧固件来排除泄漏故障；若没有泄漏，则进行下一步操作。

（3）当发动机运转时，检查冷却系统内部是否有泄漏。若排气管排出大量的冷却液蒸气，或者拔出机油尺发现机油中有冷却液，则说明水套破裂或气缸垫水道孔破损，导致冷却液进入气缸或进、排气道内，应对其进行更换；若未出现以上现象，则进行下一步操作。

（4）检查百叶窗开度是否正常。若不正常，则应维修百叶窗；若正常，则进行下一步操作。

（5）检查风扇是否转动。若不转动，则应对其进行更换；若转动，则进行下一步操作。

（6）检查发动机各部位温度是否均匀。若发动机的后端温度高于前端，则说明水泵出水管已损坏或堵塞，应及时更换；若温度均匀，则进行下一步操作。

（7）检查水泵泄水孔是否漏水，可将干燥洁净的木条伸到水泵泄水孔处。若木条上有水，则说明水泵因密封不严而漏水，应检查并维修水泵密封部位；若木条上无水，则进行下一步操作。

（8）测量散热器和发动机的温度。若发动机温度高，散热器温度低，则说明冷却液循环不良，散热器出水管可能老化、被吸瘪，应及时进行更换；若散热器和发动机的温度相差不大，则说明节温器失灵，应及时进行更换。

2.6.2 发动机过冷

1. 故障现象

发动机达不到正常的工作温度，发动机动力不足。

2. 故障原因

（1）百叶窗未关或无法调节，使发动机的热量一直散发。

（2）节温器失灵，在水温低时，没有正常关闭，一直开着，冷却液会一直流进散热器，使发动机过冷。

（3）风扇离合器接合过早，使风扇过早转动。

（4）温控开关闭合过早。

3. 故障诊断与维修

（1）检查百叶窗是否能关闭。若不能关闭，则应对其进行更换或维修其控制线路；若能关闭，则进行下一步操作。

（2）检查节温器是否正常。若不正常，则应对其进行更换；若正常，则进行下一步操作。

（3）冷车运转时启动发动机，在热车过程中测量发动机的温度，并观察风扇离合器是否接合过早。若是，则应对其进行更换或维修风扇离合器控制线路；若不是，则说明温控开关闭合过早，应对其进行更换或维修温控开关控制线路。

2.6.3 冷却液消耗过快

1. 故障现象

冷却液消耗过快主要表现为冷却液液位比正常情况下降快。

2. 故障原因

（1）储液罐、水泵结合面、各管路连接处松动或密封不严，造成冷却液泄漏。

（2）散热器损坏，使上下水室密封不严，造成冷却液泄漏。

（3）冷却系统内部泄漏。

3. 故障诊断与维修

目测检查冷却系统外部有无泄漏的痕迹。若有泄漏痕迹，则查找泄漏部位并进行维修；若无泄漏痕迹，则检查机油是否乳化，观察发动机水温正常时排气管是否冒白烟。若冒白烟，则说明冷却系统内部存在泄漏情况，应拆卸冷却系统，找出内部泄漏部位，并进行维修。

汽车论坛

若目视检查无法判断冷却系统外部有无泄漏，则可对冷却系统进行加压检查。请查找资料，说一说如何进行加压检查。

笔记

实践操作——发动机过热诊断与维修

1．任务准备

（1）准备迈腾 B8L 汽车、迈腾 B8L 一体化实训台、车轮挡块、加长排气管、车内四件套、车外三件套、故障诊断仪、示波器等。

（2）安装车轮挡块、加长排气管、车内四件套、车外三件套等，然后进入车内，降下车窗。

发动机过热诊断与维修

2．观察并描述故障现象

踩下制动踏板，按压点火开关，车辆启动后，冷却系统的风扇运转异常。

3．故障诊断与维修

（1）插入蓝牙接线盒，安装故障诊断仪，读取故障码，如图 2-65 所示。

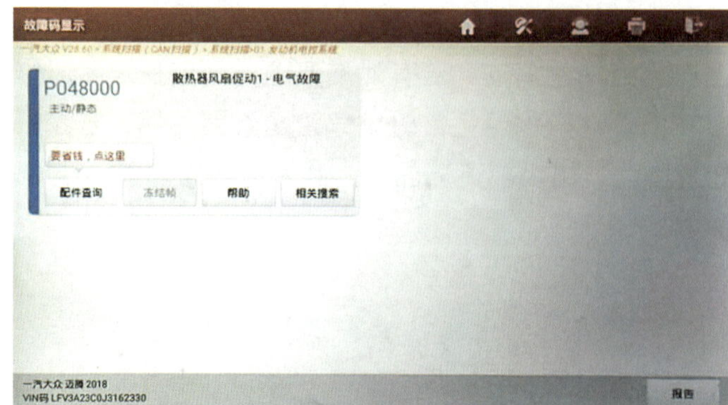

图 2-65 读取故障码

（2）用示波器测量风扇和 ECU 间的电压波形。将示波器的一端接地，另一端接风扇的 T4gl/3 端子和 ECU 的 T91/12 端子，如图 2-66 所示。测量结果如图 2-67 所示。

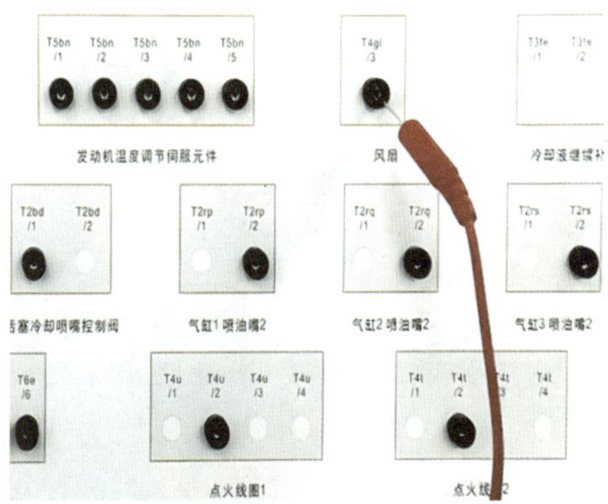

（a）风扇的 T4gl/3 端子

（b）ECU 的 T91/12 端子

图 2-66　风扇的 T4gl/3 端子和 ECU 的 T91/12 端子

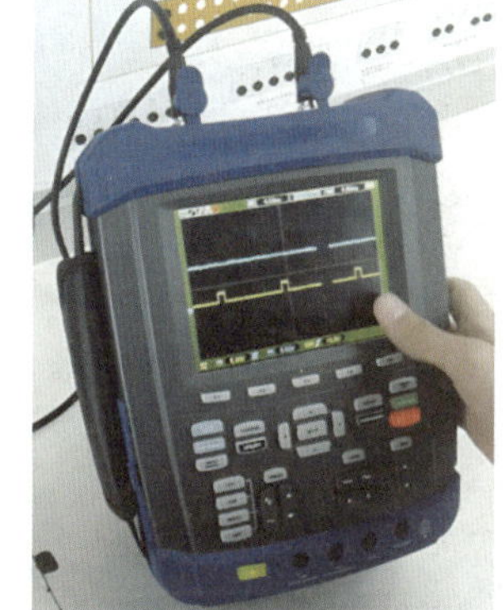

图 2-67　风扇和 ECU 间的电压波形

（3）根据电压波形可判断故障原因为风扇与 ECU 间断路，应维修相关线路。

4. 维修验证

（1）再次启动车辆，车辆正常启动，风扇正常运转。

（2）清除故障码，再次读取故障码，无故障码，表明故障已排除。

5. 进行 5S 工作

拔下故障诊断仪，取下车内四件套、车外三件套、加长排气管、车轮挡块，清理地面等。

笔记

模范先锋

杨军：听音可识故障的“发动机医生”

多年后的今天，汽车试验工杨军仍能清晰记得和同事们试验自主研发的乘用车发动机时热火朝天的场景。杨军是东风汽车集团有限公司研发总院首席工种师，亲身经历了国产自主研发乘用车发动机从无到有的历程。

筚路蓝缕铸造“中国心”

“杨师傅，在吗？”“师傅，台架刚刚有问题，测试参数的对话框一直在显示报警。”“杨工，油门全开时，发动机的第3缸排气温度又上升30℃，会不会有问题？”……

得知集团要下决心成立自主品牌研发团队，开发自主乘用车发动机后，杨军主动请缨参加研发试验团队。然而，自主研发基地建设处于台架调试验收的起步状态，设备不完善、技术积累缺失、团队经验不足。杨军初步摸底发现，团队工作经验在2年以上的职工寥寥无几。

发动机的试验最长要持续进行500小时，发动机会24小时不间断运转，全程用时约32天。为保证高效安全，他将团队分为两班，建立起任务清单和工作制度，自己每天早上7点前到试验台架，晚上经常是11点才离开，回到家里也电话、短信不断。

有一天凌晨4点左右，他接到紧急电话，立即返回工作现场。

“完蛋了，是不是发动机坏了？”一见面，同事的话中透出紧张。“再逐一检查一下发动机的状态，油水电是什么情况？”杨军回答。

经过逐项检查，发动机再次启动。

“停！检查一下转速传感器……”杨军的手上也捏了把汗，发现发动机启动转速不足，立即说道。

拆下转速传感器，果然发现转速传感器的头部有明显破损。杨军分析，发动机的转速信号不能正常传递给电脑ECU，导致发动机不能正常运转。

为了攻克难关，杨军和研发试验团队的同事们拧成一股劲，边学习、边总结经验、边继续工作，在逐步解决问题的过程中，认真地查找原因并进行总结，形成了发动机故障案例和异响声源库。大伙儿还每月开展交流互动，为集团发动机研发试验培养能工巧匠奠定了基础。

当集团自主品牌A16发动机量产投放仪式成功举行时，杨军激动得直抹眼泪。在此期间，研发试验团队取得了20项创新改善成果、5项实用新型专利、6项发明专利。其中，自主品牌乘用车发动机综合试验能力建设项目，为集团节约试验成本3 708万元。集团C10TD、C15TDR、MHD混动系统三款动力产品，分别荣获我国权威机构2018年度、2020年度和2021年度“中国心”十佳发动机称号。

“做出首款自主乘用车发动机，困难和艰辛是外人难以想象的。对我们来说，只有超越自己，才能够超越别人。”杨军表示，“打造一颗强大的‘自主心’，是我们多年如一日坚守岗位的追求和梦想。”

30年终成“发动机医生”

从事汽车试验研发30年来，杨军练就出一双“好耳朵”。试验中，发动机的声音就像支和谐的曲子，哪里出了情况，循着声音就能摸过去，拉缸、异响、漏油等发动机疑难杂症便迎刃而解。

“这项本事可不能靠师父教，不仅发动机故障的声音难以用语言表述，每个人对声音的感知也是不同的，只能靠自己积累经验。”杨军笑着说。刚参加工作时，他的师父常常用一把螺丝刀抵住正在工作的发动机，利用骨传导声音的原理辨别发动机是否运转正常。经过多年的钻研积累，杨军也成了一名可以“听音识故障”的“发动机医生”。

结合试验研发的特点，杨军提出“两点一线复盘”工作法，既通过故障再现、思维导图拓展等方式让团队成员高效解决产品在项目中的各类难点、痛点，也逐步巩固汽车相关专业知识，提高试验运行效率，及时发现试验过程的风险项，判断和解决现场复杂技术问题，同时提炼技能论文等成果。

“一个人前进一万步，不如一万个人前进一步。”杨军说。作为集团“劳模创新工作室”和“技能大师工作室”领办人，他鼓励大家每月做工作笔记，并进行总结提炼、经验分享，他先后培育出国家级技能人才2人、省市级技能人才23人。杨军和团队获得了多项荣誉称号。

2024年4月29日，杨军荣获2024年湖北省五一劳动奖章。

“在我看来，工匠精神代表着专心专注的态度、创新奉献的精神、脚踏实地的修为、传承授艺的使命。”杨军说。

（资料来源：柳琛琛，《杨军：听音可识故障的“发动机医生”》，
楚天都市报，2024年5月3日，有改动）

项目考核

1. 填空题

（1）________________是控制发动机进、排气的机构，其按照气缸工作顺序的要求，定时开闭进、排气门，使新鲜可燃混合气或空气及时进入气缸，并把燃烧后的废气及时排出气缸。

（2）启动系统由启动机、______________、启动继电器、______________等组成。

（3）_______________________一般由蓄电池、断电器、分电器、分缸线、点火线圈、附加电阻、电容器和火花塞等组成。

（4）燃料供给系统主要由___________________、空气供给系统和电子控制系统等组成。

（5）冷却系统以______________为冷却介质，主要由散热器、水泵、风扇、节温器、膨胀水箱及水套等组成。

2. 简答题

（1）气缸压力过低的故障原因有哪些？

（2）启动机空转的故障现象有哪些？

（3）点火正时不当可用哪些方法来进行诊断与维修？

（4）发动机加速不良的故障原因有哪些？

（5）机油压力过高的故障原因是什么？

（6）如何对发动机过冷进行故障诊断与维修？

项目3

汽车底盘故障诊断与维修

项目导读

汽车底盘能支撑和安装发动机及其他各部件，进而形成汽车整体造型，并接受发动机产生的动力。因此，汽车的正常行驶离不开汽车底盘。汽车底盘一旦出现故障，将影响汽车的正常行驶。

汽车底盘由传动系统、行驶系统、转向系统和制动系统四大系统组成。本项目主要介绍汽车底盘四大系统的故障诊断与维修。

知识目标

1. 了解汽车底盘常见故障现象。
2. 掌握汽车底盘常见故障的原因。
3. 掌握汽车底盘常见故障诊断与维修的基本方法。

技能目标

1. 能够正确诊断汽车底盘常见故障的原因。
2. 能够正确维修汽车底盘常见故障。

素质目标

1. 牢记自主研发、不断创新的使命。
2. 培养勤勤恳恳、无私奉献的工匠精神。

任务 3.1 传动系统故障诊断与维修

任务引入

小王报名了某驾校，致力于学习驾驶技能。某日，在练习驾驶的过程中，他遭遇了一个难题：汽车起步变得异常艰难。在反复确认自己的操作步骤无误后，汽车依旧无法顺利起步。面对这一困惑，小王决定向教练求助。教练在仔细检查了小王的驾驶操作后，发现即使是在挂入低挡并松开离合器踏板的情况下，汽车依然无法启动。基于这一观察，教练初步判断可能出了离合器打滑故障，并立即安排将车辆送往维修厂进行维修。那么，面对汽车离合器打滑这一常见故障，我们应当如何进行维修呢？

本任务将介绍离合器故障、手动变速器故障、自动变速器故障、万向传动装置故障、驱动桥故障的诊断与维修，其知识与技能要求如表 3-1 所示。

表 3-1 知识与技能要求

任务内容	传动系统故障诊断与维修	学习程度		
		识记	理解	应用
学习任务	离合器故障诊断与维修		●	
	手动变速器故障诊断与维修		●	
	自动变速器故障诊断与维修		●	
	万向传动装置故障诊断与维修		●	
	驱动桥故障诊断与维修		●	
实训任务	离合器分离不彻底诊断与维修			●
自我勉励				

任务工单——离合器分离不彻底诊断与维修

1. 学生分组

以 3～5 人为一组，选出组长并进行分工，将小组成员及分工情况填入表 3-2 中。

表 3-2 小组成员及分工情况

班级： 组号： 指导教师：

小组成员	姓名	学号	任务分工
组长			
组员			

2. 获取信息

在进行实际操作前，需要掌握传动系统故障诊断与维修的相关知识。请各组组长组织组员收集相关资料，回答下列问题。

引导问题 1：导致离合器打滑的原因有哪些？

引导问题 2：简述自动变速器无法换挡的诊断与维修流程。

引导问题 3：导致万向传动装置故障和驱动桥过热的原因分别有哪些？

3. 任务准备

在明确任务内容的情况下，根据实际情况，在表 3-3 中写出车辆信息及所需的工具、设备、资料等。

表 3-3 车辆信息及所需的工具、设备、资料

车辆信息	车型	VIN 码	行驶里程
工具、设备、资料			

在进行实际操作前做好现场防护，并把现场防护措施填入表 3-4 中。

表 3-4 现场防护措施

个人防护	
设备安全防护	
场地安全防护	

4. 任务实施

1）观察并描述故障现象

2）故障诊断与维修

现有一辆汽车出现了离合器分离不彻底的故障，请按步骤进行诊断与维修，并把操作内容填入表 3-5 中。

表 3-5 操作步骤

序号	任务点	操作内容
1	检查离合器踏板自由行程	检查步骤： 检查结果： 故障原因： 维修步骤：

续表

序号	任务点	操作内容
2	检查液压传动系统	检查步骤： 检查结果： 故障原因： 维修步骤：
3	检查分离杠杆内端高度	检查步骤： 检查结果： 故障原因： 维修步骤：
4	检查从动盘	检查步骤： 检查结果： 故障原因： 维修步骤：

5. 考核评价

各组组长展示任务完成情况，并配合指导教师完成如表 3-6 所示的考核评价表。

表 3-6 考核评价表

项目名称	评价内容	分值 / 分	评价分数 / 分		
			自评	互评	师评
职业素养考核项目（40%）	穿戴规范、整洁	6			
	安全意识、责任意识、服从意识强	6			
	积极参加教学活动，按时完成任务工单	10			
	团队合作、与人沟通能力强	6			
	劳动纪律良好	6			
	维修场地、设备等整洁	6			

续表

项目名称	评价内容		分值/分	评价分数/分		
				自评	互评	师评
专业能力考核项目（60%）	专业知识查找及时、准确		12			
	操作符合规范		18			
	操作熟练，工作效率高		12			
	任务完成度高		18			
合计			100			
总评	自评（20%）+互评（20%）+师评（60%）=__________	综合等级	指导教师（签名）：__________			

6. 课堂小结

____

____

____

____

____

____

____

____

____

相关知识

传动系统是指汽车发动机与驱动轮之间的动力传递装置，主要由离合器、变速器（分为手动变速器和自动变速器）、万向传动装置和驱动桥等组成。若以上部件出现故障，则传动系统将工作不良。下面主要介绍离合器故障、手动变速器故障、自动变速器故障、万向传动装置故障、驱动桥故障的诊断与维修。

3.1.1 离合器故障

离合器位于发动机与变速器之间，是汽车传动系统中直接与发动机相连的部件。驾驶员踩下离合器踏板可以使离合器分离，从而断开发动机与传动系统的动力传输；驾驶员松开离合器踏板可以使离合器接合，从而连接发动机与传动系统的动力传输。驾驶员通过控制离合器可以保证汽车平稳起步，变速器平顺换挡，防止传动系统过载。

按传力介质的不同，离合器可分为摩擦式离合器、液压式离合器、电磁式离合器等。在众多类型的离合器中，摩擦式离合器是应用最广、历史最为悠久的一类，它还可进行如下分类。

（1）按压紧弹簧形式及布置形式的不同，摩擦式离合器可分为周部螺旋弹簧离合器、中央弹簧离合器、斜置弹簧离合器和膜片弹簧离合器。

（2）按从动盘数目的不同，摩擦式离合器可分为单片离合器和双片离合器。

摩擦式离合器的种类虽多，但基本上都由主动部分、从动部分、压紧机构和操纵机构四部分组成，如图 3-1 所示。在一般汽车中，特别是手动挡车型中，摩擦式离合器应用较为广泛。

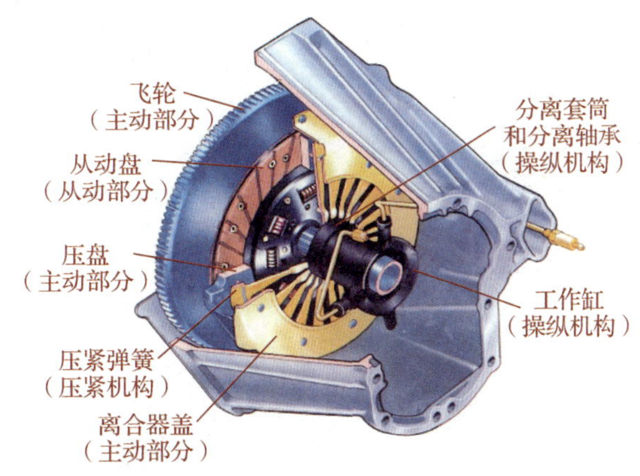

图 3-1 摩擦式离合器的组成

离合器在使用过程中常出现打滑、分离不彻底、接合不平顺等故障。

1. 离合器打滑

1）故障现象

离合器打滑时，汽车可能会出现以下现象。

（1）低挡起步时，松开离合器踏板后，汽车起步困难或不能起步。

（2）加速行驶时，汽车行驶速度不能随发动机转速的升高而升高，且行驶无力。

（3）满载上坡时，汽车行驶无力现象更加明显，严重时还伴有离合器过热、产生烧焦味或冒烟等现象。

2）故障原因

（1）离合器踏板自由行程过小或没有，导致分离轴承压在分离杠杆或压紧弹簧上，从而使压盘处于半分离状态，在传递动力时打滑。

（2）分离套筒与分离轴承间有油污，造成操纵机构卡滞，使分离轴承不能回位。

（3）压盘工作面磨损严重，导致其变形或过薄，使压紧力减弱。

（4）压紧弹簧断裂或弹力下降，使压紧力减弱。

（5）从动盘摩擦片表面不平、硬化、有油污、烧蚀、铆钉外露，使摩擦因数减小。

（6）从动盘摩擦片或飞轮工作面磨损严重，离合器盖与飞轮之间的固定螺栓松动，使压紧力减弱。

知识加油站

离合器踏板自由行程是指踩下离合器踏板后，其到达工作行程前的一段空程。它的大小与离合器自由间隙的大小有关。

3）故障诊断与维修

离合器打滑的诊断与维修流程如图 3-2 所示。

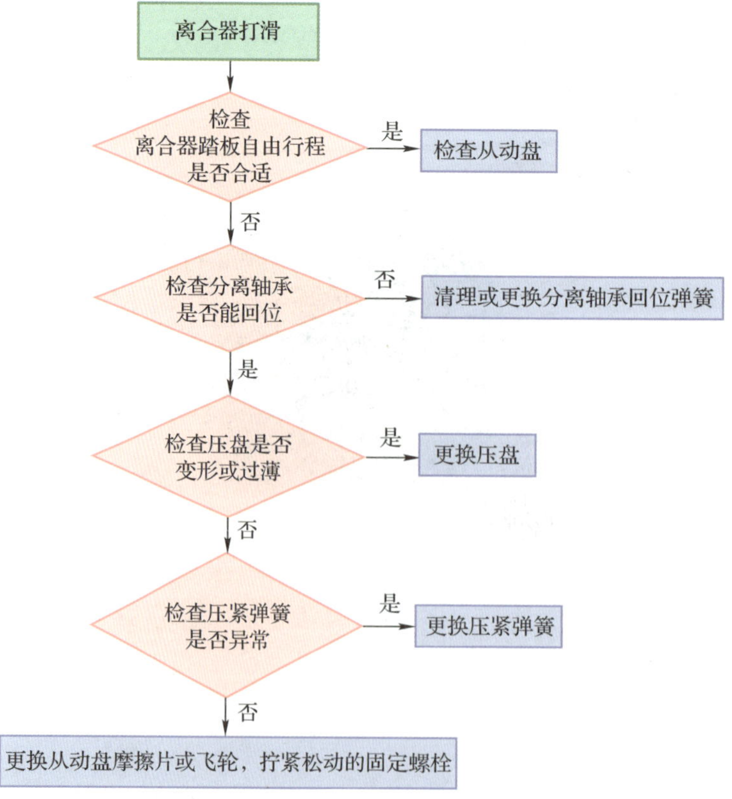

图 3-2　离合器打滑的诊断与维修流程

（1）检查离合器踏板自由行程是否合适。若合适，则应检查从动盘。检查时，踩下离合器踏板，沿旋转方向拨转从动盘，若从动盘边缘有油污甩出、烧焦痕迹或铝制物下落，则应更换从动盘摩擦片。若不合适，则进行下一步操作。

（2）检查分离轴承是否能回位。若不能回位，则说明分离套筒与分离轴承间有油污或分离轴承回位弹簧（见图 3-3）损坏，应进行清理或更换分离轴承回位弹簧；若能回位，则进行下一步操作。

（3）检查压盘（见图 3-4）是否变形或过薄。若是，则应更换压盘；若不是，则进行下一步操作。

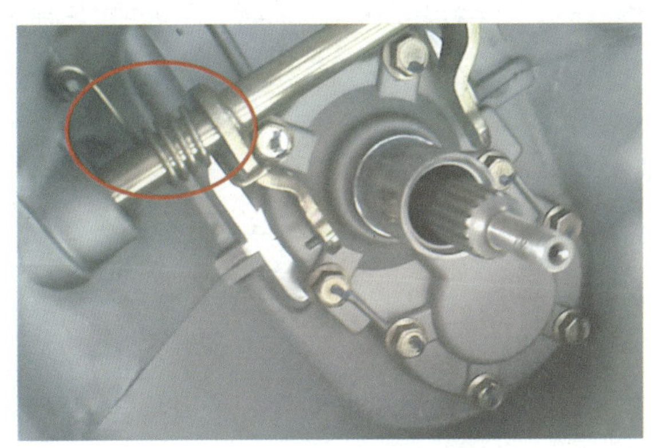

图 3-3　分离轴承回位弹簧

图 3-4　压盘

（4）检查压紧弹簧是否异常。若其弹力下降或断裂，则应更换压紧弹簧；若压紧弹簧无异常，则说明从动盘摩擦片表面有问题、工作面磨损严重，或飞轮工作面磨损严重，离合器盖与飞轮之间的固定螺栓松动，应更换从动盘摩擦片或飞轮，拧紧松动的固定螺栓。

2. 离合器分离不彻底

1）故障现象

当发动机怠速运转或变速时，踩下离合器踏板，发现汽车换挡困难且伴有齿轮撞击声。若强行换挡，则汽车在离合器踏板未完全松开时就会起步或熄火。

2）故障原因

离合器分离不彻底的根本原因是将离合器踏板踩到底时，压盘离开从动盘的移动量过小，或部件的变形导致压盘与从动盘摩擦片相接触而不能彻底分离，具体有以下几点。

（1）离合器踏板自由行程过大、工作行程过小，使压盘和飞轮对从动盘的压力不能完全解除，离合器处于半联动状态。

（2）液压式离合器的液压操纵机构漏油、油量不足或有空气，使液压油压力低，从而影响离合器的分离效果。

（3）分离杠杆内端高度过低或不在同一平面内，使压盘与从动盘摩擦片相接触而不能彻底分离。

（4）从动盘的正反面装错，使离合器不能分离。

（5）从动盘波形片变形、摩擦片破裂或铆钉松脱，使从动盘移动卡滞。

3）故障诊断与维修

（1）检查离合器踏板自由行程。若自由行程过大，则调整离合器踏板自由行程。若自由行程正常，则进行下一步操作。

（2）检查液压式离合器的液压操纵机构。若漏油、油量不足或有空气，则应查找并维修漏油部位，添加液压油或排除空气；若无问题，则进行下一步操作。

（3）检查分离杠杆内端高度。若分离杠杆内端高度过低，则应调整分离杠杆高度；若分离杠杆内端高度正常，则应检查分离杠杆内端是否在同一平面内。若不在同一平面内，则应进行调整；若在同一平面内，则进行下一步操作。

（4）检查从动盘。若从动盘的正反面装错，则应重新安装从动盘；若从动盘的正反面未装错，则应观察从动盘波形片是否变形、摩擦片是否破裂、铆钉是否松脱等。若有其中任一情况，则进行更换或拧紧。

3. 离合器接合不平顺

1）故障现象

当汽车处于低挡，逐渐松开离合器踏板并缓缓踩下加速踏板时，离合器在接合过程中发生抖动，严重时会导致整车抖动，使汽车不能平稳起步。

2）故障原因

（1）离合器踏板回位弹簧（见图 3-5）断裂或脱落，使离合器踏板不能回位，造成接合不平顺。

图 3-5 离合器踏板回位弹簧

汽车论坛

为了让离合器踏板在松开时能准确快速回到待命位置，在离合器踏板处都会设置回位弹簧。除此之外，汽车中有多个回位弹簧，请列举几个回位弹簧，并说明其作用和位置。

（2）分离套筒与分离轴承有油污，使分离轴承卡滞，不能回位。

（3）飞轮、离合器壳、变速器等的固定螺栓松动。

（4）分离杠杆或压紧弹簧内端高度不一致。

（5）压紧弹簧断裂或弹力下降。

（6）从动盘摩擦片烧焦、有油污。

（7）压盘、从动盘波形片或飞轮翘曲变形。

（8）减振弹簧或从动盘摩擦片损坏。

3）故障诊断与维修

（1）检查离合器踏板回位弹簧是否断裂或脱落。若是，则应更换离合器踏板回位弹簧；若不是，则进行下一步操作。

（2）检查分离轴承回位情况。若不回位，则应进行更换；若正常，则进行下一步操作。

（3）检查飞轮、离合器壳、变速器等的固定螺栓是否松动。若是，则应拧紧固定螺栓；若不是，则进行下一步操作。

（4）检查分离杠杆或压紧弹簧内端高度是否一致。若不一致，则应进行相应调整；若一致，则进行下一步操作。

（5）检查压紧弹簧是否断裂或弹力下降。若是，则应更换相应弹簧；若不是，则进行下一步操作。

（6）踩下离合器踏板，沿旋转方向拨转从动盘，检查从动盘边缘是否有油污、烧焦物落下。若是，则应更换从动盘摩擦片；若不是，则进行下一步操作。

（7）检查压盘、从动盘波形片或飞轮是否有翘曲变形。若是，则应进行更换；若不是，则可能是减振弹簧或从动盘摩擦片损坏，应予以更换。

3.1.2 手动变速器故障

手动变速器是指通过驾驶员手动操纵变速杆进行挡位变换的变速器。它由变速传动机构和操纵机构两大部分组成。变速传动机构能改变输出轴转速（变速）和转动方向（变向），其主要由齿轮、传动轴（包括输入轴、输出轴等）、同步器、壳体等组成，如图 3-6 所示。操纵机构可以保证驾驶员根据不同路况挂入所需要的挡位，其主要由拨叉、拨块、拨叉轴、变速杆、叉形拨杆、自锁装置（包括自锁弹簧、自锁钢球）等组成，如图 3-7 所示。

图 3-6 变速传动机构的组成

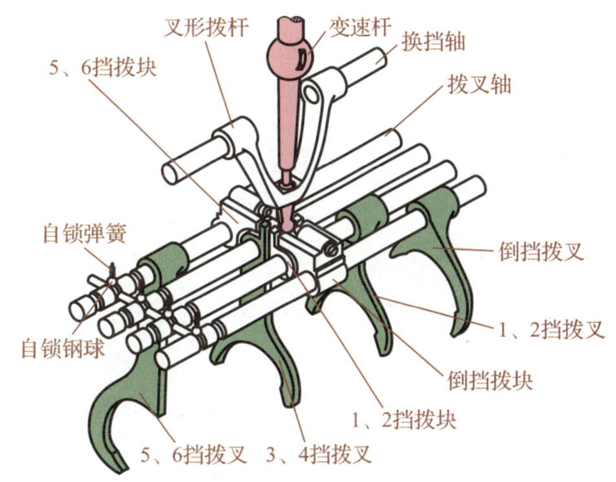

图 3-7 操纵机构的组成

手动变速器在运行过程中常出现掉挡、乱挡和挂挡困难等故障。

1. 掉挡

1）故障现象

掉挡又称跳挡，其现象为汽车在加速、减速或爬坡时，变速杆自动跳回空挡位置。

2）故障原因

（1）齿轮磨损。

（2）拨叉、变速杆、换挡轴等部件磨损或损坏。

（3）同步器锁销松动、散架或锥面工作失效。

（4）自锁钢球、拨叉轴凹槽、自锁弹簧等部件磨损或损坏，导致自锁装置失效。

（5）壳体因撞击或长期使用而变形。

知识加油站

为防止同时挂上两个挡而使手动变速器卡死或损坏，操纵机构中还设有互锁装置（包括互锁钢球和互锁销）。

3）故障诊断与维修

（1）进行路试，采用连续加、减速的方法逐挡检查，确定掉挡挡位。

（2）将变速杆挂入掉挡挡位，发动机熄火，拆下变速器壳体后检查掉挡齿轮。

（3）检查齿轮磨损情况。若磨损，则更换齿轮；若齿轮未磨损，则进行下一步操作。

（4）检查拨叉、变速杆、换挡轴等部件。若磨损或损坏，则进行维修或更换；若没有问题，则进行下一步操作。

（5）检查同步器锁销是否松动、散架或锥面工作失效。若是，则进行调整或更换；若不是，则进行下一步操作。

（6）检查自锁钢球、拨叉轴凹槽、自锁弹簧等部件是否磨损或损坏。若是，则进行更换；若不是，则检查壳体，并进行相应的维修。

2. 乱挡

1）故障现象

在离合器技术状况正常的情况下，挂所需挡位时却挂入了别的挡位、挂入挡位后无法退回空挡或换挡时同时挂入两挡。

2）故障原因

（1）变速杆下端球头定位销与定位槽配合松旷，或球头、球孔磨损严重。

（2）变速杆下端球头定位销折断。

（3）叉形拨杆下端球头或拨块凹槽磨损严重，导致变速杆下端从拨块凹槽中脱出。

（4）互锁销或互锁钢球磨损严重，导致互锁装置失效。

3）故障诊断与维修

（1）若在挂所需挡位时，却挂入别的挡位，则应先检查变速杆。检查时应摇动变速杆，观察其摆转角度。若摆转角度超出正常范围较小，则故障由变速杆下端球头定位销与定位槽配合松旷或球头、球孔磨损严重引起，应修整定位销与定位槽或更换球头；若摆转角度超出正常范围较大，甚至达到360°，则故障由定位销折断引起。

（2）若变速杆摆转角度正常，但退不回空挡或挂挡后无法再次挂挡，则说明变速杆下端从拨块凹槽中脱出，应将变速杆下端正确安装至拨块凹槽中，并检查是否需要更换磨损部件。

（3）若换挡时同时挂入两挡，则故障由互锁装置失效引起，应检查并维修互锁销或互锁钢球等。

3．挂挡困难

1）故障现象

离合器技术状况良好，且变速器操纵机构工作正常，但挂挡困难。

2）故障原因

导致手动变速器挂挡困难的主要原因是同步器（见图 3-8）出现故障。挂挡时，所选挡位的一对待啮合齿轮转动速度必须一致（即同步）才能够平顺啮合，从而顺利挂挡，因此，手动变速器中设置了同步器这一装置。当同步器出现磨损、卡滞等造成两齿轮不同步时，若强制挂挡，则两齿轮会因速度差而发生冲击，产生噪声，甚至无法挂挡。

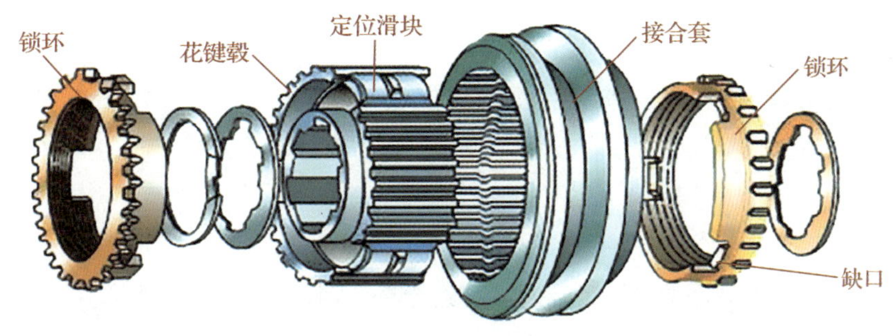

图 3-8　同步器

3）故障诊断与维修

（1）检查锁环。若锁环出现变形、裂纹或内锥面螺旋槽磨损严重，则应更换锁环；若无问题，则进行下一步操作。

（2）检查定位滑块。若定位滑块出现磨损、变形、损坏等，则应更换定位滑块；若无问题，则进行下一步操作。

（3）检查花键毂与接合套的轴向移动是否出现卡滞。若出现卡滞，则应进行相应维修；若无卡滞，且同步器技术状况良好，但仍挂挡困难，则应检查并维修手动变速器的拨叉轴、输入轴等机构，具体检查以下几项。

① 拨叉轴是否弯曲，锁紧弹簧是否过硬，自锁钢球是否损伤。

② 输入轴花键是否损坏或输入轴是否弯曲。

③ 手动变速器操纵机构是否调整不当或损坏。

④ 手动变速器油是否不足、过量或不符合规格。

3.1.3　自动变速器故障

自动变速器是指能够根据汽车车速和发动机转速来进行自动换挡的变速装置，其主要由液力变矩器、齿轮传动机构、换挡执行元件、液压控制系统、电子控制系统等组成。自动变速器在使用中常出现打滑、换挡冲击大、无超速挡、无法换挡等故障。

1. 打滑

1）故障现象

自动变速器打滑时会出现以下现象。

（1）在起步时踩下加速踏板，发动机转速上升很快，但车速上升缓慢。

（2）行驶过程中加速时，发动机转速很高，但车速不能迅速上升。

（3）上坡时，汽车行驶无力，但发动机转速很高。

2）故障原因

（1）自动变速器漏油，使油量变少。

（2）离合器或制动器摩擦片磨损严重，甚至烧焦。

（3）特定挡位的换挡执行元件打滑。

知识加油站

自动变速器中的换挡执行元件有三种，即多片离合器、制动器、单向离合器，它们分别起到连接、固定和锁止的作用。

3）故障诊断与维修

（1）检查自动变速器油的油面高度。若油面高度过低，则应检修漏油部位并补充自动变速器油；若油面高度正常，则进行下一步操作。

（2）检查自动变速器油是否变质。若自动变速器油呈棕黑色，或有烧焦味，则说明离合器或制动器摩擦片磨损严重、烧焦，应在保证主油路油压正常的情况下进行拆检确认；若自动变速器油未变质，则进行下一步操作。

（3）检查换挡执行元件打滑情况。通过路试，根据打滑的具体情况判断是哪个换挡执行元件发生打滑，判断好后可进行拆检确认。

2. 换挡冲击大

1）故障现象

汽车起步时，由驻车挡或空挡挂入前进挡或倒挡时，汽车出现明显振动；汽车行驶时，自动变速器换挡的瞬间出现明显冲击。

2）故障原因

（1）发动机怠速转速过高。

（2）节气门拉索或节气门位置传感器的工作状况不符合技术要求。

（3）换挡执行元件出现故障，如打滑等。

（4）液压控制系统主油路油压调节器出现故障。

（5）前进挡离合器或高挡、倒挡离合器的进油止回阀损坏或漏装。

（6）液压控制系统的蓄压器（见图 3-9）出现故障，如活塞卡住等。

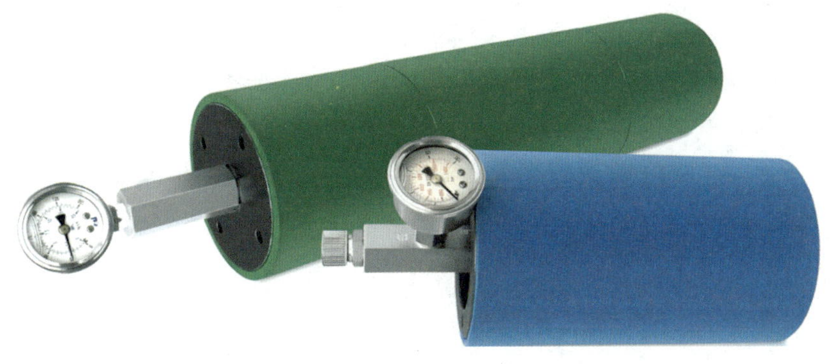

图 3-9　蓄压器

3）故障诊断与维修

（1）检查发动机怠速转速情况。若怠速转速过高，则应将其调整至规定怠速转速，再检查换挡冲击是否消除，若消除，则故障由此引起；若发动机怠速转速正常，或调整后故障未消除，则应进行下一步操作。

（2）检查节气门拉索及节气门位置传感器。若其工作状况不符合技术要求，则应进行调整，直至其符合要求；若其工作状况符合要求，则应进行下一步操作。

（3）通过路试判断是否有换挡执行元件打滑的情况。若有，则应检查并维修换挡执行元件；若没有，则进行下一步操作。

（4）在发动机怠速时，检测液压控制系统的主油路油压是否过高。若过高，则说明油压调节器出现故障，应进行更换；若正常，则进行下一步操作。

（5）检查前进挡离合器或高挡、倒挡离合器的进油止回阀是否损坏或漏装，若损坏或漏装，则进行相应处理；若正常，则进行下一步操作。

（6）检测换挡时液压控制系统主油路的油压。正常情况下，在换挡时，液压控制系统主油路的油压会有瞬间下降的情况。若换挡时油压没有瞬间下降，则说明液压控制系统的蓄压器出现故障，应进行维修或更换。

3．无超速挡

1）故障现象

无超速挡主要表现为汽车在行驶过程中不能升入超速挡。

2）故障原因

（1）自动变速器的油温传感器出现故障。

（2）挡位开关出现故障。

（3）节气门位置传感器出现故障。

（4）超速挡开关或超速挡电磁阀出现故障。

（5）超速挡制动器打滑。

（6）超速行星排中的离合器或单向离合器卡滞。

（7）液压控制系统或电子控制系统出现故障。

（8）3 挡、4 挡换挡阀卡滞。

3）故障诊断与维修

（1）检查自动变速器油温传感器，主要应测量油温传感器在不同温度下的电阻。若电阻不符合要求，则应更换油温传感器；若电阻符合要求，则进行下一步操作。

（2）检查挡位开关信号。若没有挡位开关信号，或信号与变速杆的位置不符，则说明挡位开关存在故障，应更换挡位开关；若挡位开关信号正常，则进行下一步操作。

（3）检查节气门位置传感器的输出信号。若输出信号不符合要求，则说明节气门位置传感器存在故障，应予以更换；若输出信号符合要求，则进行下一步操作。

（4）检查超速挡开关。若超速挡开关接通或断开时，指示灯不符合正常情况，则说明超速挡开关发生故障，应检查超速挡开关电路或更换超速挡开关；若符合正常情况，则进行下一步操作。

知识加油站

超速挡开关指示灯的正常情况：超速挡开关接通（置于 ON 位置）时，其触点断开，超速挡开关指示灯应不亮；超速挡开关断开（置于 OFF 位置）时，其触点闭合，超速挡开关指示灯应亮起。

（5）检查超速挡电磁阀的工作情况。打开点火开关，在按下超速挡开关按钮时，超速挡电磁阀应有工作响声。若没有，则说明超速挡电磁阀存在故障，应维修其控制线路或更换超速挡电磁阀；若有，则进行下一步操作。

（6）用举升机将驱动轮悬空，在空载情况下，检查自动变速器能否升入超速挡及升挡后的车速情况。

① 若空载情况下能升入超速挡，且升挡后车速正常，则说明控制系统正常，故障可能由超速挡制动器打滑引起，应进行相应维修。

② 若空载情况下能升入超速挡，但升挡后车速偏低，发动机转速下降，则故障可能由超速行星排中的离合器或单向离合器卡滞引起，应对其进行更换。

③ 若空载情况下不能升入超速挡，则故障可能由液压控制系统或电子控制系统故障引起，应进行下一步操作。

（7）拆开自动变速器，检查 3 挡、4 挡换挡阀有无卡滞。若有，则故障由相应换挡阀引起，应予以修理或更换。

4．无法换挡

1）故障现象

汽车行驶过程中，自动变速器始终在 1 挡，不能升入 2 挡；或者虽然能升入 2 挡，但不能升入 3 挡和超速挡。

2）故障原因

（1）节气门拉索或节气门位置传感器出现故障。

（2）车速传感器出现故障。

（3）挡位开关出现故障。

（4）换挡阀（见图 3-10）卡滞。

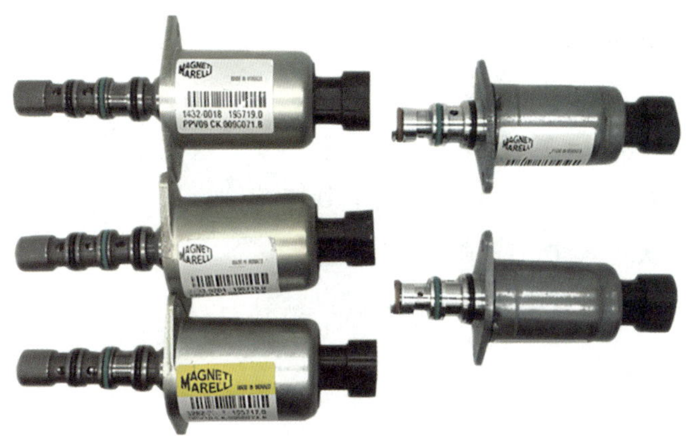

图 3-10　换挡阀

（5）换挡执行元件打滑。

（6）电控单元出现故障。

3）故障诊断与维修

（1）检查节气门拉索或节气门位置传感器的工作情况。若不符合技术要求，则予以调整；若符合技术要求，则进行下一步操作。

（2）检查车速传感器及其线路。若工作不良，则予以更换；若工作正常，则进行下一步操作。

（3）检查挡位开关是否出现问题。若是，则予以调整或更换；若不是，则进行下一步操作。

（4）检查换挡阀是否卡滞。若是，则予以更换；若不是，则进行下一步操作。

（5）检查换挡执行元件是否打滑。若是，则予以更换；若不是，则说明电控单元出现故障，应拆卸并维修电控单元。

3.1.4　万向传动装置故障

万向传动装置的功用是在轴间夹角及相对位置经常发生变化的转轴之间传递动力，其结构如图 3-11 所示。它主要安装在汽车传动系统的变速器与驱动桥之间。万向传动装置常出现异响。

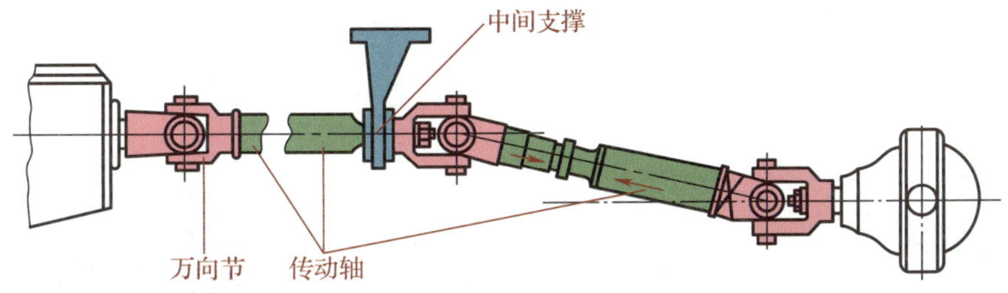

图 3-11　万向传动装置的结构

1．故障现象

（1）万向传动装置在汽车起步或突然改变车速时发出“哐”的撞击声。

（2）万向传动装置在汽车正常行驶时发出连续的“呜呜”声，且车速越高响声越大。

2. 故障原因

图 3-12　万向节的十字轴

（1）万向节叉连接螺栓松动。

（2）万向节的主、从动叉活动角度过大。

（3）万向节的十字轴（见图 3-12）及滚针轴承磨损严重。

（4）传动轴与万向节叉配合花键磨损严重，导致其配合松旷。

（5）中间支撑的轴承内缺润滑油，或轴承磨损严重。

（6）中间支撑安装不当，如位置安装不当或装配过紧等。

（7）橡胶垫环损坏。

（8）车架变形。

3. 故障诊断与维修

（1）若万向传动装置在汽车起步或突然改变车速时出现异响，则进行以下故障诊断与维修。

① 用榔头轻轻敲击各万向节叉的连接处，检查其松紧度。若太松旷，则故障由连接螺栓松动引起；若正常，则进行下一步操作。

② 用双手分别握住万向节的主、从动叉并转动，检查活动角度。若活动角度过大，则进行调整；若正常，则故障可能是由万向节的十字轴、滚针轴承，传动轴与万向节叉配合花键磨损严重引起的，应更换磨损件。

万向节松旷后一直不进行维修，可能造成哪些后果？

（2）若万向传动装置在汽车正常行驶时出现异响，则进行以下故障诊断与维修。

① 给中间支撑的轴承加注润滑油。若异响消失，则说明中间支撑的轴承内缺润滑油，应添加润滑油；若异响没有消失，则进行下一步操作。

② 检查中间支撑的轴承磨损情况。若磨损严重，则予以更换；若未磨损，则进行下一步操作。

③ 松开夹紧橡胶垫环的所有螺栓，待传动轴转动数圈后再将其拧紧。若异响消失，则说明中间支撑安装不当，应重新安装中间支撑；若异响未消失，则说明橡胶垫环损坏或车架变形，应进行更换或矫正。

3.1.5　驱动桥故障

驱动桥（见图 3-13）主要由主减速器、差速器、半轴和桥壳组成。其各组成部分长期承受冲击，因此零部件易出现损坏，进而导致驱动桥出现各种故障。常见的驱动桥故障有驱动桥过热、驱动桥漏油等。

图 3-13　驱动桥

1. 驱动桥过热

1）故障现象

汽车行驶一段里程后，驱动桥的桥壳发烫，用手触摸时会烫到无法忍受。

2）故障原因

（1）油封过紧，使摩擦阻力过大。

（2）轴承损坏或调整不当。

（3）复合式推力垫片与主减速器从动锥齿轮的间隙过小。

（4）齿轮油油量不足、变质或规格不符合要求。

（5）主减速器的主、从动锥齿轮的啮合间隙过小。

（6）差速器的行星锥齿轮与半轴锥齿轮的啮合间隙过小。

3）故障诊断与维修

（1）检查驱动桥的过热情况，若驱动桥局部过热，则检查具体过热部位。

① 若油封处过热，则说明油封过紧，应拧松油封。

② 若轴承处过热，则说明轴承损坏或调整不当，应更换或调整轴承。

③ 若油封和轴承处都不过热，但其他部位过热，则说明复合式推力垫片与主减速器从动锥齿轮的间隙过小，应调整该间隙。

（2）若驱动桥很多部位都过热，则应进行下列检查。

① 检查齿轮油油面高度。若油面高度过低，则说明齿轮油油量不足；若油面高度正常，则进行下一步操作。

② 检查齿轮油黏度、润滑性能和规格。若齿轮油变质或规格不符合要求，则应更换齿轮油；若正常，则进行下一步操作。

③ 松开驻车制动器，将变速器置于空挡，轻轻转动主减速器的凸缘盘。若转动角度很小，则说明主减速器主、从动锥齿轮的啮合间隙过小，应调整该啮合间隙；若转动角度正常，则说明差速器的行星锥齿轮与半轴锥齿轮的啮合间隙过小，应调整该啮合间隙。

前车之鉴

检查齿轮油黏度和润滑性能时，可用手捻试进行判断。

2. 驱动桥漏油

1）故障现象

在驱动桥加油口、放油螺塞、油封、各结合面等处可见到明显漏油痕迹。

2）故障原因

（1）加油口、放油螺塞松动或损坏。

（2）油封磨损、硬化，油封装反，油封与轴颈不同轴。

（3）结合面变形，密封衬垫过薄、硬化或损坏，紧固螺栓松动或损坏。

（4）通气孔堵塞，导致压力增高，使齿轮油渗出。

（5）桥壳有铸造缺陷或裂纹。

（6）齿轮油加注过多，运转中壳体内压力增高，使齿轮油渗出。

3）故障诊断与维修

诊断与维修驱动桥漏油故障时，应先观察漏油痕迹，再根据漏油痕迹判断漏油的具体部位，进而推断漏油的原因，最后更换或调整相应部件。

笔记

实践操作——离合器分离不彻底诊断与维修

1．任务准备

离合器分离不彻底诊断与维修

（1）准备北京现代汽车、车内四件套、车外三件套、钢板尺、排油桶、液压油等。

（2）安装车轮挡块、车内四件套、车外三件套等。

2．观察并描述故障现象

当发动机怠速运转时，踩下离合器踏板，发现汽车换挡困难且伴有齿轮撞击声。

3．故障诊断与维修

1）检查离合器踏板自由行程

（1）用钢板尺测量离合器踏板的高度，结果为 151 mm，如图 3-14 所示。

（2）踩下离合器踏板，当其稍有阻力时，测量其高度，结果为 132 mm，如图 3-15 所示。

图 3-14　测量离合器踏板的高度

图 3-15　测量离合器踏板稍有阻力时的高度

（3）计算离合器踏板自由行程，用步骤（1）的测量结果减去步骤（2）的测量结果，计算结果为 19 mm，结果正常（正常范围为 10～25 mm），进行下一步操作。

2）检查液压操纵机构

（1）打开液压油储液罐，如图 3-16 所示。

（2）观察液压油液面高度，发现缺少液压油，则添加液压油，如图 3-17 所示。

图 3-16　打开液压油储液罐

图 3-17　添加液压油

（3）连续多次踩离合器踏板，如图 3-18 所示。

（4）观察液压油，发现液压油中有气泡冒出（见图 3-19），应排净离合器中的空气。

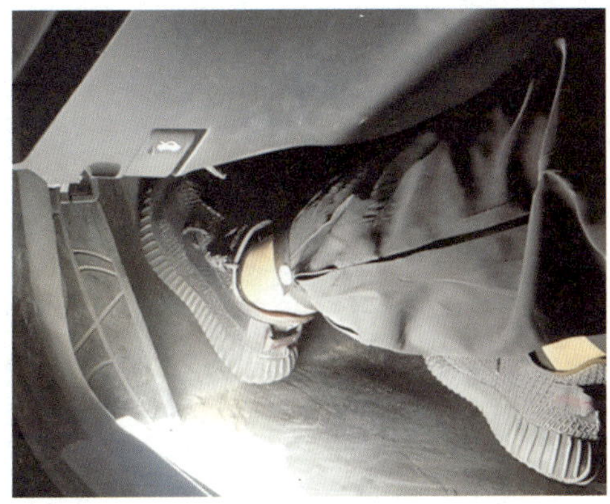
图 3-18　连续多次踩离合器踏板

图 3-19　液压油中有气泡冒出

3）排净离合器中的空气

（1）踩住离合器踏板，在离合器排气孔处安装排油桶，如图 3-20 所示。

（2）连续踩离合器踏板，并观察液压油（见图 3-21），当液压油没有气泡时，停止踩离合器踏板。

图 3-20　安装排油桶

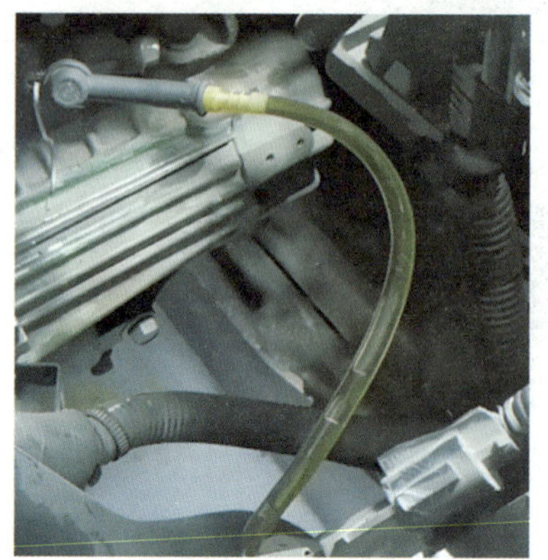

图 3-21　观察液压油

（3）添加液压油至合适高度，并拧紧离合器排气孔螺栓。

4．维修验证

当发动机怠速运转时，踩下离合器踏板，汽车换挡正常，且齿轮撞击声消失。

5．进行 5S 工作

拆卸排油桶，取下车内四件套、车外三件套、车轮挡块等。

笔记

任务 3.2 行驶系统故障诊断与维修

任务引入

一天，小王在打车上班的途中，恰好坐在了视野开阔的副驾驶位置上。在行车过程中，他敏锐地察觉到汽车总是不自觉地偏向一侧行驶，于是，他出于好意，向车主提出了进行车辆维修的建议。小王自称是经验丰富的汽车维修人员，并主动提出到达目的地后可以帮忙检修。然而，车主起初对此并不以为意，甚至怀疑小王在故意夸大其词，试图让他花费不必要的费用。

面对车主的疑虑，小王耐心地、详尽地为车主剖析了汽车行驶跑偏的各种可能原因，以及如果不及时维修可能带来的严重后果。他的专业分析和真诚态度逐渐打消了车主的顾虑，使车主意识到小王确实是在为他的驾驶安全着想。于是，车主欣然同意了维修的建议。随后，小王迅速对车辆进行了全面的检查，发现车轮定位参数有错误。那么，应该如何调整车轮定位参数呢？

本任务将介绍轮胎异常磨损、行驶跑偏、行驶不平顺的诊断与维修，其知识与技能要求如表 3-7 所示。

表 3-7　知识与技能要求

任务内容	行驶系统故障诊断与维修	学习程度		
		识记	理解	应用
学习任务	轮胎异常磨损诊断与维修		●	
	行驶跑偏诊断与维修		●	
	行驶不平顺诊断与维修		●	
实训任务	调整车轮定位参数			●
自我勉励				

任务工单——调整车轮定位参数

1. 学生分组

以 3～5 人为一组，选出组长并进行分工，将小组成员及分工情况填入表 3-8 中。

表 3-8 小组成员及分工情况

班级： 组号： 指导教师：

小组成员	姓名	学号	任务分工
组长			
组员			

2. 获取信息

在进行实际操作前，需要掌握行驶系统故障诊断与维修的相关知识。请各组组长组织组员收集相关资料，回答下列问题。

引导问题 1：导致轮胎异常磨损的原因有哪些？

引导问题 2：简述行驶跑偏的诊断与维修流程。

引导问题 3：行驶不平顺的故障现象是什么？

3. 任务准备

在明确任务内容的情况下，根据实际情况，在表 3-9 中写出车辆信息及所需的工具、设备、资料等。

表 3-9 车辆信息及所需的工具、设备、资料

车辆信息	车型	VIN 码	行驶里程
工具、设备、资料			

在进行实际操作前做好现场防护，并把现场防护措施填入表 3-10 中。

表 3-10 现场防护措施

个人防护	
设备安全防护	
场地安全防护	

4. 任务实施

1）观察并描述故障现象

2）故障诊断与维修

现有一辆汽车出现了行驶跑偏的故障，维修人员对其进行诊断后，发现车轮定位参数有错误，应进行调整。请补充任务点，拍摄每步的操作图片，并完成表 3-11。

表 3-11 操作步骤

序号	任务点	操作图片
1	安装________________，并________________	

续表

序号	任务点	操作图片
2	安装＿＿＿＿＿＿＿＿＿＿	
3	安装车轮挡光板并将其调整至＿＿＿＿＿＿＿＿＿＿＿＿	
4	安装＿＿＿＿＿＿＿＿＿＿＿＿＿＿＿＿＿＿	
5	打开电脑，进入＿＿＿＿＿＿＿＿＿＿＿＿＿＿＿＿	
6	＿＿＿＿＿＿＿＿＿＿，完成车轮补偿	
7	＿＿＿＿＿＿＿＿＿＿＿＿＿＿＿＿＿＿＿＿，以调整前轮前束	
8	＿＿＿＿＿＿＿＿＿＿，以调整后轮定位参数	

5. 考核评价

各组组长展示任务完成情况，并配合指导教师完成如表 3-12 所示的考核评价表。

表 3-12 考核评价表

项目名称	评价内容	分值 / 分	评价分数 / 分		
			自评	互评	师评
职业素养考核项目（40%）	穿戴规范、整洁	6			
	安全意识、责任意识、服从意识强	6			
	积极参加教学活动，按时完成任务工单	10			
	团队合作、与人沟通能力强	6			
	劳动纪律良好	6			
	维修场地、设备等整洁	6			
专业能力考核项目（60%）	专业知识查找及时、准确	12			
	操作符合规范	18			
	操作熟练，工作效率高	12			
	任务完成度高	18			
合计		100			
总评	自评（20%）+ 互评（20%）+ 师评（60%）= ______	综合等级	指导教师（签名）：______		

6. 课堂小结

____

____

____

____

____

____

____

____

____

相关知识

行驶系统主要用来支撑汽车的总重力，并将传动系统传来的力矩转变为汽车行驶的驱动力矩。此外，行驶系统还能有效吸收道路表面的不平整带来的冲击，减少振动，保证车内乘客的舒适度。行驶系统一般由车架、车桥、悬架、车轮及轮胎组成。

行驶系统常出现的故障有轮胎异常磨损、行驶跑偏、行驶不平顺等。

3.2.1 轮胎异常磨损

1. 故障现象

轮胎表面常会出现不正常的磨损，如图 3-22 所示。按磨损位置的不同，轮胎磨损可分为胎肩磨损、胎中磨损和一侧磨损等；按磨损形状的不同，轮胎磨损可分为羽状磨损和锯齿状磨损等。

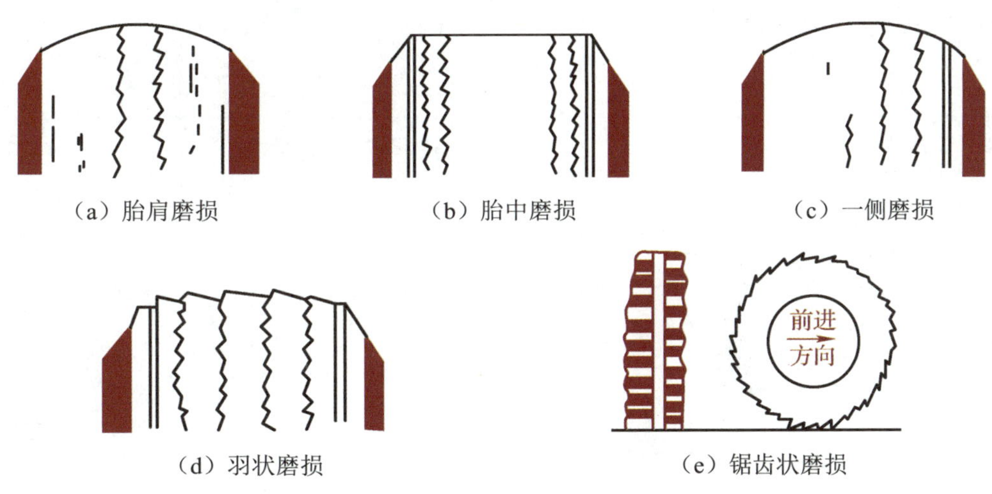

（a）胎肩磨损　（b）胎中磨损　（c）一侧磨损　（d）羽状磨损　（e）锯齿状磨损

图 3-22　轮胎磨损现象

2. 故障原因

（1）轮胎气压不符合要求，如过低或过高。若轮胎气压过低，则轮胎的中间会凹入，将载荷转移到胎肩上，造成胎肩磨损；若轮胎气压过高，则轮胎的中间会凸出，承受较大的载荷，造成胎中磨损。

（2）驾驶习惯不好。例如，在过高的车速下转弯，轮胎因发生滑动而造成一侧磨损。

（3）悬架松动、变形或磨损，影响到前轮定位，造成一侧磨损。

（4）外倾角不正确，造成轮胎某一侧的磨损大于另一侧。

（5）前束调节不当，造成羽状磨损。

（6）轮毂轴承松旷或车轮动不平衡，造成锯齿状磨损。

3. 故障诊断与维修

首先查看轮胎磨损现象，然后据此推断可能的故障原因，最后对这些故障原因逐一进行排查。

（1）若胎肩或胎中磨损，则用气压表检查轮胎气压，如图3-23所示。如果发现充气过量或充气不足的情况，应放气或充气至合适气压。

（2）若内侧或外侧磨损，则进行以下检查。

① 了解驾驶员是否经常高速转弯。若是，则根据磨损的严重程度确定是否更换轮胎，并提醒驾驶员降低转弯时的车速；若不是，则进行下一步操作。

② 检查悬架是否松动，或出现变形和磨损。若悬架松动，则应将其紧固；若悬架出现变形和磨损，则应矫正或更换；若正常，则可能是外倾角不正确，应进行调整。

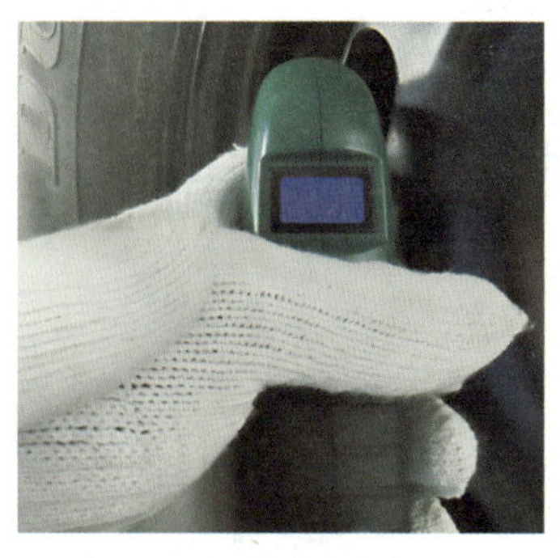
图3-23　用气压表检查轮胎气压

（3）若出现羽状磨损，则故障原因可能是前束过量，应加以调整。

（4）若出现锯齿状磨损，则故障原因可能是轮毂轴承松旷或车轮动不平衡，应进行调整。

知识加油站

无论出现以上哪种磨损，都可以采用轮胎换位的方法来保证各轮胎磨损均匀，以缓解轮胎异常磨损。轮胎换位方法很多，常用的有单边换位法和交叉换位法两种，如表3-13所示。

表3-13　轮胎换位方法

轮胎换位方法		图示	轮胎换位方法		图示
单边换位法	有备胎时		交叉换位法	后轮或四轮驱动时（有备胎）	
	无备胎时			后轮或四轮驱动时（无备胎）	
	前后轮规格不同时			前轮驱动时	

3.2.2 行驶跑偏

1. 故障现象

汽车在行驶过程中，行驶方向不是直线，而是自动偏向一侧，且转动转向盘很难使汽车沿直线行驶。

2. 故障原因

（1）左右轮胎规格或气压不一致，导致车轮滚动半径不相等，使汽车行驶时向车轮半径小、滚动阻力大的一侧跑偏。

（2）一侧制动器的制动盘和制动蹄衬片不能完全分离，使该侧车轮的行驶阻力加大，造成汽车行驶时向一侧跑偏。

（3）两前轮轮毂轴承预紧度不同。车轮轮毂轴承的预紧度越大，车轮的行驶阻力越大。若两前轮轮毂轴承预紧度不同，则汽车行驶时会向轮毂轴承预紧度大的一侧跑偏。

（4）前悬架两侧减振弹簧的弹力不同，导致汽车重心向减振弹簧弹力较大的一侧偏移，造成车身倾斜，使汽车行驶时向减振弹簧弹力较大的一侧跑偏。

（5）一侧减振器失效，导致汽车行驶时向减振器失效的一侧跑偏。

（6）两侧前后轮之间的距离不相等，导致汽车行驶时向距离较小的一侧跑偏。

（7）车架、下摆臂等变形，造成汽车跑偏。

（8）车轮定位参数有错误，造成汽车跑偏。

3. 故障诊断与维修

（1）检查左右轮胎规格（见图 3-24）是否一致。若不一致，则将其更换为规格一致的轮胎；若一致，则进行下一步操作。

图 3-24　轮胎规格

（2）检查左右轮胎气压。若轮胎气压偏低，则为轮胎充气至规定压力值；若左右轮胎气压都正常，则进行下一步操作。

（3）检查跑偏一侧的制动器是否过热。若制动器过热，则悬空前桥，用手转动两前轮，若车轮转动不灵活，则说明制动盘和制动蹄衬片不能完全分离，应拆卸并维修制动器；若制动器温度正常，则进行下一步操作。

（4）检查跑偏一侧的轮毂轴承是否过热。若轮毂轴承过热，则说明轮毂轴承预紧度过大，应予以调整；若轮毂轴承温度正常，则进行下一步操作。

（5）将汽车放到平地上，观察车身两侧高度是否一致。若不一致，则说明较低一侧悬架减振弹簧损坏或弹力下降，应予以更换；若一致，则进行下一步操作。

（6）检查减振器是否失效。用力压下汽车前端一侧并迅速松开，若车身上下振动 2～3 次后马上静止，则说明减振器工作正常，应进行下一步操作，否则应予以更换。

（7）测量两侧前后轮之间的距离。若距离不同，则进行修复；若距离相同，则进行下一步操作。

（8）检查车架、下摆臂等是否变形。若变形，则进行矫正；若未变形，则说明车轮定位参数有错误，应进行调整。

知识加油站

车轮定位参数

车轮定位参数有前轮定位参数和后轮定位参数。前轮定位参数有主销后倾角、主销内倾角、前轮外倾角和前轮前束。后轮定位参数包括后轮外倾角和后轮前束。

3.2.3　行驶不平顺

1. 故障现象

汽车在行驶时出现振动，且不能迅速衰减，使乘员感到不适。

2. 故障原因

（1）轮胎气压不符合要求。

（2）减振器失效。

（3）悬架的弹性元件折断或损坏。

（4）悬架的衬套损坏或间隙过大。

（5）车轮、传动轴等变形或车轮动不平衡较严重。

3. 故障诊断与维修

（1）检查轮胎气压。若轮胎气压偏低，则为轮胎充气至规定压力值；若轮胎气压正常，则进行下一步操作。

（2）检查减振器，观察它是否存在弯曲、凹陷、刺孔、滴油等现象。若存在，则说明减振器失效，应予以更换；若不存在，则进行下一步操作。

（3）检查悬架的弹性元件是否折断或损坏。若折断或损坏，则应进行更换；若未折断或损坏，则进行下一步操作。

（4）检查悬架的衬套（见图 3-25）是否损坏、间隙是否过大等。若是，则应更换衬套或调整间隙；若不是，则进行下一步操作。

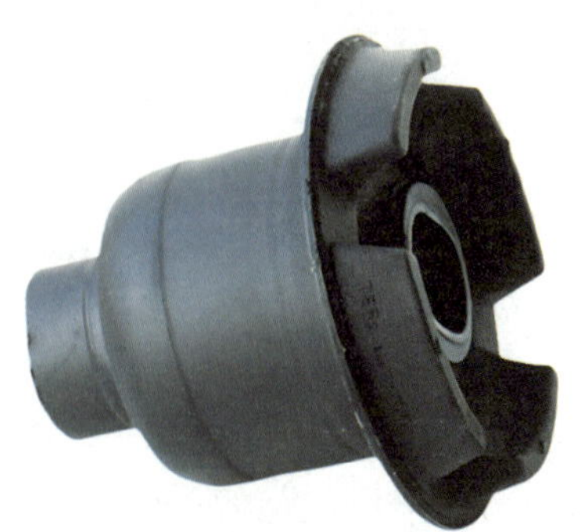

图 3-25　衬套

（5）检查车轮、传动轴等是否有明显变形。若是，则应进行矫正；若不是，则进行车轮动平衡检测和调整。

笔记

知识加油站

车轮动平衡检测

车轮动平衡检测需要在动平衡机（见图3-26）上进行，具体步骤如下。

（1）清除轮辋上的旧平衡块、轮胎上的异物等。

（2）将车轮安装在动平衡机上。

（3）将车轮的相关参数输入动平衡机中。

（4）按下确认键开始测量相关数据。

（5）用手慢慢转动车轮，根据动平衡机的显示确定平衡块的安装位置，并安装平衡块。

（6）重新进行车轮动平衡检测及调整，直至达到规定要求。

图 3-26　动平衡机

实践操作——调整车轮定位参数

1. 任务准备

准备迈腾 B8L 汽车、汽车维修专用工具、举升机、车轮定位卡具、四轮定位仪、车轮挡光板、传感器等。

调整车轮定位参数

2. 操作步骤

一迈腾 B8L 汽车出现了行驶跑偏的故障，维修人员对其进行诊断后，发现车轮定位参数有错误，应进行调整，具体步骤如下。

（1）安装车轮挡块，并举升车辆至一定高度，如图 3-27 所示。

（2）安装车轮定位卡具，如图 3-28 所示。

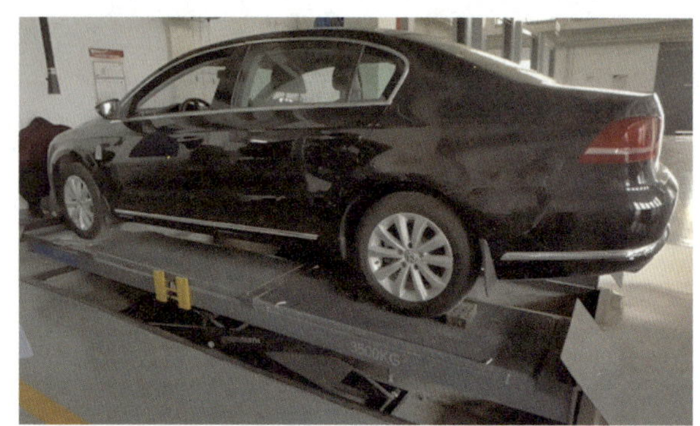

图 3-27　举升车辆至一定高度

图 3-28　安装车轮定位卡具

（3）安装车轮挡光板并将其调整至水平位置，如图 3-29 所示。

（4）安装左右两侧的传感器，如图 3-30 所示。

图 3-29　安装车轮挡光板并将其调整至水平位置

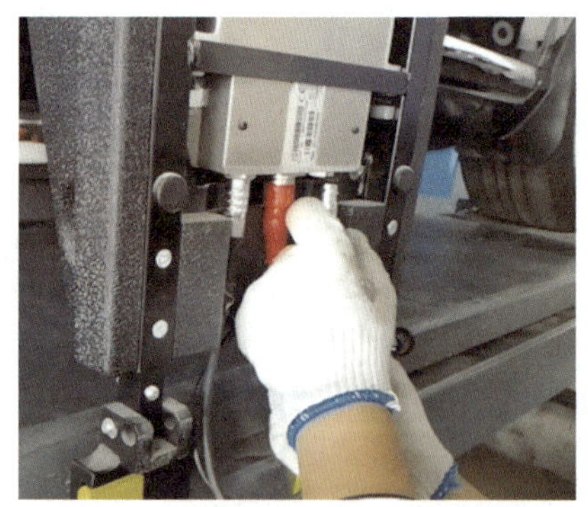

图 3-30　安装左右两侧的传感器

（5）打开电脑，进入四轮定位仪界面，如图 3-31 所示。

（6）前后推动车辆（见图 3-32），完成车轮补偿。

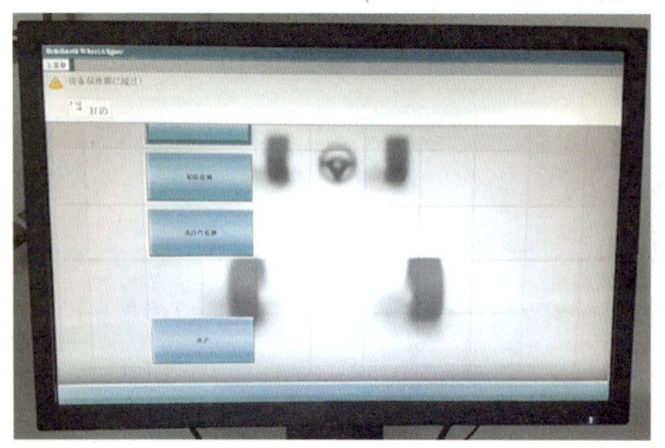

图 3-31　进入四轮定位仪界面

图 3-32　前后推动车辆

（7）松开左右两侧球头销锁止螺栓，并调整转向横拉杆，以调整前轮前束，如图 3-33 所示。

（8）调整相应偏心螺栓，以调整后轮定位参数，如图 3-34 所示。

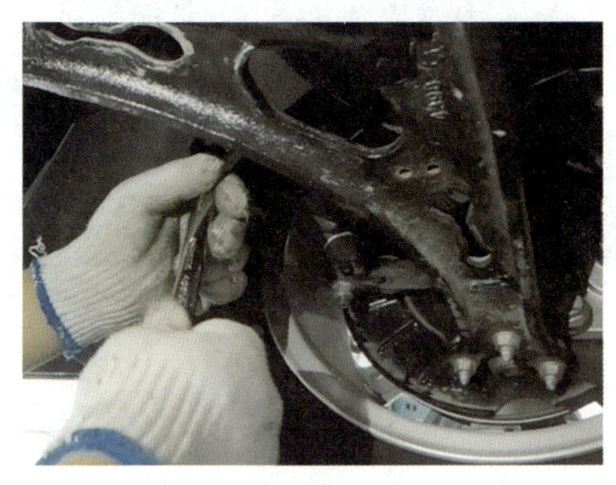

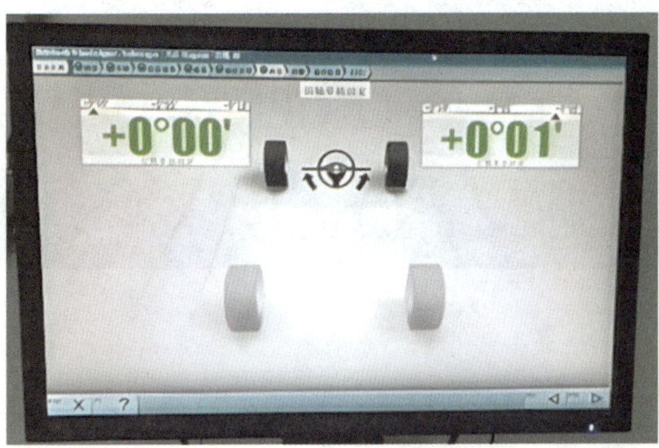

（a）松开左右两侧球头销锁止螺栓　　（b）调整后的结果

图 3-33　调整前轮前束

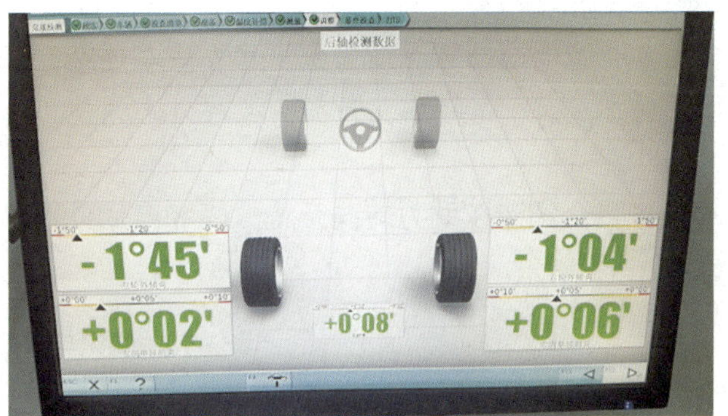

（a）调整相应偏心螺栓　　（b）调整后的结果

图 3-34　调整后轮定位参数

任务 3.3 转向系统故障诊断与维修

任务引入

小李是汽车维修厂的一名维修人员。一天，厂里来了一辆出现故障的汽车。车主反映，该车配备的是电动助力转向系统，它在汽车连续行驶半小时左右会失去助力，导致转向变得沉重。那么，对于该故障，应如何进行维修呢？

本任务将介绍液压助力转向系统故障和电动助力转向系统故障的诊断与维修，其知识与技能要求如表 3-14 所示。

表 3-14 知识与技能要求

任务内容	转向系统故障诊断与维修	学习程度		
		识记	理解	应用
学习任务	液压助力转向系统故障诊断与维修		●	
	电动助力转向系统故障诊断与维修		●	
实训任务	更换转向油泵			●
自我勉励				

任务工单——更换转向油泵

1. 学生分组

以 3～5 人为一组，选出组长并进行分工，将小组成员及分工情况填入表 3-15 中。

表 3-15　小组成员及分工情况

班级：　　　　　　　　组号：　　　　　　　　指导教师：

小组成员	姓名	学号	任务分工
组长			
组员			

2. 获取信息

在进行实际操作前，需要掌握转向系统故障诊断与维修的相关知识。请各组组长组织组员收集相关资料，回答下列问题。

引导问题 1：液压助力转向系统的故障原因有哪些？

引导问题 2：如何对电动助力转向系统进行故障诊断与维修？

3. 任务准备

在明确任务内容的情况下，根据实际情况，在表 3-16 中写出车辆信息及所需的工具、设备、资料等。

班级________ 姓名________ 学号________

表 3-16 车辆信息及所需的工具、设备、资料

车辆信息	车型	VIN 码	行驶里程
工具、设备、资料			

在进行实际操作前做好现场防护，并把现场防护措施填入表 3-17 中。

表 3-17 现场防护措施

个人防护	
设备安全防护	
场地安全防护	

4．任务实施

现有一辆汽车转向沉重，维修人员对其进行诊断后，发现转向油泵磨损，需要更换转向油泵。请补全更换转向油泵的任务点，拍摄每步的操作图片，并完成表 3-18。

表 3-18 操作步骤

序号	任务点	操作图片
1	排放转向油	
2	拆卸转向油泵的________________	
3	拆卸转向油泵的________	

续表

序号	任务点	操作图片
4	拆卸________	
5	拆卸转向油泵的________	
6	取下________	
7	安装新的转向油泵，以及油管、驱动皮带等，安装顺序为________________	
8	添加________至合适位置	
9	启动车辆，检查转向是否正常	

5. 考核评价

各组组长展示任务完成情况，并配合指导教师完成如表 3-19 所示的考核评价表。

表 3-19 考核评价表

<table>
<tr><th rowspan="2">项目名称</th><th rowspan="2" colspan="2">评价内容</th><th rowspan="2">分值 / 分</th><th colspan="3">评价分数 / 分</th></tr>
<tr><th>自评</th><th>互评</th><th>师评</th></tr>
<tr><td rowspan="6">职业素养考核项目（40%）</td><td colspan="2">穿戴规范、整洁</td><td>6</td><td></td><td></td><td></td></tr>
<tr><td colspan="2">安全意识、责任意识、服从意识强</td><td>6</td><td></td><td></td><td></td></tr>
<tr><td colspan="2">积极参加教学活动，按时完成任务工单</td><td>10</td><td></td><td></td><td></td></tr>
<tr><td colspan="2">团队合作、与人沟通能力强</td><td>6</td><td></td><td></td><td></td></tr>
<tr><td colspan="2">劳动纪律良好</td><td>6</td><td></td><td></td><td></td></tr>
<tr><td colspan="2">维修场地、设备等整洁</td><td>6</td><td></td><td></td><td></td></tr>
<tr><td rowspan="4">专业能力考核项目（60%）</td><td colspan="2">专业知识查找及时、准确</td><td>12</td><td></td><td></td><td></td></tr>
<tr><td colspan="2">操作符合规范</td><td>18</td><td></td><td></td><td></td></tr>
<tr><td colspan="2">操作熟练，工作效率高</td><td>12</td><td></td><td></td><td></td></tr>
<tr><td colspan="2">任务完成度高</td><td>18</td><td></td><td></td><td></td></tr>
<tr><td colspan="3">合计</td><td>100</td><td></td><td></td><td></td></tr>
<tr><td rowspan="2">总评</td><td rowspan="2">自评（20%）+ 互评（20%）+ 师评（60%）=
__________</td><td>综合等级</td><td rowspan="2" colspan="4">指导教师（签名）：__________</td></tr>
<tr><td></td></tr>
</table>

6. 课堂小结

____

____

____

____

____

____

____

____

____

相关知识

转向系统是指用来改变或保持汽车行驶方向的机构。按动力施加方式的不同，转向系统可分为机械转向系统和助力转向系统，目前常用的是助力转向系统。

助力转向系统又称动力转向系统，是指辅助驾驶员调整汽车行驶方向，减轻驾驶员在转动方向盘时所需力量的转向系统。常用的助力转向系统有液压助力转向系统和电动助力转向系统等。

3.3.1 液压助力转向系统故障

液压助力转向系统是指将发动机输出的部分机械能转化为液压能，以提供转向助力的助力转向系统，其由转向油罐、转向油泵、油管、转向操纵机构（包括转向盘、转向轴和转向管柱）、转向节、转向横拉杆、转向摇臂、转向器、转向直拉杆和转向减振器等组成，如图 3-35 所示。

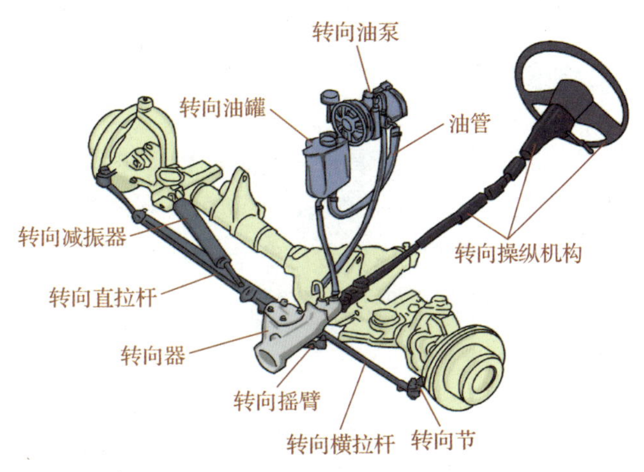

图 3-35 液压助力转向系统的组成

1. 故障现象

液压助力转向系统故障的现象主要有转向沉重、转向油泵处产生响声、左右转向轻重不同、转向轮跑偏或方向盘自转、转向轮晃动严重等。

2. 故障原因

（1）油液变质、被污染、有气泡等。

（2）油液不足。

（3）液压系统各部件管路连接处密封不良，有泄漏现象。

（4）转向油泵的驱动皮带过松或打滑。

（5）转向油泵内部磨损。

（6）转向器（见图 3-36）间隙过小、缺油等。

（7）转向横拉杆、转向节等出现弯曲变形。

图 3-36 转向器

3．故障诊断与维修

图 3-37　油液有气泡

（1）观察油液的颜色、清洁度，以及油液是否有气泡。若油液变质、被污染或有气泡（见图 3-37），则进行更换；若没有以上情况，则进行下一步操作。

（2）检查油量是否充足。若油量不足，则应进一步检查液压系统各部件管路连接处有无泄漏。若有，则应查找泄漏原因并排除，然后添加适量转向油；若没有，则直接添加适量转向油。若油量充足，则进行下一步操作。

（3）检查转向油泵的驱动皮带是否过松或打滑。若是，应更换或张紧驱动皮带；若不是，则进行下一步操作。

（4）检查转向油泵内部是否磨损或损坏。若是，则进行维修或更换；若不是，则进行下一步操作。

（5）一人转动转向盘，一人检查转向器是否有卡滞或异响。若有，则说明转向器存在间隙过小、缺油等故障，应拆下转向器并调整间隙、加润滑油或更换新的转向器；若没有，则进行下一步操作。

（6）检查转向横拉杆、转向节等是否出现弯曲变形。若出现弯曲变形，则应进行矫正或更换。

3.3.2　电动助力转向系统故障

电动助力转向系统是采用电子控制系统，并直接依靠电动机提供转向助力的助力转向系统，其由转矩传感器、车速传感器、电磁离合器、电子控制模块、电动机、减速机构等组成。在汽车行驶过程中，转矩传感器、车速传感器会向电子控制模块发送信号，电子控制模块接收到这些信号后，会进行计算处理，并据此发出指令，以控制辅助转向的大小和方向。

1．故障现象

电动助力转向系统故障的现象主要表现为转向沉重、转向异响、方向盘抖动、方向盘回正能力差、转向系统警告灯亮起等。

2．故障原因

（1）电池电压不稳定或电量不足。

（2）助力泵磨损或损坏。

（3）转向系统的各个连接部件（如转向管柱、转向横拉杆等）松动或损坏。

（4）转向系统中有空气。

（5）转向器活塞缸的油封密封性能下降或控制阀损坏。

（6）转向液压管路中存在异物。

（7）传感器故障。

（8）电子控制模块出现故障。

3．故障诊断与维修

（1）检查电池。若电池电压不稳定或电量不足，则更换电池或进行充电处理；若无异常，则进行下一步操作。

（2）检查助力泵。若助力泵磨损或损坏严重，则更换新的助力泵；若无异常，则进行下一步操作。

（3）检查转向系统的各个连接部件是否紧固可靠。若有松动，则进行紧固处理；若无异常，则进行下一步操作。

（4）对转向系统中的空气进行排气处理。若转向系统恢复正常工作，则说明转向系统中有空气；若没有恢复，则进行下一步操作。

（5）检查转向器活塞缸和控制阀。若转向器活塞缸的油封密封性能下降或控制阀损坏，则更换新的油封或控制阀；若无异常，则进行下一步操作。

（6）对转向液压管路进行细致检查。若有异物，则进行清除；若无异物，则使用故障诊断仪检查传感器和电子控制模块是否存在故障码，并根据故障码进行针对性的检查和维修。

笔记

实践操作——更换转向油泵

1. 任务准备

准备北京现代汽车、汽车维修专用工具、车外三件套、转向油、转向油泵等，并安装车外三件套。

更换转向油泵

2. 操作步骤

一北京现代汽车转向沉重，维修人员对其进行诊断后，发现转向油泵磨损，需要更换转向油泵，更换步骤如下。

（1）排放转向油，如图 3-38 所示。

（2）拆卸转向油泵的驱动皮带张紧螺栓，如图 3-39 所示。

图 3-38　排放转向油

图 3-39　拆卸转向油泵的驱动皮带张紧螺栓

（3）拆卸转向油泵的驱动皮带，如图 3-40 所示。

（4）拆卸油管，如图 3-41 所示。

（5）拆卸转向油泵的固定螺栓，如图 3-42 所示。

图 3-40　拆卸转向油泵的驱动皮带

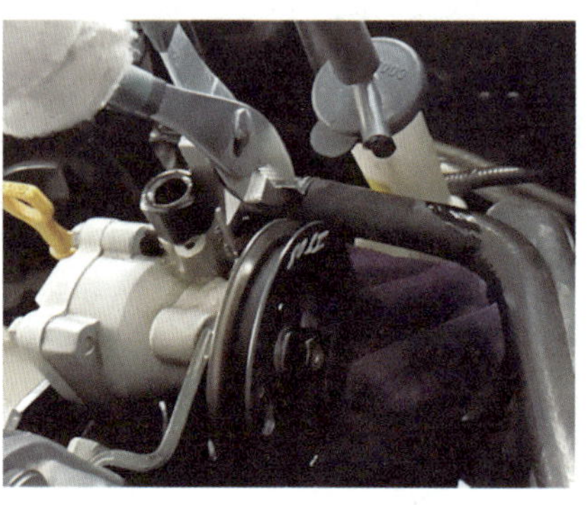

图 3-41　拆卸油管

图 3-42　拆卸转向油泵的固定螺栓

（6）取下转向油泵，如图 3-43 所示。

（7）安装新的转向油泵，以及油管、驱动皮带等，安装顺序与拆卸顺序相反，此处不再赘述。

（8）添加转向油至合适位置，如图 3-44 所示。

图 3-43　取下转向油泵

图 3-44　添加转向油至合适位置

（9）启动车辆进行检查，转向恢复正常。

笔记

任务 3.4　制动系统故障诊断与维修

任务引入

一天，小刘驾车出游时遭遇了一个突发状况。在行驶途中，他注意到车上的 ABS（防抱死制动系统）报警灯突然亮起，但当时并未给予足够重视。而当他尝试踩下制动踏板减速时，车辆发生了侧滑，险些与邻近车辆发生碰撞。为避免更大的危险，小刘将车辆驶至安全地带停车检查，发现车身虽未受损，但车轮处留下了明显的拖痕。随后，他前往附近的一家汽车维修店寻求帮助。维修人员经过仔细检查，诊断出车辆的 ABS 出现了故障。那么，针对这一情况，应如何进行故障诊断与维修呢？

本任务将介绍制动跑偏、制动不良、ABS 故障的诊断与维修，其知识与技能要求如表 3-20 所示。

表 3-20　知识与技能要求

任务内容	制动系统故障诊断与维修	学习程度		
		识记	理解	应用
学习任务	制动跑偏诊断与维修		●	
	制动不良诊断与维修		●	
	ABS 故障诊断与维修		●	
实训任务	ABS 故障诊断与维修			●
自我勉励				

任务工单——ABS故障诊断与维修

1. 学生分组

以 3～5 人为一组，选出组长并进行分工，将小组成员及分工情况填入表 3-21 中。

表 3-21 小组成员及分工情况

班级： 组号： 指导教师：

小组成员	姓名	学号	任务分工
组长			
组员			

2. 获取信息

在进行实际操作前，需要掌握制动系统故障诊断与维修的相关知识。请各组组长组织组员收集相关资料，回答下列问题。

引导问题 1：导致制动跑偏的原因有哪些？

引导问题 2：简述制动不良的诊断与维修流程。

引导问题 3：绘制 ABS 故障的诊断与维修流程图。

3. 任务准备

在明确任务内容的情况下，根据实际情况，在表 3-22 中写出车辆信息及所需的工具、设备、资料等。

表 3-22 车辆信息及所需的工具、设备、资料

车辆信息	车型	VIN 码	行驶里程
工具、设备、资料			

在进行实践操作前做好现场防护，并把现场防护措施填入表 3-23 中。

表 3-23 现场防护措施

个人防护	
设备安全防护	
场地安全防护	

4. 任务实施

1）观察并描述故障现象

2）故障诊断与维修

根据出现的故障现象进行故障诊断与维修，并将操作内容填入表 3-24 中。

表 3-24 操作步骤

序号	任务点	操作内容
1	连接故障诊断仪	连接过程：
2	读取故障码	无故障码（ ）/ 有故障码（ ） 故障码： 故障码说明：

续表

序号	任务点	操作内容
3	有故障码时，按故障码内容进行操作	可能故障原因：
		诊断步骤：
		诊断结果：
		维修步骤：
4	无故障码时，检查相关部件	相关部件：
		检查步骤：
		检查结果：
		维修步骤：

3）维修验证

检查车辆故障是否消除，并将验证结果填入表 3-25 中。

表 3-25　维修验证

序号	验证结果
1	故障点是否恢复正常：是 □，否 □
2	故障码是否清除：是 □，否 □
3	故障现象是否消失：是 □，否 □
4	车辆是否能够正常行驶：是 □，否 □

4）进行 5S 工作

对照表 3-26 进行 5S 工作，并把完成结果填入表中。

表 3-26　5S 工作

序号	完成结果
1	车内四件套是否取下：是 □，否 □
2	车外三件套是否取下：是 □，否 □
3	加长排气管是否取下：是 □，否 □
4	车轮挡块是否取下：是 □，否 □
5	地面是否清理干净：是 □，否 □

5．考核评价

各组组长展示任务完成情况，并配合指导教师完成如表 3-27 所示的考核评价表。

表 3-27 考核评价表

项目名称	评价内容	分值 / 分	评价分数 / 分		
			自评	互评	师评
职业素养考核项目（40%）	穿戴规范、整洁	6			
	安全意识、责任意识、服从意识强	6			
	积极参加教学活动，按时完成任务工单	10			
	团队合作、与人沟通能力强	6			
	劳动纪律良好	6			
	维修场地、设备等整洁	6			
专业能力考核项目（60%）	专业知识查找及时、准确	12			
	操作符合规范	18			
	操作熟练，工作效率高	12			
	任务完成度高	18			
合计		100			
总评	自评（20%）+ 互评（20%）+ 师评（60%）= ____________	综合等级	指导教师（签名）：________		

6．课堂小结

____

____

____

____

____

____

____

____

____

相关知识

制动系统能使正在行驶中的汽车减速或在短距离内停车。汽车常用的制动系统是以制动器为主要部件的液压制动系统。液压制动系统主要由储液罐、真空助力器、制动踏板、制动器（包括前轮制动器、后轮制动器）、制动油管和液压传动装置（包括制动主缸、制动轮缸）等组成，如图 3-45 所示。

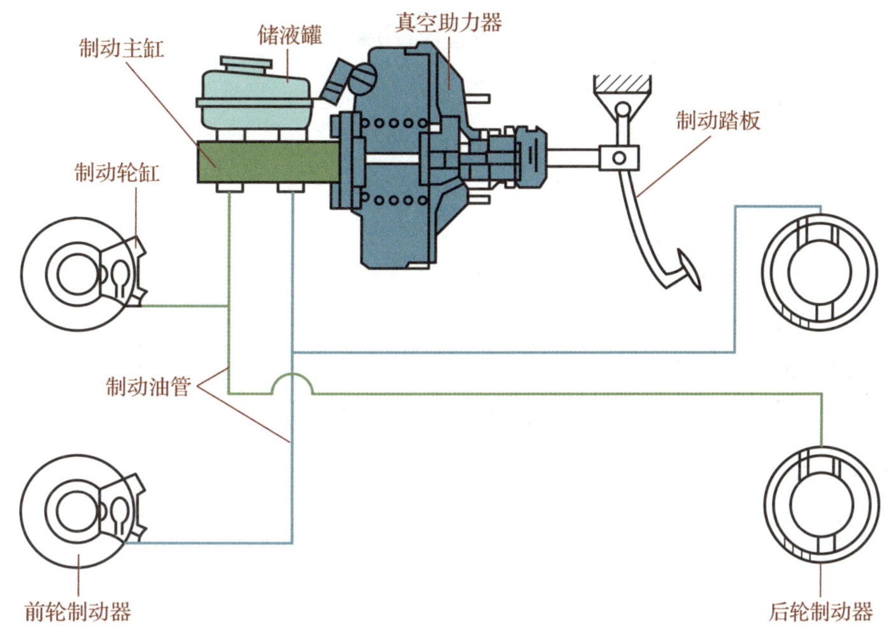

图 3-45　液压制动系统的组成

液压制动系统的传统制动方式容易引发汽车轮胎抱死的问题，进而导致爆胎、侧滑、甩尾等事故的发生。为了解决传统制动系统中轮胎抱死的难题，人们研发出了 ABS。

下面主要介绍液压制动系统故障和 ABS 故障，其中液压制动系统故障包括制动跑偏和制动不良。

3.4.1　制动跑偏

1．故障现象

汽车制动时，行驶方向发生偏斜，甚至在紧急制动时出现掉头或甩尾的现象。

2．故障原因

制动跑偏大多是由同轴两侧车轮受力不等或制动生效时间不一致引起的，主要有以下原因。

（1）一侧的制动油管漏油、凹瘪，使两侧制动器的摩擦系数不等，引起制动力矩不同，进而导致制动时车速不同，制动跑偏。

（2）两侧制动器的制动间隙不等，使汽车在制动时一侧制动器摩擦片与制动鼓先进行接触并制动，另一侧因制动间隙大而制动落后，最终造成制动跑偏。

知识加油站

制动器的制动间隙是指制动器摩擦片与制动鼓的间隙。制动器工作一段时间后，制动器摩擦片会发生磨损，导致制动间隙变大，进而造成制动时间延长，影响制动效果。

（3）一侧制动油管进入空气或发生堵塞，导致汽车制动时车轮自动向另一侧转弯而跑偏。

汽车论坛

除以上故障原因外，汽车行驶跑偏也会造成制动跑偏，想一想这是什么原理。

3．故障诊断与维修

（1）找出故障车轮。进行路试，在汽车行驶过程中制动，查看汽车制动跑偏方向和轮胎在路面上的拖痕情况。汽车跑偏方向与制动性能出现故障的车轮方向相反，且该车轮的拖痕短或没有拖痕。

（2）检查故障车轮制动油管是否漏油、凹瘪。若是，则进行更换；若不是，则进行下一步操作。

（3）检查故障车轮制动器的制动间隙是否符合技术标准。若不符合技术标准，应予以调整。

（4）若上述情况均正常，则排出制动油管内的空气。若空气排出后，故障仍然存在，则应按汽车行驶跑偏故障进行诊断与维修。

3.4.2 制动不良

1．故障现象

紧急制动时，汽车不能立即减速和停车，制动距离太长。连续制动时，制动系统也无明显减速作用。

2．故障原因

（1）制动液不足或变质。

（2）制动踏板自由行程过大。

（3）制动器的制动间隙过大。

（4）制动系统内有空气。

（5）制动器摩擦片磨损严重，如图 3-46 所示。

（6）制动油管漏油或堵塞。

图 3-46　制动器摩擦片磨损严重

3．故障诊断与维修

（1）观察制动液是否充足，颜色是否清澈。若制动液不足或颜色发黑，则补充或更换制动液；若正常，则进行下一步操作。

（2）踩下制动踏板，观察其行程是否过大。若行程过大，则可能是制动踏板自由行程过大或制动器的制动间隙过大，应进行调整；若踩下制动踏板后感觉软绵绵的，则可能是制动系统内有空气，应进行排气操作，通常通过反复踩下和抬起制动踏板，使制动液在系统中循环，以排出空气；若无异常，则进行下一步操作。

（3）抬起制动踏板，观察制动器是否回位迅速。若回位缓慢或不回位，可能是制动器存在问题，应检查制动器摩擦片是否磨损严重，若磨损严重，则应及时更换；若无异常，则进行下一步操作。

（4）检查制动油管是否漏油或堵塞，若是，则进行相应的修复或更换。

3.4.3 ABS故障

ABS 是一种自动、安全的控制系统，目前已经成为汽车的标准配置。它能够在汽车制动（特别是紧急制动）时，自动控制制动器制动力的大小，使车轮处于将抱死但未抱死的临界状态（边滚边滑），从而防止汽车在制动过程中，出现侧滑、调头、甩尾等失控情况，并提高汽车的操纵稳定性。

ABS 由普通的制动系统和防止车轮抱死的电子控制系统构成，其中电子控制系统由轮速传感器、ABS 电子控制单元、制动压力调节器及 ABS 报警灯等组成，如图 3-47 所示。

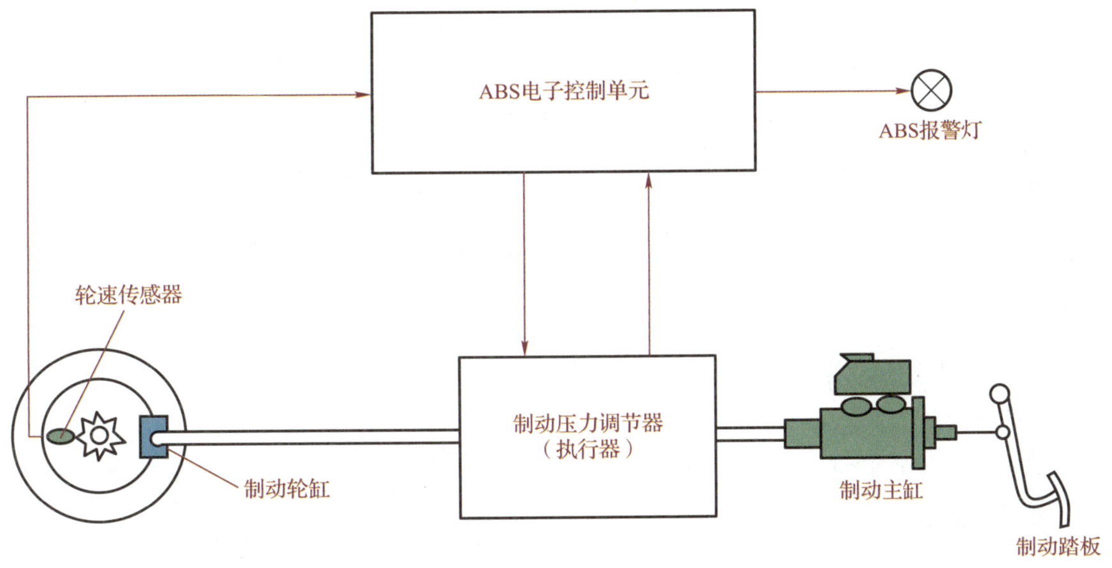

图 3-47　电子控制系统的组成

1. 故障现象

装有 ABS 的汽车制动时，轮胎与地面应有压痕而不是拖痕。当 ABS 出现故障，汽车以 30～40 km/h 的速度行驶并制动时，轮胎与地面将有拖痕。此外，制动报警灯和 ABS 报警灯将持续点亮或闪烁。

2. 故障原因

ABS 的故障原因可能是普通的制动系统或电子控制系统出现故障。

3. 故障诊断与维修

虽然不同的车型所装的 ABS 型号不同，其故障诊断与维修的具体方法、流程也不尽相同，但是可以归纳出 ABS 故障诊断与维修的一般流程，如图 3-48 所示。

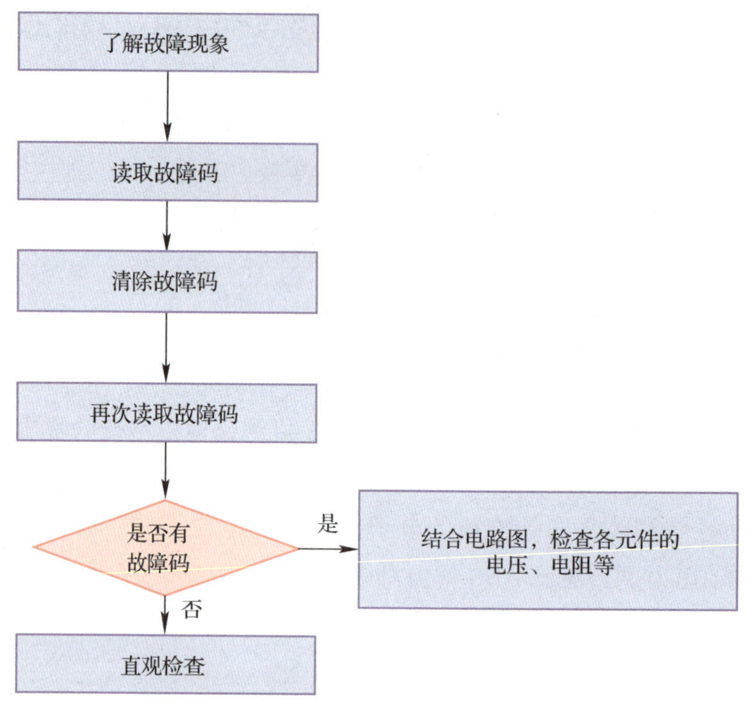

图 3-48　ABS 故障诊断与维修的一般流程

（1）了解故障现象。向车主了解故障发生的条件、时机，以及 ABS 经历过哪些维修。

（2）连接故障诊断仪，读取故障码。

（3）清除故障码。清除故障码是为了排除历史故障码，这些历史故障码多是一些偶然发生的或排除故障后未清除的故障码。

（4）再次读取故障码。若有故障码，则结合电路图，利用万用表、示波器等设备检查各元件的电压、电阻等；若没有故障码，则进行下一步操作。

（5）直观检查。检查制动液的液位是否正常，管路各接头是否渗漏，导线、插线器连接是否可靠，保险丝是否可靠，蓄电池电压是否正常等，若不正常，则进行维修。

笔记

实践操作——ABS故障诊断与维修

1．任务准备

ABS 故障诊断与维修

（1）准备迈腾 B8L 汽车、车轮挡块、加长排气管、车内四件套、车外三件套、故障诊断仪、万用表等。

（2）安装车轮挡块、加长排气管、车内四件套、车外三件套等，然后进入车内，降下车窗。

2．观察并描述故障现象

打开点火开关，仪表盘上的 ABS 报警灯点亮，如图 3-49 所示。

图 3-49　仪表盘上的 ABS 报警灯点亮

3．故障诊断与维修

（1）插入蓝牙接线盒，安装故障诊断仪，读取故障码，如图 3-50 所示。

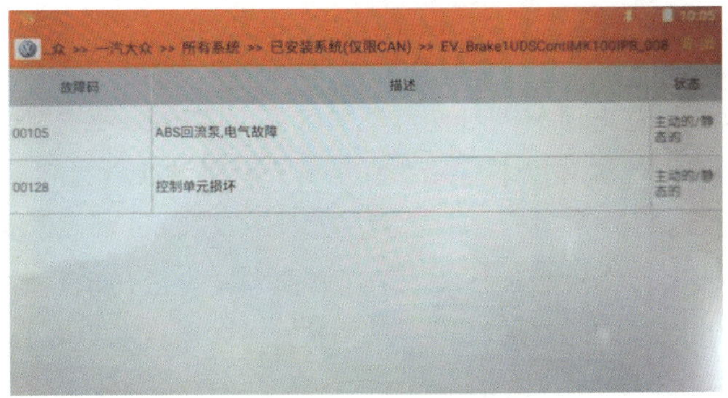

故障码	描述	状态
00105	ABS回流泵,电气故障	主动的/静态的
00128	控制单元损坏	主动的/静态的

图 3-50　读取故障码

（2）打开保险盒盖，拔下 ABS 供电保险丝，如图 3-51 所示。

（3）将万用表的测量挡位调至欧姆挡并校零，用万用表测量 ABS 供电保险丝的电阻，结果为无穷大，如图 3-52 所示。

图 3-51 拔下 ABS 供电保险丝

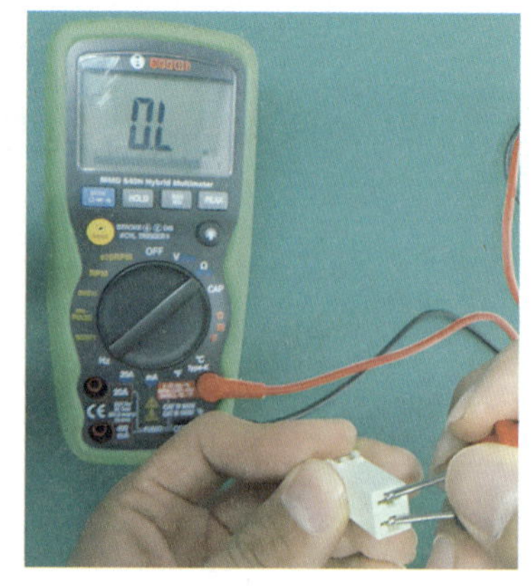

图 3-52 用万用表测量 ABS 供电保险丝的电阻

（4）诊断结果为 ABS 供电保险丝断路，应更换新的 ABS 供电保险丝。

4．维修验证

（1）打开点火开关，仪表盘上的 ABS 报警灯未点亮。

（2）清除故障码，再次读取故障码，无故障码，表明故障已排除。

5．进行 5S 工作

盖上保险盒盖，拔下故障诊断仪，取下车内四件套、车外三件套、加长排气管、车轮挡块，清理地面等。

模范先锋

周时莹：让中国制造不断创造“旗迹”

在中国第一汽车集团有限公司（以下简称中国一汽）的一众男性高管中，43 岁的周时莹这一抹“巾帼红”颇为耀眼。她是中国一汽研发总院 HIS 平台 CEO，也是业内知名研发女强人。自 2009 年博士毕业进入中国一汽工作以来，她在自主研发的道路上踩足“油门”，带领中国一汽在自动驾驶的新浪潮中勇立潮头。

写代码、画图纸、无缝切换的电话会议，是周时莹每日忙碌的工作写照，十几年如一日。儿时的周时莹成长于中国一汽厂区，满眼都是父亲、中国一汽原技术中心基础部部长周学文忙碌的身影。彼时的周时莹或许不会想到，她有一天会成为一名“汽车钢铁女侠”。

2009 年周时莹入职刚成立的一汽技术中心汽车电子部，便暗暗下定决心，要努力为国产汽车注入更多科技基因，推动民族汽车品牌不断向上跃迁。当时正值中国一汽启动“红旗复兴”项目不久，周时莹在领导的鼓励下，选择了汽车与计算机结合最紧密的仿真测试方向，肩负起“汽车电子大脑+神经中枢”——电子电气架构的自主开发任务。她的这个抉择，不经意间为中国一汽迎战自动驾驶按下启动键。

很长一段时间，在大家心目中，红旗品牌是公务车。随着经济发展，个人购车消费迅速增量提档，红旗品牌不断挺进民用车市场。高端技术的引领，是维系并提升“红旗”品牌力的核心。这些年来，从承担并完成L3级自动驾驶EE架构系统开发，到赋能红旗HS5在国内首次实现百兆以太网通信和全车OTA远程下载，再到建立自主信息安全攻防体系，成功实现国密算法在汽车行业的首次应用……周时莹带领团队先后攻克了红旗H7、奔腾B30等9个车型项目的测试难题，成为保障一汽电子电气系统质量和可靠性的中坚力量，也让她所在的研发团队一举斩获“红旗高级轿车系列产品自主研发与技术创新”中国汽车工业科技进步特等奖。

2023年1月，红旗宣布全部投入新能源领域，推动所有车型电动化，制订三年冲击100万销量的新目标，其中新能源将贡献半壁江山。据周时莹介绍，其工作重点为整车软硬件集成架构、自动驾驶和座舱网联。她的设想是把传统汽车改造成移动的智能手机，打造人车交互的流畅体验界面。“上架300+项用户功能，同时开放300个整车软件接口，供用户和软件开发者灵活定义，开放车与外界交互迭代的接口。”周时莹预计2023—2025年，该平台将交付成功，通过在智能网联和软件能力上的提升，在激烈竞争中稳稳托住红旗矩阵，推动品牌势能向上。

在不懈攀登的路上，周时莹取得了一项又一项突破性成果，先后获得全国“最美职工”、全国巾帼建功标兵、全国五一劳动奖章等多项荣誉，享受国务院政府特殊津贴。

从国车，到接地气的国民车，再到高端智能网联汽车，红旗的发展与时代共同“狂飙”。“红旗在不断求新求变，因为我和我的团队在不断向前奔跑，与红旗的发展同频共振、齐头并进。”作为新时代工匠，周时莹这位“汽车研发女神”仍在自主创新之路上披荆斩棘，续写着新的传奇。

（资料来源：韩玉红，《周时莹：让中国制造不断创造“旗迹”》，
吉林日报，2024年5月5日，有改动）

项目考核

1. 填空题

（1）传动系统是指汽车发动机与驱动轮之间的动力传递装置，主要由________________、变速器、万向传动装置和驱动桥等组成。

（2）行驶系统常出现的故障有轮胎异常磨损、________________、行驶不平顺等。

（3）常用的助力转向系统有____________________和电动助力转向系统等。

（4）液压制动系统主要由__________________、真空助力器、制动踏板、制动器、______________和液压传动装置等组成。

（5）ABS 由普通的制动系统和防止车轮抱死的电子控制系统构成，其中电子控制系统由________、ABS 电子控制单元、制动压力调节器及 ABS 报警灯等组成。

2. 简答题

（1）离合器打滑的故障现象有哪些？

（2）自动变速器换挡冲击大的故障原因是什么？

（3）如何对驱动桥漏油进行故障诊断与维修？

（4）行驶不平顺的故障原因有哪些？

（5）如何对液压助力转向系统故障进行诊断与维修？

（6）ABS 故障的原因有哪些？

项目 4 汽车电气系统故障诊断与维修

项目导读

汽车不仅有人们经常看见的机械结构（如发动机、变速箱、离合器、悬架等），还有十分重要的电气系统。如果说汽车有生命，那么电气系统就是其身上的“中枢神经系统”。一旦电气系统出现问题，汽车的正常运行和安全保障必然会受到影响。如何在第一时间精准地找到故障位置并进行维修，是汽车行业必须面对的问题。

本项目主要介绍电源系统，照明、信号与仪表系统，空调系统，辅助电气系统的故障诊断与维修。

知识目标

1. 了解汽车电气系统常见故障现象。
2. 掌握汽车电气系统常见故障的原因。
3. 掌握汽车电气系统常见故障诊断与维修的基本方法。

技能目标

1. 能够正确诊断出汽车电气系统常见故障的原因。
2. 能够正确维修汽车电气系统的常见故障。

素质目标

1. 养成无私奉献的工作作风。
2. 培养诚实守信、精益求精的工匠精神。

任务 4.1 电源系统故障诊断与维修

任务引入

春天来临，小李打算驾车出去踏青。在他刚打开点火开关时，发现充电指示灯点亮了，但他没有在意，还是驾车出行了。开了一会儿后，小李想起来没有带水，于是去附近的商店买水。就在他买水回来时，却发现启动机无法启动了。小李没办法，只好打电话给 4S 店请求救援。4S 店的维修人员检查后，发现是发电机不发电了。经过维修人员的诊断与维修，汽车的故障消失了。那么，维修人员是如何进行诊断与维修的呢？

本任务将介绍发电机不发电、发电机异响、充电电流过大的诊断与维修，其知识与技能要求如表 4-1 所示。

表 4-1　知识与技能要求

任务内容	电源系统故障诊断与维修	学习程度		
		识记	理解	应用
学习任务	发电机不发电诊断与维修		●	
	发电机异响诊断与维修		●	
	充电电流过大诊断与维修		●	
实训任务	发电机不发电诊断与维修			●
自我勉励				

任务工单——发电机不发电诊断与维修

1. 学生分组

以 3～5 人为一组，选出组长并进行分工，将小组成员及分工情况填入表 4-2 中。

表 4-2　小组成员及分工情况

班级：　　　　　　　　　　　　组号：　　　　　　　　　　　　指导教师：

小组成员	姓名	学号	任务分工
组长			
组员			

2. 获取信息

在进行实际操作前，需要掌握电源系统故障诊断与维修的相关知识。请各组组长组织组员收集相关资料，回答下列问题。

引导问题 1：电源系统能为汽车用电设备提供__________，由__________、__________、__________、__________等连接而成。

引导问题 2：导致发电机不发电的原因有哪些？

引导问题 3：简述发电机异响的诊断与维修流程。

3. 任务准备

在明确任务内容的情况下，根据实际情况，在表 4-3 中写出车辆信息及所需的工具、设备、资料等。

表 4-3 车辆信息及所需的工具、设备、资料

车辆信息	车型	VIN 码	行驶里程
工具、设备、资料			

在进行实际操作前做好现场防护，并把现场防护措施填入表 4-4 中。

表 4-4 现场防护措施

个人防护	
设备安全防护	
场地安全防护	

4. 任务实施

1）观察并描述故障现象

2）故障诊断与维修

根据出现的故障现象进行故障诊断与维修，并将操作内容填入表 4-5 中。

表 4-5 操作步骤

序号	任务点	操作内容
1	用万用表测量蓄电池的静态和动态电压	检查步骤： 检查结果： 维修步骤：
2	用万用表测量发电机保险丝输入、输出端的搭铁电压	检查步骤： 检查结果： 维修步骤：

续表

序号	任务点	操作内容
3	检查发电机的传动带是否脱落	检查步骤： 检查结果： 维修步骤：
4	检查电压调节器的励磁线圈是否有电	检查步骤： 检查结果： 维修步骤：
5	检查连接发电机的电压调节器接线柱的导线是否有电	检查步骤： 检查结果： 维修步骤：
6	拆卸并检查发电机内部元件	检查步骤： 检查结果： 维修步骤：

3）维修验证

检查车辆故障是否消除，并把验证结果填入表 4-6 中。

表 4-6　维修验证

序号	验证结果
1	充电指示灯是否点亮：是 □，否 □
2	仪表盘显示是否正常：是 □，否 □

4）进行 5S 工作

对照表 4-7 进行 5S 工作，并把完成结果填入表中。

表 4-7　5S 工作

序号	完成结果
1	车内四件套是否取下：是 □，否 □
2	车外三件套是否取下：是 □，否 □
3	加长排气管是否取下：是 □，否 □

续表

序号	完成结果
4	车轮挡块是否取下：是 □，否 □
5	地面是否清理干净：是 □，否 □

5. 考核评价

各组组长展示任务完成情况，并配合指导教师完成如表 4-8 所示的考核评价表。

表 4-8 考核评价表

项目名称	评价内容		分值 / 分	评价分数 / 分		
				自评	互评	师评
职业素养考核项目（40%）	穿戴规范、整洁		6			
	安全意识、责任意识、服从意识强		6			
	积极参加教学活动，按时完成任务工单		10			
	团队合作、与人沟通能力强		6			
	劳动纪律良好		6			
	维修场地、设备等整洁		6			
专业能力考核项目（60%）	专业知识查找及时、准确		12			
	操作符合规范		18			
	操作熟练，工作效率高		12			
	任务完成度高		18			
合计			100			
总评	自评（20%）+ 互评（20%）+ 师评（60%）= ____________	综合等级	指导教师（签名）：________			

6. 课堂小结

____

____

____

____

____

____

____

相关知识

电源系统能为汽车用电设备提供直流电源，由蓄电池、发电机、电压调节器等组成，如图 4-1 所示。

（a）蓄电池

（b）发电机

（c）电压调节器

图 4-1　电源系统

蓄电池和发电机是并联工作的。在发动机启动过程中，蓄电池向启动机供电，进而启动发动机。当发动机正常工作时，发动机将通过传动带驱动发电机旋转，使发电机向用电设备供电，并为蓄电池充电。在此过程中，电压调节器可以调节发电机的输出电压，以满足用电设备及蓄电池充电电压恒定的要求，防止因电压起伏过大而烧毁用电设备和蓄电池。

电源系统在工作时常出现发电机不发电、发电机异响、充电电流过大等故障。

4.1.1　发电机不发电

1．故障现象

发电机不发电时，前期表现为打开点火开关时充电指示灯点亮（见图 4-2），电流表显示错误，如总是显示发电、示数过大等；后期表现为蓄电池严重亏电、启动机无法工作等。

图 4-2　充电指示灯点亮

2．故障原因

（1）发电机保险丝断开。

（2）发电机的传动带脱落，使发电机不能接收发动机传来的动力，进而使发电机不能运转。

（3）电压调节器故障，或电压调节器与发电机间的线路断开，使发电机输出电压无法调节，导致发电机无法为蓄电池充电。

（4）发电机的整流二极管被击穿，导致发电机无法工作。

（5）发电机的励磁线圈或电刷被卡住，导致发电机因缺少磁场而不能发电。

3. 故障诊断与维修

用万用表测量蓄电池的静态和动态电压，若动态电压小于静态电压，则说明发电机不向蓄电池充电，应进行以下操作。

（1）用万用表测量发电机保险丝输入、输出端的搭铁电压。若输入端搭铁电压正常，输出端搭铁电压为 0 V，则说明发电机保险丝断开，应予以更换；若搭铁电压正常，则进行下一步操作。

（2）检查发电机的传动带是否脱落。若脱落，则应更换传动带；若没有脱落，则进行下一步操作。

（3）检查电压调节器的励磁线圈是否有电。若无电，则说明电压调节器出现故障，应予以更换；若有电，则进行下一步操作。

（4）检查连接发电机的电压调节器接线柱的导线是否有电。若无电，则说明电压调节器与发电机间的线路断开，应拧紧接线柱或更换导线；若有电，则说明故障发生在发电机内部，应进行下一步操作。

（5）拆卸并检查发电机内部元件。停车后，用纸隔开分电器的断电触点，观察电流表示数是否在 6 A 以上。若是，则说明发电机的整流二极管被击穿，应更换整流二极管；若不是，且打开点火开关后电流表指针指在零附近，则说明发电机的励磁线圈或电刷被卡住，应对其进行检查并维修。

4.1.2　发电机异响

1. 故障现象

发电机发出连续或断续的异响，如“哗哗”“吱吱”的声音。

2. 故障原因

（1）发电机的传动带老化，如图 4-3 所示。传动带是橡胶材质，老化后会变硬变脆，导致摩擦力下降，不能很好地传递动力，进而发出异响。发电机运行一会儿后，传动带会因摩擦生热而软化，使声音消失。

图 4-3　发电机的传动带老化

（2）发电机的带轮与轴的配合松旷，使带轮与风扇碰撞，发出异响。

（3）发电机的轴承损坏、被卡住、松旷、缺油，轴承钢球保护架脱落等。

（4）发电机的转子与定子相碰，即“扫膛”，发出异响。

（5）发电机的电刷磨损过大，使电刷在电刷架内倾斜摆动，发出异响。

（6）发电机安装时部件安装不到位，使发电机倾斜或其转轴弯曲，产生碰撞而发出异响。

3. 故障诊断与维修

（1）听异响，判断异响是否断续出现。若是，则说明发电机的传动带老化，应更换传动带；若不是，则进行下一步操作。

（2）检查发电机的带轮与轴的配合是否松旷。若是，则应紧固螺栓；若不是，则进行下一步操作。

（3）用听诊器探听发电机的轴承部位。若有不规则的清脆响声，则说明轴承缺少润滑脂或滚珠已损坏，应添加适量润滑脂或更换轴承；若无特殊响声，则进行下一步操作。

（4）测量发电机外壳的温度。若温度偏高，则说明发电机的定子与转子相碰，应拆开发电机，维修定子与转子；若温度正常，则进行下一步操作。

（5）拆下发电机的电刷，观察并检测其磨损是否过大。若是，则予以更换；若不是，则检查发电机内部构件的配合及润滑情况，并按技术要求进行调整。

知行合一

某维修厂的实习生小张第一天上岗就跟着维修师傅学习。这天，维修师傅接了一辆发电机出现异响的汽车，对其进行检查后发现发电机的传动带老化，需要更换。当小张去取新的传动带时，维修师傅却示意他不要拿新的，去仓库里取一个七成新的就行。小张不解，维修师傅告诉他，这位车主常来修车，而且一直没有回收旧件的习惯，所以都给他换维修厂收来的七成新的零件，给厂里省点钱。

小张听后大为震惊，他说：“这难道不是在损害消费者的合法权益吗？上学时老师就反复强调，做人做事都要讲诚信，可这么做，不但违背了诚信的原则，还有可能给车主带来安全隐患。”维修师傅告诉他，不止他们一家维修厂这么做，没什么好奇怪的。小张无法接受这种行为，第二天便辞职了。

小张坚守以诚待人的原则，谨记老师的教诲，只有像小张这样严于律己、诚实守信的人越来越多，维修行业才能健康发展、节节攀升。

4.1.3 充电电流过大

1. 故障现象

（1）在蓄电池不亏电的情况下，电流表显示的充电电流在 10 A 以上。汽车行驶 2～3 h 后电流表始终显示 5 A。

（2）蓄电池的电解液消耗过快，需要经常添加。

（3）照明灯泡、分电器触点经常烧损。

（4）点火线圈或发电机过热。

2. 故障原因

（1）蓄电池严重亏电或内部短路。

（2）电压调节器的低速触点黏结、高速触点脏污、触点接触不良、搭铁电阻过高，使励磁线圈不能及时短路。

（3）电压调节器的励磁线圈或温度补偿电阻断路。

（4）电压调节器的三极管断路，不能有效截止，使发电机电压过高。

知识加油站

电压调节器是自动调节发电机输出电压的装置，它由铁芯、励磁线圈、触点（包括低速触点和高速触点）、三极管和附加电阻（如温度补偿电阻）等组成。电压调节器的励磁线圈与发电机输出电路并联，其电压等于发电机的电压。

3. 故障诊断与维修

（1）用万用表测量发电机的电压。将红表笔连接发电机“B”接线柱，黑表笔搭铁，逐渐提高发动机的转速，测量发电机的电压。

① 若发电机的电压偏低、电流表显示的充电电流过大，则说明蓄电池严重亏电或内部短路，应更换蓄电池。

② 若发电机的电压偏高，则说明电压调节器出现故障，应进行下一步操作。

（2）人为闭合发电机的高速触点，观察发电机电压的变化。若发电机的电压下降，则说明电压调节器的三极管、励磁线圈、温度补偿电阻断路，应予以更换；若发电机的电压不下降，则说明电压调节器的高速触点氧化、脏污，导致励磁线圈不能及时短路，应更换电压调节器的高速触点。

笔记

实践操作——发电机不发电诊断与维修

1．任务准备

（1）准备迈腾 B8L 汽车、车轮挡块、加长排气管、车内四件套、车外三件套、万用表等。

（2）安装车轮挡块、加长排气管、车内四件套、车外三件套等，然后进入车内，降下车窗。

发电机不发电诊断与维修

2．观察并描述故障现象

打开点火开关，仪表盘上的充电指示灯点亮，如图 4-4 所示。

图 4-4　仪表盘上的充电指示灯点亮

3．故障诊断与维修

（1）用万用表测量蓄电池的静态电压，结果为 12.20 V，如图 4-5 所示。

（2）启动车辆，用万用表测量蓄电池的动态电压，结果为 12.09 V，如图 4-6 所示。

图 4-5　用万用表测量蓄电池的静态电压

图 4-6　用万用表测量蓄电池的动态电压

（3）蓄电池的动态电压小于静态电压，说明发电机不向蓄电池充电。

（4）打开保险盒盖，找到 SA2 保险丝。

（5）用万用表测量 SA2 保险丝输入端电压，结果为 12.34 V，如图 4-7 所示。

（6）用万用表测量 SA2 保险丝输出端电压，结果为 0 V，如图 4-8 所示。

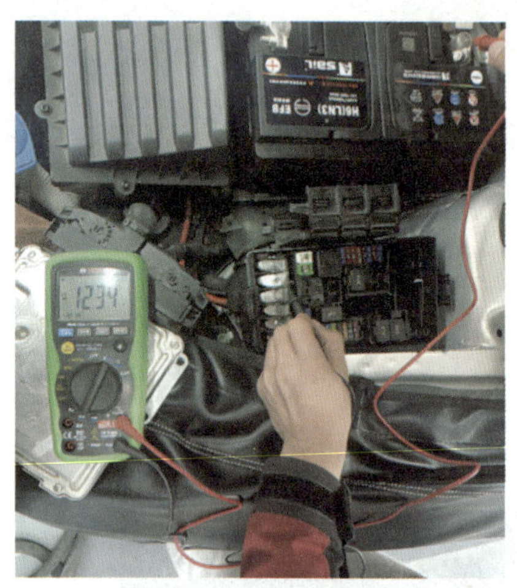

图 4-7　用万用表测量 SA2 保险丝输入端电压

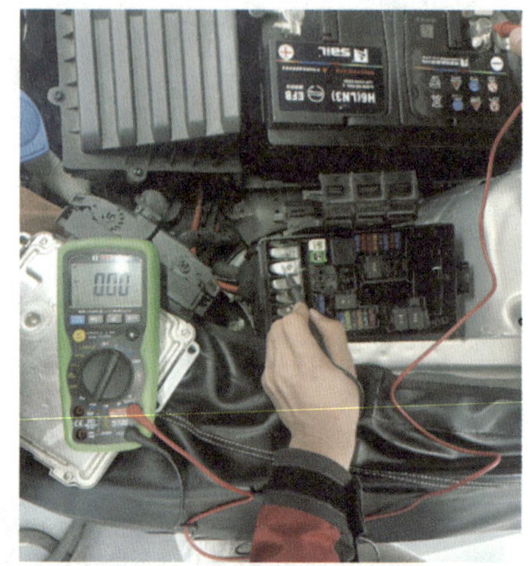

图 4-8　用万用表测量 SA2 保险丝输出端电压

（7）SA2 保险丝输入端电压正常，且输出端电压为 0 V，说明 SA2 保险丝断开，应更换 SA2 保险丝。

（8）取下保险盒的前部盖板，如图 4-9 所示。

（9）断开蓄电池负极电缆，如图 4-10 所示。

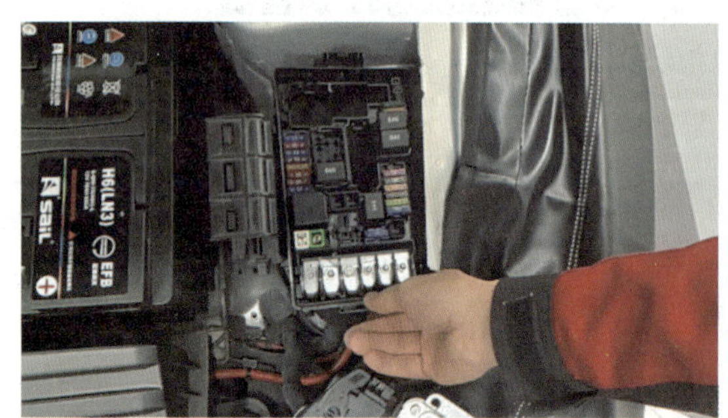

图 4-9　取下保险盒的前部盖板

图 4-10　断开蓄电池负极电缆

（10）拆卸 SA2 保险丝，如图 4-11 所示。

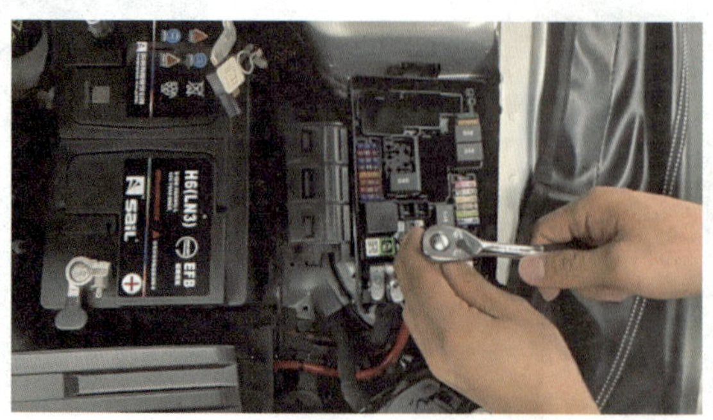

图 4-11　拆卸 SA2 保险丝

（11）安装新的 SA2 保险丝，安上保险盒的前部盖板，并连接蓄电池负极电缆。

4．维修验证

再次启动车辆，仪表盘上的充电指示灯未点亮，显示正常。

5．进行 5S 工作

盖上保险盒盖，取下车内四件套、车外三件套、加长排气管、车轮挡块，清理地面等。

任务 4.2 照明、信号与仪表系统故障诊断与维修

任务引入

小张是一名出租车司机。某天，他像往常一样载着乘客去往目的地。这位乘客赶着去火车站，比较着急，但是前面的车开得又比较慢。这时小张按喇叭按钮想要提醒前方车辆自己要超车。但是小张按下喇叭按钮后，喇叭却没有发出声响。小张无奈，只好找到合适的时机再超车。小张将乘客送到火车站后，便将车辆送去维修了。那么，维修人员该如何进行诊断与维修呢？

本任务将介绍照明系统故障、信号系统故障、仪表系统故障的诊断与维修，其知识与技能要求如表 4-9 所示。

表 4-9 知识与技能要求

任务内容	照明、信号与仪表系统故障诊断与维修	学习程度		
		识记	理解	应用
学习任务	照明系统故障诊断与维修		●	
	信号系统故障诊断与维修		●	
	仪表系统故障诊断与维修		●	
实训任务	喇叭故障诊断与维修			●
自我勉励				

班级＿＿＿＿＿＿ 姓名＿＿＿＿＿＿ 学号＿＿＿＿＿＿

任务工单——喇叭故障诊断与维修

1．学生分组

以 3～5 人为一组，选出组长并进行分工，将小组成员及分工情况填入表 4-10 中。

表 4-10　小组成员及分工情况

班级：　　　　　　　　组号：　　　　　　　　指导教师：

小组成员	姓名	学号	任务分工
组长			
组员			

2．获取信息

在进行实际操作前，需要掌握照明、信号与仪表系统故障诊断与维修的相关知识。请各组组长组织组员收集相关资料，回答下列问题。

引导问题 1：照明系统主要用于＿＿＿＿＿＿＿＿＿＿等，其由＿＿＿＿＿＿、＿＿＿＿＿＿、＿＿＿＿＿＿、＿＿＿＿＿＿等组成。

引导问题 2：用试灯法怎样进行照明系统的故障诊断？

引导问题 3：导致转向灯出现故障的原因有哪些？

引导问题 4：简述仪表系统的故障诊断与维修流程。

3. 任务准备

在明确任务内容的情况下，根据实际情况，在表 4-11 中写出车辆信息及所需的工具、设备、资料等。

表 4-11 车辆信息及所需的工具、设备、资料

车辆信息	车型	VIN 码	行驶里程
工具、设备、资料			

在进行实际操作前做好现场防护，并把现场防护措施填入表 4-12 中。

表 4-12 现场防护措施

个人防护	
设备安全防护	
场地安全防护	

4. 任务实施

1）观察并描述故障现象

2）故障诊断与维修

根据出现的故障现象进行故障诊断与维修，并将操作内容填入表 4-13 中。

表 4-13 操作步骤

序号	任务点	操作内容
1	连接故障诊断仪	连接过程：
2	读取故障码	无故障码（ ）/ 有故障码（ ） 故障码： 故障码说明：

续表

序号	任务点	操作内容
3	有故障码时，按故障码内容进行操作	可能故障原因：
		诊断步骤：
		诊断结果：
		维修步骤：
4	无故障码时，检查相关部件	相关部件：
		检查步骤：
		检查结果：
		维修步骤：

3）维修验证

检查车辆故障是否消除，并把验证结果填入表 4-14。

表 4-14 维修验证

序号	验证结果
1	故障点是否恢复正常：是 □，否 □
2	故障码是否清除：是 □，否 □
3	故障现象是否消失：是 □，否 □
4	车辆是否能够正常行驶：是 □，否 □

4）进行 5S 工作

对照表 4-15 进行 5S 工作，并把完成结果填入表中。

表 4-15 5S 工作

序号	完成结果
1	车内四件套是否取下：是 □，否 □
2	车外三件套是否取下：是 □，否 □
3	加长排气管是否取下：是 □，否 □
4	车轮挡块是否取下：是 □，否 □
5	地面是否清理干净：是 □，否 □

5. 考核评价

各组组长展示任务完成情况，并配合指导教师完成如表 4-16 所示的考核评价表。

表 4-16　考核评价表

<table>
<tr><th rowspan="2">项目名称</th><th rowspan="2">评价内容</th><th rowspan="2">分值 / 分</th><th colspan="3">评价分数 / 分</th></tr>
<tr><th>自评</th><th>互评</th><th>师评</th></tr>
<tr><td rowspan="6">职业素养考核项目（40%）</td><td>穿戴规范、整洁</td><td>6</td><td></td><td></td><td></td></tr>
<tr><td>安全意识、责任意识、服从意识强</td><td>6</td><td></td><td></td><td></td></tr>
<tr><td>积极参加教学活动，按时完成任务工单</td><td>10</td><td></td><td></td><td></td></tr>
<tr><td>团队合作、与人沟通能力强</td><td>6</td><td></td><td></td><td></td></tr>
<tr><td>劳动纪律良好</td><td>6</td><td></td><td></td><td></td></tr>
<tr><td>维修场地、设备等整洁</td><td>6</td><td></td><td></td><td></td></tr>
<tr><td rowspan="4">专业能力考核项目（60%）</td><td>专业知识查找及时、准确</td><td>12</td><td></td><td></td><td></td></tr>
<tr><td>操作符合规范</td><td>18</td><td></td><td></td><td></td></tr>
<tr><td>操作熟练，工作效率高</td><td>12</td><td></td><td></td><td></td></tr>
<tr><td>任务完成度高</td><td>18</td><td></td><td></td><td></td></tr>
<tr><td colspan="2">合计</td><td>100</td><td></td><td></td><td></td></tr>
<tr><td>总评</td><td>自评（20%）+ 互评（20%）+ 师评（60%）= ____________</td><td>综合等级</td><td colspan="3">指导教师（签名）：__________</td></tr>
</table>

6. 课堂小结

____

____

____

____

____

____

____

____

____

相关知识

4.2.1 照明系统故障

照明系统主要用于夜间行车照明、车内照明、仪表照明和检修照明等，其由照明设备、电源、线路、控制开关等组成。其中，照明设备主要包括前照灯（见图 4-12）、雾灯（见图 4-13）、仪表灯、顶灯和示宽灯等。

图 4-12 前照灯

图 4-13 雾灯

前照灯包括远光灯和近光灯，是重要的照明设备，是夜间行车的主要光源，直接影响行车的安全性和可靠性。然而，前照灯较易发生故障，如前照灯都不亮、单侧前照灯不亮。

1. 前照灯都不亮

1）故障现象

当打开前照灯时，远光灯和近光灯都不亮。

2）故障原因

（1）电源功率短暂过大，造成线路保险丝烧断。

（2）电源线脱落或松动，造成断路。

（3）线路连接处接触不良或控制开关损坏等。

3）故障诊断与维修

首先检查控制开关（见图 4-14）是否出现问题，然后检查灯丝是否正常，最后检查线路连接处是否接触不良或控制开关是否损坏。若出现问题，则更换损坏部件或维修线路。

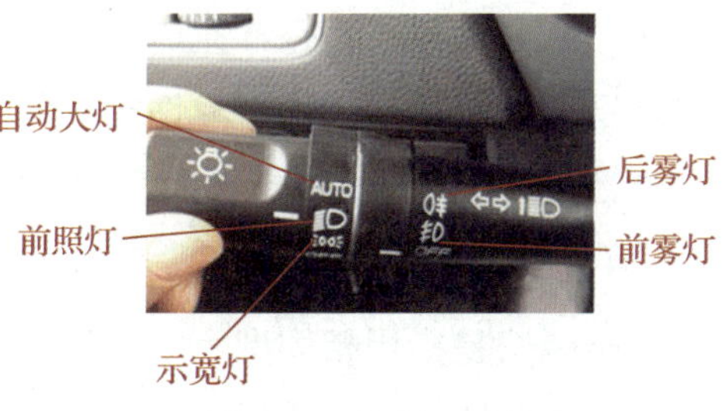

图 4-14 控制开关

2. 单侧前照灯不亮

1）故障现象

（1）单侧前照灯的远光灯和近光灯中有一个不亮。

（2）单侧前照灯的远光灯和近光灯都不亮。

2）故障原因

（1）蓄电池损坏，使得电量不足，造成电气系统的电压偏低。

（2）前照灯灯罩玻璃过脏造成灯光无法外射。

（3）灯丝锈蚀使电阻增大，进而造成部分灯丝升华。

3）故障诊断与维修

对于单侧前照灯不亮的故障，应根据不同的故障现象进行诊断与维修。

（1）若单侧前照灯的远光灯和近光灯中有一个不亮，则首先检查不亮前照灯的灯丝是否熔断或接触不良，即用新的前照灯替换不亮的前照灯：若新的前照灯点亮，则说明不亮前照灯的灯丝熔断或接触不良；若仍然不亮，则说明线路出现故障，应维修线路。

（2）若单侧前照灯的远光灯和近光灯都不亮，则这种情况最有可能是因为前照灯灯罩玻璃过脏或灯丝的电阻过高，应清洁前照灯灯罩玻璃或更换前照灯。

3．照明系统常用的故障诊断与维修方法

照明系统常用的故障诊断与维修方法有直观法、试灯法、比较法、万用表法等。

1）直观法

直观法是指在汽车的照明系统出现问题后，不借助任何工具，对其外观进行观察，凭借经验确定问题出现的地方的方法。例如，看灯丝是否熔断，闻是否有烧焦味，看是否有火花出现等。

2）试灯法

试灯法是比较常用的一种故障诊断方法，它通常使用二极管试灯（见图 4-15），来检测线路是否带电、是否存在断路、是否存在信号等，具体检测方法如下。

图 4-15　二极管试灯

（1）检测线路是否带电：将二极管试灯的一端接地，另一端与被测线路相连，看二极管试灯是否点亮。若二极管试灯点亮，则说明被测线路有电；若二极管试灯没有点亮，则说明被测线路无电。

（2）检测线路是否存在断路：在确保线路通电的情况下，使用二极管试灯分别检测线路的不同点，若二极管试灯在某一点处点亮，而在另一点处不点亮，则说明这两点间的线路断开。

（3）检测线路是否存在信号：将二极管试灯的一端接地，另一端与被测信号线路相连，观察二极管试灯是否按照预期的规律闪烁或点亮，若二极管试灯有规律地闪烁或点亮，则说明线路有信号通过；若二极管试灯静止或闪烁无规律，则说明信号线路或其相关部件存在故障。

3）比较法

比较法是指用相同型号的配件替换可能有问题的配件的方法。若替换之后照明系统正常工作，则说明该配件出现故障；若替换之后故障依然存在，则说明该部件无故障。

4）万用表法

万用表法是指使用万用表测量可能出现故障部位的电阻，看该电阻是否处于正常范围内，进而来确定其是否存在问题的方法。

4.2.2 信号系统故障

信号系统主要通过光、声信号等向环境发出有关车辆运行状态的信息，以保证行车安全。信号系统发出的信号主要有转向信号、危险警报信号、制动信号、倒车信号、喇叭信号等，这些信号都是驾驶员根据道路交通情况向其他车辆或行人发出的，带有较强的随机性，一般只由自身开关控制。

信号系统常见的故障有转向灯故障、制动灯故障、喇叭故障等。

1. 转向灯故障

1）故障现象

转向灯（见图 4-16）故障主要表现为转向灯闪光频率不正常、转向灯不亮等。

2）故障原因

造成不同故障现象的故障原因不同，具体故障原因如下。

（1）转向灯闪光频率不正常的原因有转向灯线路松脱、左右转向灯功率不同。

（2）转向灯不亮的原因有保险丝熔断、闪光器（见图 4-17）工作不良、转向灯开关损坏、转向灯损坏等。

图 4-16　转向灯

图 4-17　闪光器

3）故障诊断与维修

（1）若转向灯闪光频率不正常，则按以下步骤进行故障诊断与维修。

① 检查闪光器、转向开关、转向灯的搭铁端子是否松脱。若是，则对其进行紧固；若不是，则进行下一步操作。

② 检查转向灯的功率是否符合要求。若不是，则更换符合要求的转向灯；若是，则可能是闪光器的参数设置不符合要求，应调整闪光器的参数设置。

（2）若转向灯不亮，则按以下步骤进行故障诊断与维修。

① 检查转向灯的保险丝是否熔断。若是，则更换新的保险丝；若不是，则进行下一步操作。

② 检查闪光器。拔下闪光器，用导线连接电源与闪光器 L 端子，打开转向灯开关。若无论将转向灯开关置于何种位置，转向灯都亮，则说明闪光器工作不良，应更换闪光器；若转向灯正常亮起，则进行下一步操作。

③ 用万用表检测闪光器 L 端子与左右转向灯间的线路是否导通。若不导通，则说明转向开关损坏，应进行修复或更换；若导通，则说明转向灯损坏，应更换转向灯。

2. 制动灯故障

制动灯（见图 4-18）安装在汽车尾部两侧，其作用是发出制动信号，向后方车辆传达制动信息，表明本车正在减速或停车，以防止与后方车辆发生碰撞。

图 4-18　制动灯

1）故障现象

制动灯故障主要表现为制动灯只亮一个、制动灯都不亮、制动灯常亮等现象。

2）故障原因

（1）制动灯只亮一个的原因可能是制动灯损坏、搭铁端子松脱等。

（2）制动灯都不亮的原因除了以上几点，还可能是保险丝熔断、制动灯开关失效等。

（3）制动灯常亮的原因可能是制动灯开关调整不当或损坏。

3）故障诊断与维修

（1）观察故障现象：若制动灯只亮一个，则进行步骤（2）至步骤（3）；若制动灯都不亮，则进行步骤（2）至步骤（5）；若制动灯常亮，则进行步骤（6）。

（2）检查制动灯，若制动灯损坏，则更换新的制动灯。

（3）检查搭铁端子，若搭铁端子松脱，则将其紧固。

（4）检查保险丝，若保险丝熔断，则更换新的保险丝。

（5）踩下制动踏板，用万用表测量制动灯开关的导通情况，若不导通，则更换制动灯开关。

（6）在未踩下制动踏板时，用万用表测量制动灯开关的导通情况，若导通，则调整或更换制动灯开关。

3. 喇叭故障

喇叭（见图 4-19）是发出汽车音响信号的装置，它允许驾驶员在行车过程中，根据实际需求及交通规则，通过按压喇叭按钮来发出声响，从而吸引行人和其他车辆的注意，确保道路交通的安全与顺畅。

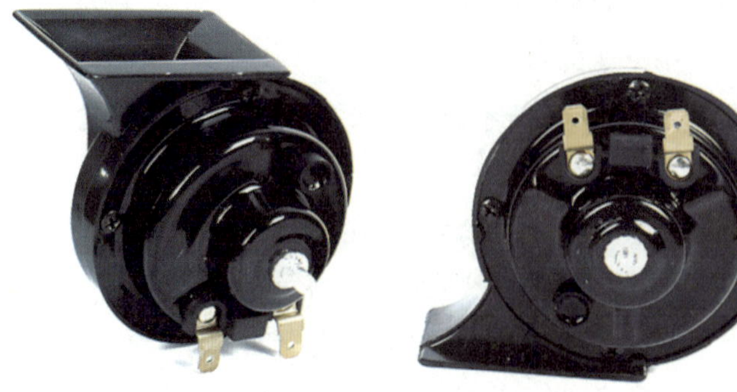
图 4-19　喇叭

1）故障现象

喇叭故障主要表现为喇叭不响、喇叭长鸣、喇叭声音不正常等。

2）故障原因

（1）喇叭的线路断开。

（2）喇叭继电器损坏。

（3）喇叭按钮损坏。

（4）保险丝熔断。

（5）喇叭损坏。

（6）电容、灭弧电阻损坏。

3）故障诊断与维修

若喇叭出现故障，则可以借助螺丝刀、导线等进行诊断与维修，即直观法；也可以借助故障诊断仪、万用表等仪器进行诊断与维修，即仪器法。

（1）直观法。

① 检查喇叭的线路是否有电。用螺丝刀在喇叭继电器的蓄电池正极接线柱上划擦，看是否有火花出现。若没有，则说明喇叭的线路无电，应逐点检查并维修线路；若有，则进行下一步操作。

② 用导线将喇叭继电器的蓄电池和喇叭接线柱短接，听喇叭是否有声音。若有，则说明喇叭继电器或喇叭按钮出现故障，进行步骤③；若没有，则说明保险丝或喇叭自身损坏，进行步骤④。

③ 用导线将喇叭继电器的喇叭按钮接线柱搭铁，听喇叭是否有声音。若有，则说明喇叭按钮损坏，应予以更换；若没有，则说明喇叭继电器损坏，应予以更换。

④ 检查保险丝是否熔断。若是，则更换保险丝；若不是，则进行下一步操作。

⑤ 拆下喇叭外壳，按下喇叭按钮，观察喇叭触点是否能打开。若不能，则进行调整；若能，则说明电容或灭弧电阻损坏，应予以更换。

（2）仪器法。

首先连接故障诊断仪，读取故障码，看是否有故障码。若有故障码，则根据故障码内容，使用万用表等测量相应部件或线路的电阻、电压等，并维修有问题的部件或线路；若没有故障码，则可能是喇叭、喇叭按钮等损坏，应予以检查并更换。

4.2.3 仪表系统故障

仪表系统可以用来监测汽车各系统的工作状况。仪表系统通常包括车速里程表、冷却液温度表、燃油表、警告灯、指示灯等，它们都集成在仪表盘上，如图 4-20 所示。仪表系统显示的大部分信息来自传感器，传感器根据被监测对象的状态变化，向仪表系统传递信息，使仪表盘呈现不同的显示。

图 4-20 仪表盘

1．故障现象

（1）仪表指针异常。

（2）警告灯不亮或常亮。

（3）显示数据异常。

2．故障原因

（1）传感器故障：各仪表对应的传感器可能出现问题，导致数据传输错误或中断。

（2）传输线路故障：连接传感器与仪表盘的线路可能出现断路、短路或接触不良。

（3）仪表系统本身故障：仪表盘内部的电子元件损坏或失效。

（4）电源故障：仪表系统的电源可能不稳定或供电不足，导致仪表无法正常工作。

3．故障诊断与维修

（1）拆下传感器并检查其是否损坏或老化。若是，则进行更换；若不是，则进行下一步操作。

（2）使用电压表和欧姆表对传输线路进行连通性和电阻值检测。若断路、短路或接触不良，则修复或更换相应的线路；若正常，则进行下一步操作。

（3）使用示波器、信号发生器等工具检查仪表盘内部的电子元件是否损坏或失效。若是，则进行更换；若不是，则检查电源是否故障，并进行相应的维修。

笔记

实践操作——喇叭故障诊断与维修

1．任务准备

喇叭故障诊断与维修

（1）准备迈腾 B8L 汽车、车轮挡块、加长排气管、车内四件套、车外三件套、故障诊断仪等。

（2）安装车轮挡块、加长排气管、车内四件套、车外三件套等，然后进入车内，降下车窗。

2. 观察并描述故障现象

将车辆上电，按喇叭按钮后，喇叭不响。

3. 故障诊断与维修

（1）插入蓝牙接线盒，安装故障诊断仪，读取故障码，如图 4-21 所示。

（2）打开保险盒盖，拔下喇叭继电器，如图 4-22 所示。

图 4-21　读取故障码

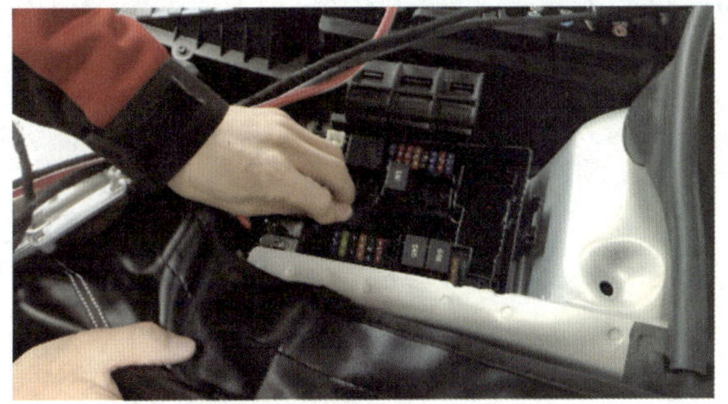

图 4-22　拔下喇叭继电器

（3）将万用表的测量挡位调至欧姆挡并校零，测量喇叭继电器的线圈电阻，结果为无穷大，如图 4-23 所示。

图 4-23　测量喇叭继电器的线圈电阻

（4）诊断结果为喇叭继电器断路，应更换新的喇叭继电器。

4. 维修验证

（1）再次启动车辆，按喇叭按钮后，喇叭发出响声。

（2）清除故障码，再次读取故障码，无故障码，表明故障已排除。

5. 进行 5S 工作

盖上保险盒盖，拔下故障诊断仪，取下车内四件套、车外三件套、加长排气管、车轮挡块，清理地面等。

任务 4.3 空调系统故障诊断与维修

任务引入

某天，小刚坐朋友的汽车去自驾游。因为天气炎热，小刚让朋友打开车内的空调。朋友便打开了空调开关。过了一会儿后，车里温度并没有降低。朋友用手感受空调出风口处风的温度，发现温度还是常温，并没有降低。自驾游回来后，小刚的朋友便将汽车送去维修。那么，如何对空调系统故障进行诊断与维修呢？

本任务将介绍制冷系统故障、制热系统故障的诊断与维修，其知识与技能要求如表 4-17 所示。

表 4-17 知识与技能要求

任务内容	空调系统故障诊断与维修	学习程度		
		识记	理解	应用
学习任务	制冷系统故障诊断与维修		●	
	制热系统故障诊断与维修		●	
实训任务	制冷系统故障诊断与维修			●
自我勉励				

班级____________ 姓名____________ 学号____________

任务工单——制冷系统故障诊断与维修

1．学生分组

以 3～5 人为一组，选出组长并进行分工，将小组成员及分工情况填入表 4-18 中。

表 4-18 小组成员及分工情况

班级： 组号： 指导教师：

小组成员	姓名	学号	任务分工
组长			
组员			

2．获取信息

在进行实际操作前，需要掌握空调系统故障诊断与维修的相关知识。请各组组长组织组员收集相关资料，回答下列问题。

引导问题 1：汽车空调系统是指________________________________的系统，其主要包括________________和________________。

引导问题 2：导致制冷系统出现故障的原因有哪些？

引导问题 3：简述制热系统的故障诊断与维修流程。

3. 任务准备

在明确任务内容的情况下，根据实际情况，在表4-19中写出车辆信息及所需的工具、设备、资料等。

表4-19 车辆信息及所需的工具、设备、资料

车辆信息	车型	VIN 码	行驶里程
工具、设备、资料			

在进入实际操作前做好现场防护，并把现场防护措施填入表4-20中。

表4-20 现场防护措施

个人防护	
设备安全防护	
场地安全防护	

4. 任务实施

1）观察并描述故障现象

2）故障诊断与维修

根据出现的故障现象进行故障诊断与维修，并将操作内容填入表4-21中。

表4-21 操作步骤

序号	任务点	操作内容
1	连接故障诊断仪	连接过程：
2	读取故障码	无故障码（ ）/有故障码（ ） 故障码： 故障码说明：

续表

序号	任务点	操作内容
3	有故障码时，按故障码内容进行操作	可能故障原因：
		诊断步骤：
		诊断结果：
		维修步骤：
4	无故障码时，检查相关部件	相关部件：
		检查步骤：
		检查结果：
		维修步骤：

3）维修验证

检查车辆故障是否消除，并把验证结果填入表 4-22 中。

表 4-22 维修验证

序号	验证结果
1	故障点是否恢复正常：是 □，否 □
2	故障码是否清除：是 □，否 □
3	故障现象是否消失：是 □，否 □
4	车辆是否能够正常行驶：是 □，否 □

4）进行 5S 工作

对照表 4-23 进行 5S 工作，并把完成结果填入表中。

表 4-23 5S 工作

序号	完成结果
1	车内四件套是否取下：是 □，否 □
2	车外三件套是否取下：是 □，否 □
3	加长排气管是否取下：是 □，否 □
4	车轮挡块是否取下：是 □，否 □
5	地面是否清理干净：是 □，否 □

5．考核评价

各组组长展示任务完成情况，并配合指导教师完成如表 4-24 所示的考核评价表。

表 4-24　考核评价表

<table>
<tr><th rowspan="2">项目名称</th><th rowspan="2">评价内容</th><th rowspan="2">分值 / 分</th><th colspan="3">评价分数 / 分</th></tr>
<tr><th>自评</th><th>互评</th><th>师评</th></tr>
<tr><td rowspan="6">职业素养考核项目（40%）</td><td>穿戴规范、整洁</td><td>6</td><td></td><td></td><td></td></tr>
<tr><td>安全意识、责任意识、服从意识强</td><td>6</td><td></td><td></td><td></td></tr>
<tr><td>积极参加教学活动，按时完成任务工单</td><td>10</td><td></td><td></td><td></td></tr>
<tr><td>团队合作、与人沟通能力强</td><td>6</td><td></td><td></td><td></td></tr>
<tr><td>劳动纪律良好</td><td>6</td><td></td><td></td><td></td></tr>
<tr><td>维修场地、设备等整洁</td><td>6</td><td></td><td></td><td></td></tr>
<tr><td rowspan="4">专业能力考核项目（60%）</td><td>专业知识查找及时、准确</td><td>12</td><td></td><td></td><td></td></tr>
<tr><td>操作符合规范</td><td>18</td><td></td><td></td><td></td></tr>
<tr><td>操作熟练，工作效率高</td><td>12</td><td></td><td></td><td></td></tr>
<tr><td>任务完成度高</td><td>18</td><td></td><td></td><td></td></tr>
<tr><td colspan="2">合计</td><td>100</td><td></td><td></td><td></td></tr>
<tr><td>总评</td><td>自评（20%）+ 互评（20%）+ 师评（60%）=
__________</td><td>综合等级

</td><td colspan="3">指导教师（签名）：__________</td></tr>
</table>

6．课堂小结

____

____

____

____

____

____

____

____

____

相关知识

汽车空调系统是指能对车内空气进行调节的系统，其主要包括制冷系统和制热系统。制冷系统由空调压缩机、冷凝器、储液干燥器、连接管路、蒸发器（在鼓风机处，图中未标出）、膨胀阀（在鼓风机处，图中未标出）等组成，如图 4-24 所示。制热系统由加热器水泵、加热器、加热器芯、鼓风机、热风管道等组成。制冷系统和制热系统常出现故障，下面对此进行介绍。

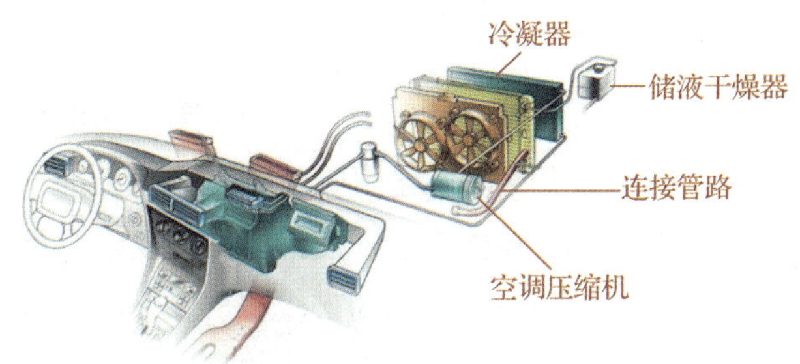

图 4-24　制冷系统的组成

4.3.1　制冷系统故障

制冷系统常出现不制冷或制冷不足的故障。

1. 故障现象

（1）若启动发动机、打开空调开关和鼓风机开关、将温度设置得较低，空调系统的出风口无冷风吹出，则故障为制冷系统不制冷。

（2）若启动发动机、打开空调开关和鼓风机开关、将温度设置得较低，长时间后，车内温度并没有达到设置的温度，则故障为制冷不足。

2. 故障原因

1）不制冷的原因

（1）空调压缩机没有运行，可能原因有空调压缩机本身故障、线路故障或空调压缩机的驱动带（见图 4-25）断裂。

图 4-25　空调压缩机的驱动带

（2）储液干燥器、膨胀阀等堵塞，使制冷剂无法循环，导致制冷系统不制冷。

（3）膨胀阀损坏，使其内部液体流失，造成膨胀阀上方压力为零，阀针在弹簧力的作用下将阀孔关闭，使制冷剂无法流向蒸发器，导致制冷系统不制冷。

（4）制冷剂全部泄漏，导致制冷系统不制冷。

2）制冷不足的原因

（1）制冷剂不足，使从膨胀阀进入蒸发器的制冷剂减少，导致蒸发器在制冷剂蒸发时吸收的热量减少，进而引起制冷不足。

（2）制冷剂注入量过多，使制冷系统的散热效果不好，进而影响制冷效果。

（3）制冷剂中混入空气，使膨胀阀喷出的制冷剂减少，导致制冷能力下降。

（4）空调压缩机漏气，使排气量减少，导致制冷不足。

（5）空调压缩机的驱动带松弛，工作时打滑，传动效率低，导致制冷不足。

（6）冷凝器、蒸发器等出现故障，导致制冷不足。

3．故障诊断与维修

当制冷系统出现故障时，可用直观法和仪器法进行诊断与维修。

1）直观法

直观法是指按看、听、摸的顺序进行故障诊断与维修。

（1）看——用眼睛来观察整个空调系统。

首先，从储液干燥器的液视镜（见图 4-26）看制冷剂的流动状况。若流动的制冷剂中有大量气泡，则说明制冷剂不足，应补充适量制冷剂；若制冷剂透明，则说明制冷剂加注过量，应缓慢放出部分制冷剂；若看到偶尔有少量气泡，则说明制冷剂适量。

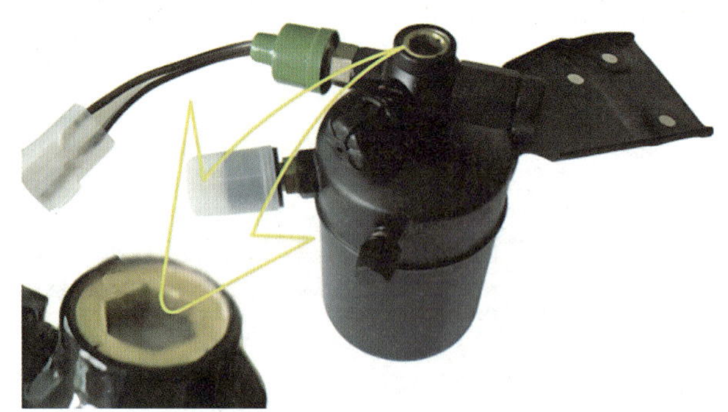

图 4-26　储液干燥器的液视镜

其次，看制冷系统中各部件与连接管路上是否有泄漏痕迹。若有泄漏痕迹，且泄漏的制冷剂中常夹有冷冻机油，则说明泄漏痕迹处的连接不可靠，应将该处连接螺母拧紧或更换密封胶圈，以杜绝慢性泄漏。

最后，看冷凝器是否被杂物封住，散热器翅片是否倾斜变形。若有此现象，则应将冷凝器表面清理干净，将散热器翅片修正。

（2）听——用耳朵听运转的空调系统有无异常声音。

首先，听空调压缩机的离合器是否有刺耳噪声。若有，则故障原因多为离合器的磁力线圈老化或空调压缩机的驱动带松弛，应更换离合器或紧固驱动带。

其次，听空调压缩机在运转中是否有液击声。若有，则说明制冷剂过多或膨胀阀开度过大，应缓慢释放制冷剂至适量，或调整膨胀阀至合适开度。

（3）摸——在无温度计的情况下用手触摸空调系统的温度。

首先，用手触摸空调压缩机出口、冷凝器、储液干燥器、膨胀阀入口，感受其温度。若某一部位特别热，则说明此处有堵塞，应进行清理。

其次，用手触摸膨胀阀出口、蒸发器、空调压缩机入口，感受其温度，比较两次触摸部位的温度是否有明显差别。若没有，则说明制冷剂不足，应添加适量制冷剂。

2）仪器法

除了采用直观法进行诊断与维修，还可采用检漏仪、故障诊断仪、万用表、示波器、温度计等进行诊断与维修。

（1）用检漏仪（见图 4-27）检测制冷系统各接头处是否泄漏。

（2）用故障诊断仪读取故障码，并万用表或示波器检查空调系统的线路，可用万用表逐点测量电阻或用示波器测量电压波形等，以判断断路和短路情况。

（3）用温度计测量储液干燥器的表面温度。若储液干燥器的上下温度不一致，则说明储液干燥器堵塞，应对其进行清理。

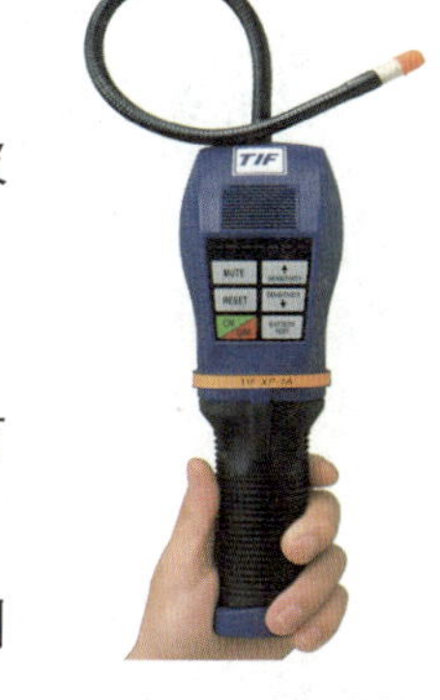

图 4-27　检漏仪

知行合一

某维修厂接了一辆故障车。经检查，该车的制冷剂过期了，需要更换新的制冷剂。维修师傅把这个工作交给了实习生小王。小王最近在追剧，修车的时候把手机放在一边，边看边修。更换完制冷剂后，小王自信地认为没有问题，也没有试车，就通知车主来取车。车主取走后没开多久就发现汽车空调不制冷。车主很生气，立刻将车开回了维修厂，并提出了投诉，表示车没有修好。维修师傅听完车主描述的故障情况后，结合之前的维修记录，诊断出制冷剂变质了。维修师傅调出维修时的监控视频，发现小王在维修时因疏忽大意，错误地将其他车辆换下的制冷剂用在了这辆车上。维修厂免费为车主进行了维修，还提供了一次免费维护，并向车主道歉，才平息了车主的怒火。小王也因此受到了批评，实习期的工资也没了。

汽车维修无小事，每一个部件、每一道检修工序都关系着汽车的安全行驶。因此，维修人员必须做到精益求精、认真仔细。

4.3.2　制热系统故障

制热系统常出现不制热或制热不足的故障。

1．故障现象

若启动发动机、打开空调开关、将温度设置得较高，空调系统的出风口吹出的风温度不高，则故障为制热系统不制热或制热不足。

2．故障原因

（1）鼓风机或其控制线路故障。

（2）鼓风机继电器、调温器故障。

（3）热风管道堵塞，使冷却液流动不畅。

（4）加热器漏风，使加热器芯内部有空气。

（5）加热器翅片变形造成通风不良。

（6）发动机的冷却液节温器失效。

3. 故障诊断与维修

（1）用万用表测量鼓风机电机电阻。若电阻过大或过小，则应更换鼓风机；若电阻正常，则进行下一步操作。

（2）用万用表测量鼓风机继电器线圈电阻和调温器电阻。若电阻为零或无穷大，则更换鼓风机继电器或调温器；若电阻正常，则进行下一步操作。

（3）检查热风管道是否堵塞。若是，则清除堵塞物；若不是，则进行下一步操作。

（4）在加热器旁用手感受加热器是否漏风。若是，则更换加热器壳；若不是，则进行下一步操作。

（5）检查加热器翅片是否变形。若是，则应对加热器翅片进行矫正或更换；若不是，则说明发动机的冷却液节温器失效，应更换冷却液节温器。

笔记

实践操作——制冷系统故障诊断与维修

1. 任务准备

（1）准备迈腾 B8L 汽车、车轮挡块、加长排气管、车内四件套、车外三件套、故障诊断仪、万用表等。

（2）安装车轮挡块、加长排气管、车内四件套、车外三件套等，然后进入车内，降下车窗。

制冷系统故障诊断与维修

2. 观察并描述故障现象

踩下制动踏板，按压点火开关，启动车辆。打开空调开关、鼓风机开关，并把温度调到最低。将手放在空调系统的出风口（见图 4-28），感受到吹出的风不是冷风。

图 4-28　将手放在空调系统的出风口

3. 故障诊断与维修

（1）插入蓝牙接线盒，安装故障诊断仪，读取故障码，如图 4-29 所示。

图 4-29　读取故障码

（2）根据故障码判断，可能的故障原因为鼓风机控制单元搭铁或自身故障。

（3）首先用万用表测量 SC14 保险丝输入端电压，结果为 14.21 V，如图 4-30 所示。其次用万用表测量 SC14 保险丝输出端电压，结果为 0 V，如图 4-31 所示。

图 4-30　用万用表测量 SC14 保险丝输入端电压

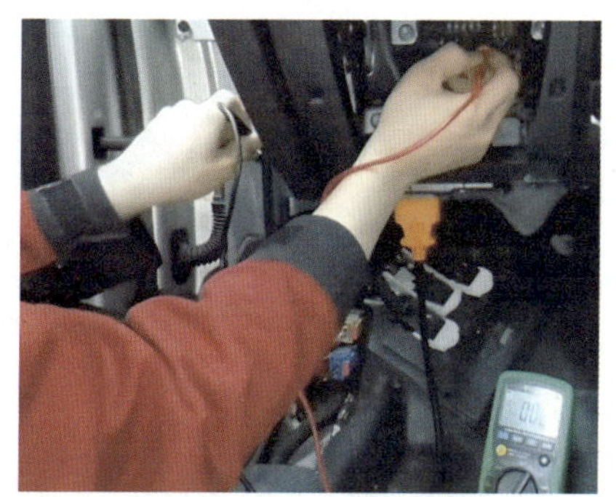

图 4-31　用万用表测量 SC14 保险丝输出端电压

（4）因为 SC14 保险丝输入端电压正常，输出端电压为零，所以判断 SC14 保险丝故障。拔下 SC14 保险丝，用万用表测量其电阻，结果为无穷大，如图 4-32 所示。

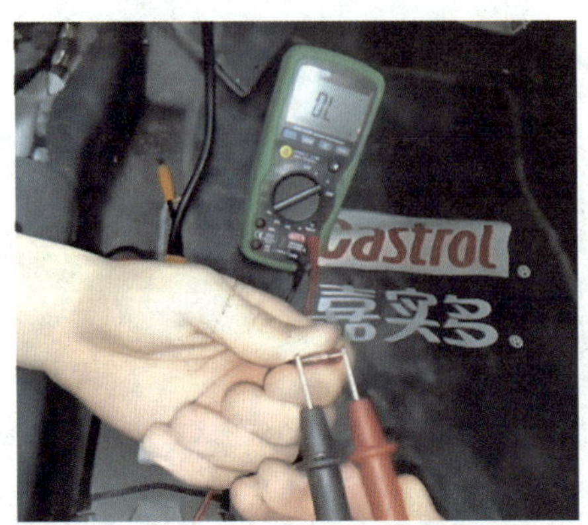

图 4-32　用万用表测量 SC14 保险丝电阻

（5）根据测量结果可知，SC14 保险丝内部断路，应予以更换。

4．维修验证

（1）用万用表分别测量新的 SC14 保险丝输入端、输出端电压，结果都为 14.21 V，正常。

（2）打开空调开关、鼓风机开关，并把温度调到最低，空调有冷风吹出。

（3）清除故障码，再次读取故障码，无故障码，表明故障已排除。

5．进行 5S 工作

拔下故障诊断仪，取下车内四件套、车外三件套、加长排气管、车轮挡块，清理地面等。

笔记

任务 4.4 辅助电气系统故障诊断与维修

任务引入

近日，某 4S 店陆续接到多位车主的投诉，反映他们汽车的刮水器不能工作，导致雨天无法开车出行，且造成安全隐患。4S 店的维修人员对这些车进行了一番检查，发现大多是由摆杆锈死而造成的。那么，如何对刮水器故障进行诊断与维修呢？

本任务将介绍刮水器故障、电动车窗故障、安全气囊故障、中控门锁故障的诊断与维修，其知识与技能要求如表 4-25 所示。

表 4-25　知识与技能要求

任务内容	辅助电气系统故障诊断与维修	学习程度		
		识记	理解	应用
学习任务	刮水器故障诊断与维修		●	
	电动车窗故障诊断与维修		●	
	安全气囊故障诊断与维修		●	
	中控门锁故障诊断与维修		●	
实训任务	刮水器故障诊断与维修			●
自我勉励				

任务工单——刮水器故障诊断与维修

1. 学生分组

以 3～5 人为一组，选出组长并进行分工，将小组成员及分工情况填入表 4-26 中。

表 4-26 小组成员及分工情况

班级： 组号： 指导教师：

小组成员	姓名	学号	任务分工
组长			
组员			

2. 获取信息

在进行实际操作前，需要掌握辅助电气系统故障诊断与维修的相关知识。请各组组长组织组员收集相关资料，回答下列问题。

引导问题 1：绘制刮水器不工作的诊断与维修流程图。

引导问题 2：导致电动车窗出现故障的原因有哪些？

引导问题 3：简述安全气囊故障诊断与维修流程。

3. 任务准备

在明确任务内容的情况下，根据实际情况，在表 4-27 中写出车辆信息及所需的工具、设备、资料等。

表 4-27 车辆信息及所需的工具、设备、资料

车辆信息	车型	VIN 码	行驶里程
工具、设备、资料			

在进行实际操作前做好现场防护，并把现场防护措施填入表 4-28 中。

表 4-28 现场防护措施

个人防护	
设备安全防护	
场地安全防护	

4. 任务实施

1）观察并描述故障现象

2）故障诊断与维修

根据出现的故障现象进行故障诊断与维修，并将操作内容填入表 4-29 中。

表 4-29 操作步骤

序号	任务点	操作内容
1	连接故障诊断仪	连接过程：
2	读取故障码	无故障码（ ）/ 有故障码（ ） 故障码： 故障码说明：

续表

序号	任务点	操作内容
3	有故障码时，按故障码内容进行操作	可能故障原因：
		诊断步骤：
		诊断结果：
		维修步骤：
4	无故障码时，检查相关部件	相关部件：
		检查步骤：
		检查结果：
		维修步骤：

3）维修验证

检查车辆故障是否消除，并把验证结果填入表 4-30 中。

表 4-30　维修验证

序号	验证结果
1	故障点是否恢复正常：是 □，否 □
2	故障码是否清除：是 □，否 □
3	故障现象是否消失：是 □，否 □
4	车辆是否能够正常行驶：是 □，否 □

4）进行 5S 工作

对照表 4-31 进行 5S 工作，并把完成结果填入表中。

表 4-31　5S 工作

序号	完成结果
1	车内四件套是否取下：是 □，否 □
2	车外三件套是否取下：是 □，否 □
3	加长排气管是否取下：是 □，否 □
4	车轮挡块是否取下：是 □，否 □
5	地面是否清理干净：是 □，否 □

5．考核评价

各组组长展示任务完成情况，并配合指导教师完成如表 4-32 所示的考核评价表。

表 4-32　考核评价表

项目名称	评价内容		分值 / 分	评价分数 / 分		
				自评	互评	师评
职业素养考核项目（40%）	穿戴规范、整洁		6			
	安全意识、责任意识、服从意识强		6			
	积极参加教学活动，按时完成任务工单		10			
	团队合作、与人沟通能力强		6			
	劳动纪律良好		6			
	维修场地、设备等整洁		6			
专业能力考核项目（60%）	专业知识查找及时、准确		12			
	操作符合规范		18			
	操作熟练，工作效率高		12			
	任务完成度高		18			
合计			100			
总评	自评（20%）+ 互评（20%）+ 师评（60%）= ＿＿＿＿＿＿	综合等级	指导教师（签名）：＿＿＿＿＿			

6．课堂小结

＿＿

＿＿

＿＿

＿＿

＿＿

＿＿

＿＿

＿＿

＿＿

相关知识

辅助电气系统包括刮水器、电动车窗、安全气囊、中控门锁等，下面对它们常出现的故障进行介绍。

4.4.1 刮水器故障

刮水器（见图 4-33）用来清除风窗玻璃上的雨水、雪、尘土或污物等，以确保驾驶员有良好的驾驶视线，其主要由直流电动机、电源、控制开关、减速器、雨刷（包括连杆、摆杆、刮臂、刮水片）等组成。刮水器故障主要有刮水器不工作、雨刷不能自动复位、直流电动机的噪声过大等。

图 4-33 刮水器

1. 刮水器不工作

1）故障现象

打开刮水器的控制开关后，雨刷不能摆动。

2）故障原因

（1）摆杆锈死或卡住，使雨刷不能摆动。

（2）电源出现短路、接线柱松脱、接地不良等故障。

（3）直流电动机出现转子断条、输出轴弯曲、内部短路等故障。

（4）控制开关接触不良。

汽车论坛

查找资料说一说什么是转子断条，以及造成该现象的原因。

3）故障诊断与维修

图 4-34 所示为刮水器不工作的诊断与维修流程，具体如下。

（1）连接故障诊断仪，读取故障码，看是否有故障码。

（2）若有故障码，则根据故障码内容进行诊断与维修。可能原因为刮水器供电保险丝内部断开或电源电路断开，此时应先目视检查刮水器供电保险丝内部是否断开。若是，则予以更换；若不是，则用示波器检查电源电路的电压波形，并维修有故障的电路。

（3）若没有故障码，则进行以下操作。

① 打开控制开关，用手触摸直流电动机外壳，并感受是否有微微振动或发热。若是，则说明摆杆锈死或卡住，应更换摆杆；若不是，则进行下一步操作。

② 目测检查直流电动机是否出现转子断条、输出轴弯曲、内部短路等故障。若是，则更换转子、输出轴及短路部件，必要时更换直流电动机；若不是，则说明控制开关接触不良，应予以更换。

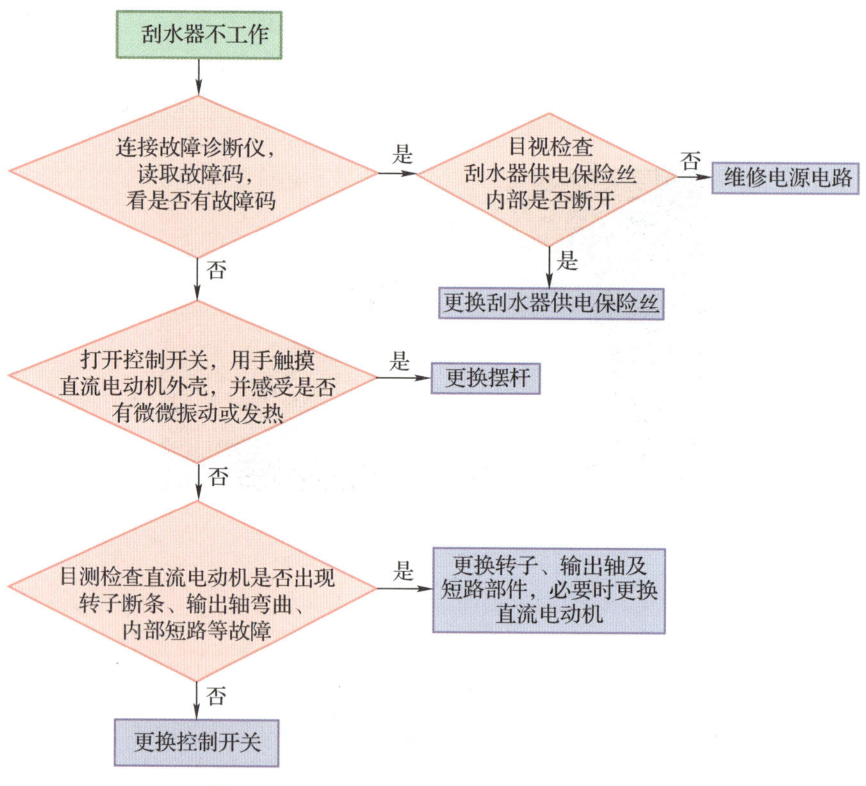

图 4-34　刮水器不工作的诊断与维修流程

2．雨刷不能自动复位

1）故障现象

关闭控制开关后，雨刷不能自动复位。

2）故障原因

（1）直流电动机的回位控制线断开，或自动回位器的触点与滑片接触不良。

（2）从控制开关到直流电动机的回位控制线断开。

（3）刮水器的控制开关损坏。

3）故障诊断与维修

（1）关闭控制开关，用导线将直流电动机的回位控制线与低速控制线短接，看雨刷是否回位。若雨刷未回位，则说明直流电动机的回位控制线断开或自动回位器的触点与滑片接触不良；若雨刷回位，则进行下一步操作。

（2）用导线将控制开关的回位控制线与低速控制线短接，看雨刷是否回位。若雨刷未回位，则说明从控制开关到直流电动机的回位控制线断开，应维修该段导线；若雨刷回位，则说明控制开关损坏，应予以更换。

3. 直流电动机的噪声过大

1）故障现象

刮水器工作时，无论是高速还是低速，直流电动机的噪声都很严重。

2）故障原因

（1）减速器出现螺杆调节螺栓松动、连杆机构扭曲、接头磨损等故障。

（2）直流电动机出现电刷磨损严重、换向器烧毁、转子磨损等故障。

3）故障诊断与维修

拆下直流电动机输出轴与连杆间的固定螺母，使直流电动机和连杆完全分离，打开控制开关，听直流电动机噪声是否消除。

（1）若噪声消除，则说明减速器出现问题，应检查减速器的螺杆调节螺栓是否出现松动、连杆机构是否扭曲、接头是否磨损等，并进行相应的维修。

（2）若噪声未消除，则说明直流电动机出现问题，应检查电刷是否磨损严重、换向器是否烧毁、转子是否磨损等，并进行相应的维修。

4.4.2 电动车窗故障

为了使驾驶员更加集中精力驾车，方便驾驶员和乘客的操作，许多轿车采用了电动车窗。它主要由车窗、电动机、车窗升降器、车窗开关（包括主开关和分开关）等组成。电动车窗常出现所有车窗均无法升降、单个车窗无法升降或只能往一个方向运动等故障。

知识加油站

电动车窗的主开关（见图 4-35）用于驾驶员对电动车窗进行总操作，一般安装在左前车门把手上或变速杆附近；分开关安装在每个车门的中间或车门把手上，用于乘客对电动车窗进行操作。

图 4-35 主开关

1. 所有车窗均无法升降

1）故障现象

当按驾驶员一侧的主开关时所有车窗都无法升降，但按单侧车窗的分开关时车窗可正常升降。

2）故障原因

（1）保险丝断路，导致主开关无效。

（2）电源线路故障。

（3）搭铁线有污渍、松脱，使控制回路未闭合。

（4）相应继电器、主开关等故障。

3）故障诊断与维修

（1）检查保险丝是否断路。若是，则予以更换；若不是，则进行下一步操作。

（2）打开点火开关，用万用表测量相关继电器和主开关火线接线柱上的电压。若电压为零，则说明电源线路存在故障，应维修电源线路；若电压正常，则进行下一步操作。

（3）检查搭铁线是否良好。若不良，则清洁、紧固搭铁线；若良好，则说明相应继电器、主开关等出现故障，应更换故障部件。

2. 单个车窗无法升降或只能往一个方向运动

1）故障现象

当按车窗开关时，某个车窗无法升降、只能升不能降或只能降不能升。

2）故障原因

（1）主开关或分开关故障。

（2）电动机故障。

（3）导线故障。

3）故障诊断与维修

分别按主开关和分开关，看车窗升降是否正常。

（1）若按主开关后车窗升降正常，而按分开关后车窗升降不正常，则说明分开关出现故障，应维修或更换分开关。

（2）若按主开关后车窗升降不正常，而按分开关后车窗升降正常，则说明主开关出现故障，应维修或更换主开关。

（3）若按主开关和分开关后车窗升降都不正常，则检查该车窗的电动机正反转是否正常。若不正常，则拆卸并维修电动机；若正常，则说明该车窗连接导线出现故障，应维修导线。

4.4.3 安全气囊故障

当车辆发生碰撞事故时，安全气囊（见图 4-36）将迅速膨胀，以承受和缓冲驾驶员头部和身体上部产生的惯性力，从而减轻人体遭受的伤害。安全气囊由传感器、控制单元、安全气囊指示灯、安全气囊组件及导线等组成。

图 4-36　安全气囊

1. 故障现象

安全气囊出现故障时，最直观的现象是安全气囊指示灯常亮或一直闪烁。

2. 故障原因

造成故障的可能原因为安全气囊指示灯短路、传感器损坏、控制单元损坏等。

3. 故障诊断与维修

安全气囊通常可通过自诊断系统来进行故障诊断。自诊断系统能将安全气囊出现的故障以故障报警的形式向驾驶员提示，并将故障发生的部位以故障码的形式存储起来，提供给维修人员。其故障诊断与维修流程如下。

（1）检查安全气囊指示灯的显示情况。若安全气囊指示灯不仅在打开点火开关后常亮，还在关闭点火开关后常亮，则说明安全气囊指示灯短路，应维修安全气囊指示灯电路；若安全气囊指示灯只在打开点火开关后常亮或闪烁不停，则说明安全气囊存在故障，应进行下一步操作。

知识加油站

正常情况下，当打开点火开关时，安全气囊指示灯会短暂亮起，在自诊断系统诊断正常后，它会熄灭，并且在汽车行驶过程中一直处于熄灭状态。

（2）使用故障诊断仪连接安全气囊的自诊断系统，读取故障码。

（3）清除故障码，以防步骤（2）读取的故障码为上次故障中未清除的故障码。

（4）再次读取故障码，维修故障码指出的部位。

（5）清除故障码，确认安全气囊指示灯显示正常。

4.4.4　中控门锁故障

为了提高汽车的安全性和方便性，汽车上大多安装中控门锁。中控门锁主要由门锁开关、门锁执行机构、门锁控制器等组成。其中，门锁开关（见图 4-37）包括总开关和分开关。总开关安装在驾驶员身旁的车门上，可将全车所有车门锁住或打开；分开关安装在其他车门上，只能单独控制一个

图 4-37　门锁开关

车门。此外，汽车行驶速度达到一定值时，各个车门能自行锁住。

中控门锁常出现所有门锁都不动作、个别门锁不动作的故障。

1．所有门锁都不动作

1）故障现象

打开门锁的总开关或分开关，所有门锁都不动作。

2）故障原因

该故障一般发生在电源电路中，可能原因是保险丝熔断、电路短路、接头松脱、搭铁不可靠、导线折断等。

3）故障诊断与维修

（1）检查保险丝是否熔断。若保险丝熔断，则予以更换。更换保险丝后打开门锁开关，再次查看保险丝是否熔断。若是，则说明电源与门锁执行机构之间发生短路，应用万用表检测搭铁电压，找出并维修短路部位。若保险丝良好，则进行下一步操作。

（2）检查电源线路是否出现接头松脱、搭铁不可靠、导线折断等故障，并进行相应维修。

2．个别门锁不动作

1）故障现象

打开门锁开关，个别门锁不动作。

2）故障原因

（1）门锁开关故障。

（2）门锁执行机构故障。

（3）控制线路断开。

3）故障诊断与维修

（1）检查门锁的工作情况。若按总开关后门锁工作，按分开关后门锁不工作，则说明分开关出现故障，应予以更换；若无论按总开关还是分开关，门锁都不工作，则进行下一步操作。

（2）检查门锁执行机构是否出现故障。若是，则拆卸并维修门锁执行机构；若不是，则说明控制线路断开，应用万用表检查控制线路的电压，以找出断路部位并维修。

笔记

实践操作——刮水器故障诊断与维修

1. 任务准备

刮水器故障诊断与维修

（1）准备迈腾 B8L 汽车、车轮挡块、加长排气管、车内四件套、车外三件套、故障诊断仪等。

（2）安装车轮挡块、加长排气管、车内四件套、车外三件套等，然后进入车内，降下车窗。

2. 观察并描述故障现象

（1）按下点火开关后，仪表盘显示“故障：车窗玻璃刮水器”，如图 4-38 所示。

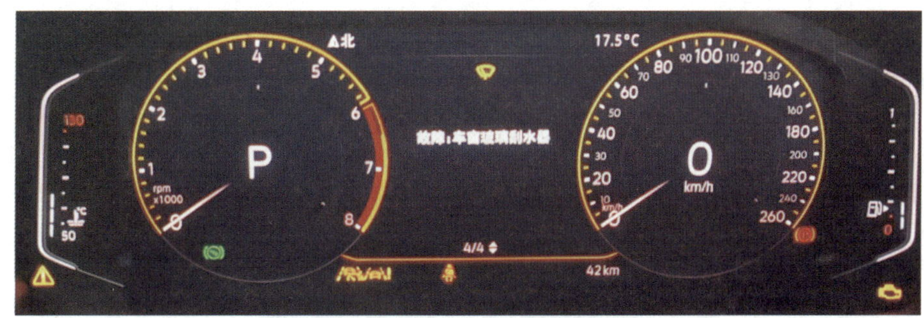

图 4-38　仪表盘显示“故障：车窗玻璃刮水器”

（2）操作刮水器的控制开关，刮水器不工作。

3. 故障诊断与维修

（1）插入蓝牙接线盒，安装故障诊断仪，读取故障码，如图 4-39 所示。

（2）打开保险盒盖，拔下刮水器供电保险丝，如图 4-40 所示。

图 4-39　读取故障码

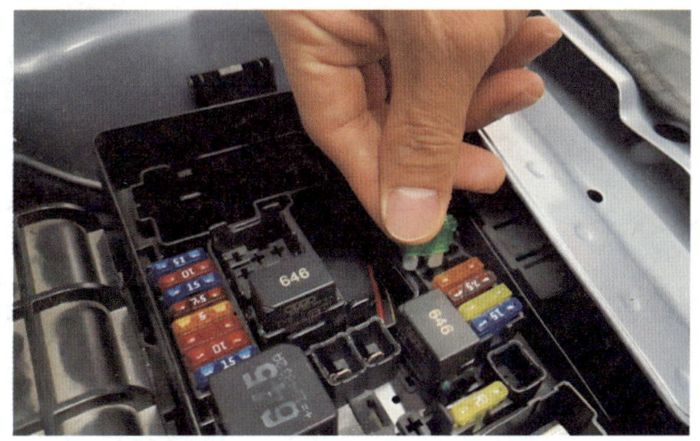
图 4-40　拔下刮水器供电保险丝

（3）目视检查刮水器供电保险丝，发现其内部断开，如图 4-41 所示。

（4）更换新的刮水器供电保险丝，如图 4-42 所示。

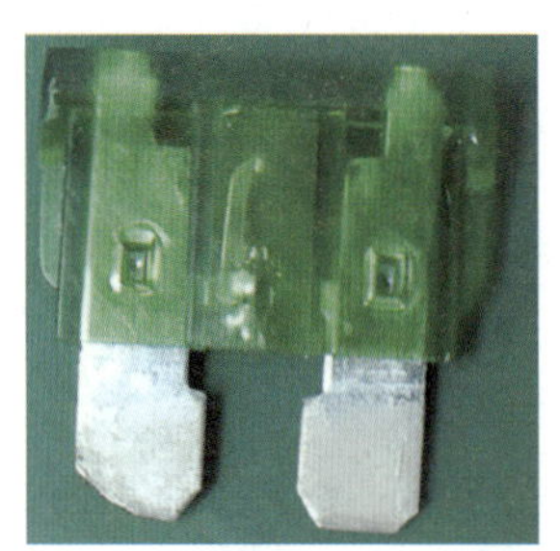
图 4-41　内部断开的刮水器供电保险丝

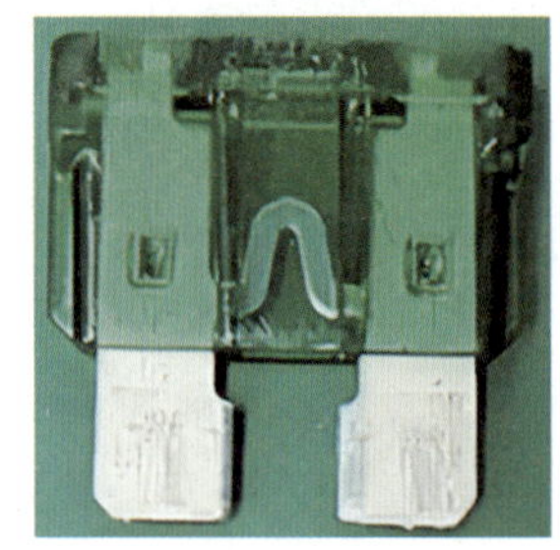
图 4-42　新的刮水器供电保险丝

4．维修验证

（1）再次按下点火开关，仪表盘上的故障显示消失。

（2）操作刮水器的控制开关，刮水器正常工作。

（3）清除故障码，再次读取故障码，无故障码，表明故障已排除。

5．进行 5S 工作

盖上保险盒盖，拔下故障诊断仪，取下车内四件套、车外三件套、加长排气管、车轮挡块，清理地面等。

模范先锋

全国“最美职工”王学勇：匠心守护民族汽车品牌

全国五一劳动奖章，全国“最美职工”，享受“国务院政府特殊津贴”……王学勇的身上有着许多闪光的标签。

这位奇瑞汽车股份有限公司的高级汽车装调工，扎根一线 19 年，用匠心守护着民族汽车品牌。

“听声音就能精准判断故障点，简直神了！”在奇瑞的车间里，有关王学勇“金耳朵”绝活的“神话”广为流传。

“并没有那么神，就是熟能生巧而已。我对汽车这个行业充满兴趣，真正钻了进去，做得多了，技术也就上来了。”王学勇说。

2003 年 6 月，刚毕业的王学勇进入奇瑞公司总装车间实习。发动机变速箱合装是一项枯燥乏味的工作，但王学勇十分卖力。工作中一旦遇到问题，他加班到深夜也要解决。

“真的是‘拼命三郎’，当初正是看中了他这股韧劲，才挑选他进入装调小组。”王学勇的师父、同样也是全国五一劳动奖章获得者的许小飞谈起爱徒，竖起了大拇指。

功不唐捐！经过刻骨钻研，2011 年，王学勇参加全国第三届汽车装调工职业技能竞赛，在 SUV · MPV 组别斩获个人竞赛一等奖，并荣获“技术操作能手”称号。

在总装期间，王学勇先后参与东方之子、瑞虎 3、瑞虎 7 等十多款车型的新品试制，在整车工艺和装配、电路、发动机、变速箱、底盘及内饰返工调整上，练就了一身好技艺。

在参与整车试制项目验证工作中，王学勇主动提出千余项改进建议。将车间新品投产预算人员由 432 人降低到现在的 330 人，直接缩减人工费用 350 万元；生产效率节拍由原来的 163 秒 / 车提升到 98 秒 / 车，大幅度降低了单车制造成本，在生产动能和材料方面累计下降 236 万元，减少设备投资 126 万元。

在奇瑞开拓海外市场之初的 2007 年，由于海外员工的技能培训工作没有完善，部分海外 SKD 工厂出现大量有问题的车辆滞留在生产现场，不能及时交付客户，因此急需总部派人提供技术支持。

彼时的王学勇，尽管年龄不过 20 出头，但已是车间里独当一面的技术骨干。面对公司领导的询问，王学勇只问了一句：“我什么时候出发？”

在随后的一个月时间里，王学勇在俄罗斯加里宁格勒累计解决 600 辆车的“疑难杂症”，并圆满完成培训工作。

扎根一线 19 年，王学勇不仅使自身专业技能突飞猛进，还尽全力把工匠精神传承下去，带出了许多技术骨干。

“对待我们，师父总是倾囊相授，十分用心。”徒弟王存峰在 2020 年的汽车维修工高级技师考试中败北，后经王学勇三个月的辅导，补考终于顺利通过。

“这项考试通过率很低，本来我已经不抱希望了，是师父一直鼓励我，并每天下班后抽出时间辅导我，才有了后来的成功。”王存峰说。

2013 年，王学勇成立“调试线返工小组”，后升级为“技能大师工作室”，多年来，该工作室培养中高级技能人才 400 余名，其中高级工以上 78 人，累计申报专利 12 项。徒弟齐金华荣获“安徽省劳动模范”、郑昆龙荣获“安徽省青年岗位能手”、王浩获得芜湖市五一劳动奖章……

“我希望能和我的工作室团队一起，成为中国最好的汽车产业工人，让中国自主品牌汽车的口碑越来越响！”在王学勇看来，一辈子扎根一个行业，踏踏实实把这一行干好、干精，就是对“工匠精神”的最好诠释。

（资料来源：高飞跃，《全国“最美职工”王学勇：匠心守护民族汽车品牌》，
人民网，2022 年 5 月 26 日）

项目考核

1. 填空题

（1）电源系统在工作时常出现发电机不发电、______________________、充电电流过大等故障。

（2）_________________包括远光灯和近光灯，是重要的照明设备，是夜间行车的主要光源，直接影响到行车的安全性和可靠性。

（3）制热系统由加热器水泵、加热器、________________、鼓风机、热风管道等组成。

（4）辅助电气系统包括刮水器、电动车窗、________________、中控门锁等。

（5）刮水器故障主要有刮水器不工作、雨刷不能自动复位、________________等。

2. 简答题

（1）充电电流过大的故障原因有哪些？

（2）如何对前照灯都不亮进行诊断与维修？

（3）如何对制冷系统的故障进行诊断与维修？

（4）所有门锁都不动作的故障原因有哪些？

项目 5

汽车综合故障诊断与维修

项目导读

除了出现一些单一的故障，汽车还经常出现一些综合故障，如汽车异响、汽车渗漏与异味、汽车无法启动等。这些综合故障的出现，极大地削弱了汽车的行驶稳定性和乘坐舒适性。

本项目主要介绍汽车异响、汽车渗漏与异味、汽车无法启动的诊断与维修。

知识目标

1. 了解汽车常见综合故障的现象。
2. 掌握汽车常见综合故障的原因。
3. 掌握汽车常见综合故障诊断与维修的基本方法。

技能目标

1. 能够正确诊断汽车常见综合故障的原因。
2. 能够正确维修汽车常见综合故障。

素质目标

1. 增强自主创新意识和民族自豪感。
2. 培养任劳任怨、勤勤恳恳的工匠精神。

任务 5.1 汽车异响诊断与维修

任务引入

周末，小刚去驾校练习开车。他练习了一会儿后觉得车速太慢，想要挑战一下自己，于是提高了车速。就在他加速时，汽车发出了沉重、有力且有节奏的“铛铛”敲击声，小刚还感觉到了振动。他将该现象告诉了教练，教练便给小刚换了一辆车，将该车送去维修了。那么，对于这种异响，应如何进行诊断与维修呢？

本任务将介绍发动机异响、底盘异响的诊断与维修，其知识与技能要求如表 5-1 所示。

表 5-1　知识与技能要求

任务内容	汽车异响诊断与维修	学习程度		
		识记	理解	应用
学习任务	发动机异响诊断与维修		●	
	底盘异响诊断与维修		●	
实训任务	更换挺柱			●
自我勉励				

任务工单——更换挺柱

1．学生分组

以 3～5 人为一组，选出组长并进行分工，将小组成员及分工情况填入表 5-2 中。

表 5-2　小组成员及分工情况

班级：　　　　　　　　　　　　组号：　　　　　　　　　　　　指导教师：

小组成员	姓名	学号	任务分工
组长			
组员			

2．获取信息

在进行实际操作前，需要掌握汽车异响诊断与维修的相关知识。请各组组长组织组员收集相关资料，回答下列问题。

引导问题 1：常见的汽车异响有________和________。

引导问题 2：发动机异响常发生在________、________、________、________、________、________、________等部位。

引导问题 3：底盘异响包括________、________、________等。

引导问题 4：导致曲轴主轴承异响的原因有哪些？

引导问题 5：简述挺柱异响的诊断与维修步骤。

引导问题 6：绘制驱动桥异响的诊断与维修流程图。

3. 任务准备

在明确任务内容的情况下，根据实际情况，在表 5-3 中写出车辆信息及所需的工具、设备、资料等。

表 5-3 车辆信息及所需的工具、设备、资料

车辆信息	车型	VIN 码	行驶里程
工具、设备、资料			

在进行实际操作前请做好现场防护，并把现场防护措施填入表 5-4 中。

表 5-4 现场防护措施

个人防护	
设备安全防护	
场地安全防护	

4. 任务实施

挺柱异响的故障原因是挺柱失效，这时应更换挺柱。请补全更换挺柱的任务点，并拍摄每步的操作图片，完成表 5-5。

表 5-5 操作步骤

序号	任务点	操作图片
1	拆卸正时链条上部盖板	
2	拆卸________________	

续表

序号	任务点	操作图片
3	拆卸正时链条下部盖板：首先拆下正时链条下部盖板的__________，其次用__________铲下__________，最后取下__________	
4	用专用工具拆下左侧和右侧的__________	
5	拆卸轴承座	
6	安上__________	
7	取下正时链条上面的滑轨	
8	将正时链条张紧器的卡环压到一起，并用专用工具__________，然后拆下正时链条张紧器	
9	拆卸正时链条侧面的滑轨	
10	__________，取下正时链条	
11	按顺序拧松气缸盖螺栓，并取下气缸盖罩	

续表

序号	任务点	操作图片
12	取下凸轮轴	
13	取下挺柱	
14	安装新的挺柱	

5. 考核评价

各组组长展示任务完成情况，并配合指导教师完成如表 5-6 所示的考核评价表。

表 5-6 考核评价表

项目名称	评价内容	分值 / 分	评价分数 / 分		
			自评	互评	师评
职业素养考核项目（40%）	穿戴规范、整洁	6			
	安全意识、责任意识、服从意识强	6			
	积极参加教学活动，按时完成任务工单	10			
	团队合作、与人沟通能力强	6			
	劳动纪律良好	6			
	维修场地、设备等整洁	6			
专业能力考核项目（60%）	专业知识查找及时、准确	12			
	操作符合规范	18			
	操作熟练，工作效率高	12			
	任务完成度高	18			
合计		100			
总评	自评（20%）+ 互评（20%）+ 师评（60%）= ________	综合等级	指导教师（签名）：________		

6. 课堂小结

____

____

相关知识

在汽车运行过程中，各系统会因振动发出声音，这些声音统称为汽车的响声。汽车的响声分为正常响声和异常响声（简称异响）。若汽车发出异响，则说明汽车出现了故障。常见的汽车异响有发动机异响和底盘异响。

5.1.1 发动机异响

发动机异响常发生在曲轴主轴承、连杆轴承、活塞敲缸、活塞销、凸轮轴轴承、正时齿轮、挺柱等部位。在进行故障诊断与维修时，应先根据异响现象确定异响发生的部位，再根据该部位异响的诊断与维修流程进行操作。

1. 曲轴主轴承异响

1）故障现象

当发动机稳定运转时，异响不明显；当发动机突然加速或承受较大负荷时，异响会增大，表现为沉重、有力且有节奏的“铛铛”敲击声，严重时甚至会导致机体振动。

2）故障原因

（1）曲轴（见图 5-1）弯曲变形。

图 5-1 曲轴

（2）飞轮固定不良。

（3）曲轴主轴承的减磨合金层烧毁、脱落。

（4）曲轴主轴承、轴颈、轴向止推片磨损过度。

3）故障诊断与维修

（1）分别使单缸断火、相邻两缸同时断火。若单缸断火时异响不变，相邻两缸断火时异响明显减弱，则说明两缸之间的曲轴主轴承存在异响，应进行下一步操作；若异响都不变，则说明其他部位存在异响。

（2）在不同状态下，听发动机异响。若加速时异响钝重而有节奏，升温时异响明显，高速时异响杂乱，则说明曲轴存在弯曲变形，应矫正或更换曲轴；若异响出现在发动机的后部，转速突然变化时变为撞击声，则说明飞轮固定不良，应固定好飞轮；若异响无以上现象，则进行下一步操作。

（3）检测机油压力。若机油压力偏低，则说明曲轴主轴承的减磨合金层烧毁、脱落，应更换曲轴主轴承；若机油压力正常，则踩离合器踏板，这时曲轴皮带轮向前窜动且异响减轻或消失，说明曲轴主轴承、轴颈、轴向止推片磨损过度，应更换曲轴主轴承和轴向止推片，必要时应磨削或更换曲轴。

2. 连杆轴承异响

1）故障现象

（1）发动机突然加速时，有连续、明显而短促的“铛铛”敲击声。

（2）发动机负荷增加时，异响随之变大。

（3）发动机温度变化时，异响无变化。

（4）单缸断火后，异响明显减弱或消失，但复火后又立即出现。

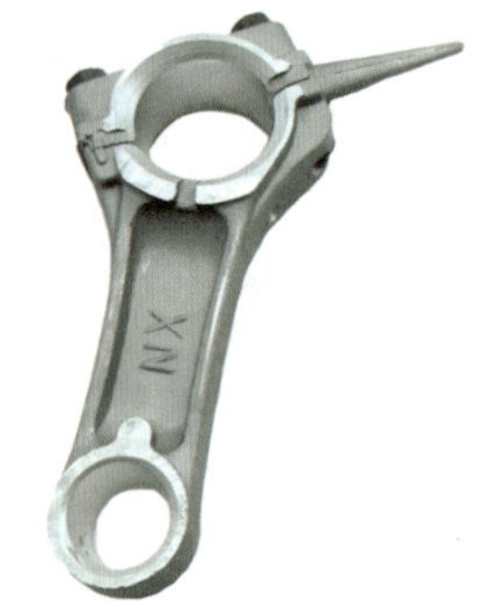

图 5-2　连杆

2）故障原因

（1）连杆（见图 5-2）轴承的减磨合金层烧灼、脱落。

（2）连杆轴承或轴颈磨损过度。

3）故障诊断与维修

（1）使单缸断火，听各气缸异响的变化情况。若异响减弱或消失，在复火的瞬间又立即出现，则说明该气缸的连杆轴承出现异响。

（2）听发动机在不同状态下的异响情况。

① 若发动机低温启动时，发出“铛铛”的敲击声，待机油压力升高后，异响减弱甚至消失，则说明连杆轴承的减磨合金层烧灼、脱落，应更换连杆轴承。

② 若发动机在任何温度下都会发出严重而无节奏的“铛铛”敲击声，并伴有气缸盖显著振动，且单缸断火后异响消失，复火后异响又恢复，则说明连杆轴承或轴颈磨损过度，应更换连杆轴承或连杆。

3. 活塞敲缸异响

1）故障现象

（1）当发动机处于怠速或低速运转时，气缸上部发出清晰、明显且有规律的“嗒嗒”敲击声；当发动机转速升至中高速时，异响减弱或消失。

（2）当发动机温度较低时，异响明显；当发动机温度正常时，异响减弱或消失。

（3）发动机负荷增加时，响声随之变大。

2）故障原因

（1）活塞与气缸壁的间隙过大。

（2）活塞与气缸壁间的润滑条件较差。

3）故障诊断与维修

（1）将发动机调整到不同转速，选出异响最大的转速。使发动机在该转速下运转，然后逐个对气缸进行断火试验。若某气缸断火后异响减弱或消失，则说明该气缸存在活塞敲缸异响。

（2）将发动机熄火，拆下有异响气缸的火花塞或喷油器，往气缸内注入少量机油；用手摇柄或启动机带动曲轴转动数圈后，装上火花塞或喷油器，启动发动机。若异响在短时间内减弱或消失，过一会儿又重新出现，则说明故障由活塞与气缸壁的间隙过大所致，应更换活塞或气缸。

（3）使发动机怠速运转，若异响明显且伴有机体抖动，且在温度升高后，异响随之减弱或消失，则说明故障由活塞与气缸壁间的润滑条件过差所致，应调整机油压力。

4. 活塞销异响

1）故障现象

（1）发动机在怠速或低速运转时，有明显、清脆且连续的“嗒嗒”敲击声。

（2）发动机温度升高后，异响不减弱，甚至更明显。

（3）在同样的转速下，与活塞敲缸异响相比，这种异响连续且尖锐。

2）故障原因

（1）活塞销磨损。

（2）活塞销与连杆衬套磨损。

3）故障诊断与维修

（1）确定存在活塞销异响的气缸。将发动机调整到不同转速，选出异响最大的转速。使发动机在该转速下运转，然后逐个对气缸进行断火试验。若某气缸断火后异响明显减弱或消失，且在复火的瞬间能立即出现异响或连续出现两次异响，则说明该气缸存在活塞销异响。

（2）听发动机在不同状态下的异响情况，根据异响的现象判断故障原因并维修。

① 若异响严重，且转速越高异响越大，断火后异响减弱且杂乱，复火后异响又恢复，则说明活塞销磨损，应更换活塞销。

② 若异响沉重并伴有振动，断火后异响变为“咯咯”的哑声，则说明活塞销与连杆衬套磨损，应更换活塞销与连杆衬套。

5. 凸轮轴轴承异响

1）故障现象

（1）发动机上部发出有节奏、较钝重的“嗒嗒”敲击声。

（2）发动机怠速或中速运转时，异响明显；发动机高速运转时，异响杂乱或消失。

（3）这种异响往往伴有机体振动现象。

（4）发动机温度变化时，异响无变化。

2）故障原因

（1）凸轮轴（见图 5-3）轴向间隙过大。

（2）凸轮轴与轴承配合间隙过大。

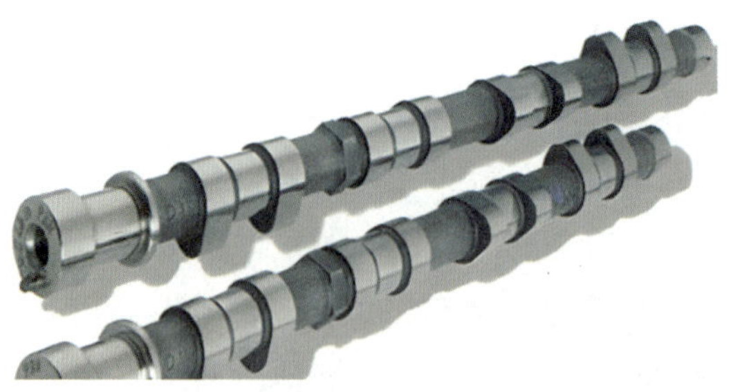

图 5-3 凸轮轴

3）故障诊断与维修

（1）确定存在异响的凸轮轴。将发动机置于异响最明显的转速上进行运转，用听诊器或金属棒轻触气缸体外部靠近各凸轮轴轴承的区域，若某处异响最大并伴有振动，则说明该处凸轮轴轴承有异响。

（2）听发动机在不同状态下的异响情况，根据异响的现象判断故障原因并维修。

① 使发动机怠速或中速运转，再高速运转。若随着发动机转速的提高，异响由最开始的沉闷，变为响亮而连续的“嗒嗒”敲击声，最后变得杂乱或消失，则说明凸轮轴轴向间隙过大，应予以调整。

② 若发动机发出异响时，机体伴有振动现象，则说明凸轮轴和轴承配合间隙过大，应更换轴承。

6. 正时齿轮异响

1）故障现象

（1）发动机怠速运转时，其前部发出连续、有节奏的异响；中速运转时，异响更明显；高速运转时，异响变得杂乱且伴有破碎声。

（2）发动机转速越高，异响越大，并伴有振动的现象，严重时发动机不能启动。

（3）发动机温度变化时，响声无变化。

2）故障原因

（1）正时齿轮（见图 5-4）啮合间隙过大或过小。

图 5-4 正时齿轮

（2）正时齿轮啮合不均匀。

（3）正时齿轮齿面有损伤或脱层。

（4）正时齿轮固定螺栓松动。

3）故障诊断与维修

（1）确定存在异响的气缸。对发动机进行单缸断火试验，单缸断火后，异响减弱或消失，则说明该气缸的正时齿轮存在异响。

（2）询问车主发动机近期是否进行过大修或维护，更换了正时齿轮。若是，且发动机出现连续的“嗷嗷”异响，这种异响随着发动机转速的提高而加剧，该现象在发动机急加速时尤为明显，则说明正时齿轮啮合间隙过小，应进行调整；若不是，则进行下一步操作。

（3）使发动机怠速运转，并变换转速，听发动机的异响情况。

① 若发动机发出连续的“嘎啦、嘎啦”异响，且异响在发动机中速运转时更为明显，在发动机高速运转时变得杂乱并伴有破碎声，正时齿轮室盖有振动现象，则说明正时齿轮啮合间隙过大，应进行调整。

② 若发动机发出有节奏的“哽哽”异响，且异响随发动机转速的提高而加剧，则说明正时齿轮啮合不均匀，应进行调整或更换正时齿轮。

③ 若发动机发出有节奏且清晰的“嗒啦、嗒啦”异响，且异响在发动机中速以上运转时，变为紧凑的“嗒嗒”敲击声，则说明正时齿轮齿面有损伤或脱层，应予以更换。

④ 若发动机突然加速到某一高速时，发出一种较强且紊乱的“咯啦啦、咯啦啦”异响，在急减速时也出现此异响，但出现异响的时间很短暂，则说明正时齿轮固定螺栓松动，应紧固该螺栓。

7. 挺柱异响

1）故障现象

（1）发动机怠速运转时，发出有节奏的“嗒嗒”敲击声，这种异响在发动机中速以上运转时减弱或消失。

（2）异响具有间歇性且时有时无。

2）故障原因

（1）机油压力过低。

（2）使用劣质机油。

（3）挺柱内部损坏。

（4）挺柱失效。

3）故障诊断与维修

（1）启动发动机，若出现不规则的异响，应检测机油压力。若机油压力过低，则按机油压力过低故障进行诊断与维修；若机油压力正常，则进行下一步操作。

知识加油站

由于机油压力的建立需要一定时间，因此冷车启动的几秒内，挺柱出现短暂的、不规则的异响属于正常现象。

（2）将机油在大拇指与食指之间反复揉搓。若感到手指之间有较大的摩擦感，则说明机油内杂质较多，不能再用，应更换新机油；若机油正常，则进行下一步操作。

（3）使发动机运转至正常工作温度，然后提高发动机转速至 2 500 r/min，并使发动机运转 2 min，若一直有异响，则应进行如下操作。

① 拆下气缸盖，转动曲轴，检查各凸轮。

② 使待检测凸轮向上，用楔形木棒或塑料棒压下挺柱。若异响没有消除，则说明挺柱内部损坏，应予以更换。

③ 若异响消除，则拆下挺柱，用手指捏住挺柱的上、下端面，并用力按压。若有弹性，则说明该挺柱已失效，应予以更换。

知识加油站

用楔形木棒或塑料棒压下挺柱时，应注意力度，勿损伤挺柱的工作表面。

5.1.2 底盘异响

底盘异响包括离合器异响、变速器异响和驱动桥异响等。

1. 离合器异响

1）故障现象

踩下或松开离合器踏板，离合器在分离或接合时，会发出不正常的响声，如“沙沙”声或“喀啦、喀啦”声等。

2）故障原因

（1）分离轴承润滑不良，造成干摩擦。

（2）分离轴承损坏。

（3）离合器传动销与压盘孔配合松旷，或离合器盖驱动孔与压盘凸块配合间隙大。

（4）离合器片的铆钉（见图 5-5）松动或露头。

（5）分离轴承与分离杠杆或压紧弹簧内端间隙太小。

（6）分离轴承回位弹簧与离合器踏板回位弹簧弹力下降、断裂、脱落，使分离轴承回位不佳。

图 5-5　离合器片的铆钉

（7）减振弹簧断裂或其弹力下降。

（8）从动盘花键孔与花键轴配合松旷。

3）故障诊断与维修

（1）使发动机怠速运转，调整离合器，使其彻底分离。

（2）检查是否发生干摩擦。轻轻踩下离合器踏板，在分离轴承与分离杠杆或压紧弹簧内端刚刚接触时听发出的声音。若听到“沙沙”的响声，则说明分离轴承润滑不良，应添加适量的润滑油；若无响声，则进行下一步操作。

（3）拆下离合器盖，将离合器踏板踩到底，听发出的声音。若听到“哗哗”的金属摩擦声，甚至看到离合器下部有火星冒出，则说明分离轴承损坏，应予以更换；若听到连续的“喀啦、喀啦”声，且该异响在离合器分离不彻底时尤为严重，而在离合器踏板被抬起后消失，则说明离合器传动销与压盘孔配合松旷，或离合器盖驱动孔与压盘凸块配合间隙大，应予以调整；若无上述情况，则进行下一步操作。

知识加油站

分离轴承损坏后，会停止转动，从而与分离杠杆或压紧弹簧内端发生滑磨，导致金属摩擦声和火星出现。

（4）在离合器处于刚分离（刚踩下离合器踏板）或刚接合（刚抬起离合器踏板）时听发出的声音。若听到“喀嗒”的撞击声，则说明离合器片的铆钉松动，应予以调整或更换离合器片；若听到金属滑磨声，则说明离合器片的铆钉露头，应予以调整或更换离合器片；若无上述情况，则进行下一步操作。

（5）抬起离合器踏板继续听发出的声音。若听到连续噪声或间断的撞击声，用脚钩起离合器踏板后该异响仍然存在，则说明分离轴承与分离杠杆或压紧弹簧内端间隙太小，应予以调整；若用脚钩起离合器踏板后响声消失，则说明分离轴承回位不佳，应更换分离轴承回位弹簧；若没有异响，则进行下一步操作。

（6）启动汽车，若在汽车加速或减速时，听到“哐”或“喀”的响声，则说明减振弹簧断裂或其弹力下降，或从动盘花键孔与花键轴配合松旷，应更换减振弹簧或调整从动盘花键孔与花键轴。

2. 变速器异响

1）故障现象

变速器工作时发出不均匀碰撞声。

2）故障原因

（1）齿轮问题。

① 齿轮磨损严重。

② 齿轮的齿面有金属剥落（见图 5-6）。

图 5-6　齿轮的齿面有金属剥落

③ 齿轮断裂。

④ 个别轮齿损坏。

（2）轴承问题。

① 轴承磨损严重。

② 轴承与轴孔配合松旷。

③ 轴承滚珠碎裂或有烧蚀麻点。

（3）其他问题。

① 变速器油的油量不足、黏度过低、品质不好或规格不符合要求。

② 变速器内掉入异物。

③ 某些紧固螺栓松动。

④ 离合器不能分离、变速杆调整不当、导向衬套过紧。

⑤ 车速里程表软轴及齿轮异常。

汽车论坛

齿轮、轴承及其他问题引起的异响有什么不同？请与同学讨论。

3）故障诊断与维修

（1）听到异响时，特别是有金属干摩擦声时，应先检查变速器油。若变速器油的油量不足、黏度过低、品质不好或规格不符合要求，则更换变速器油；若变速器油符合要求，则进行下一步操作。

（2）操作变速器杆，使变速器挂入不同的挡位，听变速器异响情况。

① 若只有空挡时出现异响，踩离合器踏板后异响消失，则说明输入轴的前、后轴承或常啮合齿轮出现故障，应予以更换或调整。

② 若挂入任何挡位时都出现异响，踩离合器踏板后异响消失，则说明输出轴后轴承出现故障，应予以更换。

③ 若挂入某个挡位时异响明显，则说明该挡位齿轮磨损严重，应予以更换；若异响为周期性的，则说明个别轮齿损坏，应予以调整。

④ 若变速器工作时突然出现撞击声，则多为齿轮断裂，应予以更换。

⑤ 若换挡时齿轮发出撞击声，则说明故障由离合器不能分离、变速杆调整不当、导向衬套过紧等原因引起，应进行相应维修。

（3）若排除上述问题后，变速器仍有异响，则应检查车速里程表软轴及齿轮是否出现异常。若出现异常，则予以调整或更换；若没有异常，则说明各轴轴承与轴孔的配合或轴承本身出现问题，应予以调整或更换。

3．驱动桥异响

1）故障现象

（1）汽车挂挡行驶及脱挡滑行时，驱动桥均发出较大异响。

（2）汽车挂挡行驶时异响明显，汽车脱挡滑行或低速行驶时异响减弱或消失。

（3）汽车转弯时异响明显，汽车直线行驶时异响减弱或消失。

（4）汽车起步或突然改变车速时，驱动桥发出异响。

2）故障原因

（1）齿轮油油量不足、变质或规格不符合要求。

（2）轴承过于松旷。

（3）主减速器主、从动锥齿轮的啮合间隙过大或过小。

（4）主减速器锥齿轮磨损严重，或出现损伤。

（5）行星锥齿轮与半轴锥齿轮的啮合间隙过大。

（6）半轴锥齿轮与半轴花键配合松旷。

（7）行星锥齿轮与半轴锥齿轮的齿面磨损严重、出现损伤。

（8）差速器壳支撑轴承松旷。

3）故障诊断与维修

当驱动桥出现异响时，应根据异响的具体情况进行诊断与维修。图 5-7 所示为驱动桥异响的诊断与维修流程，具体内容如下。

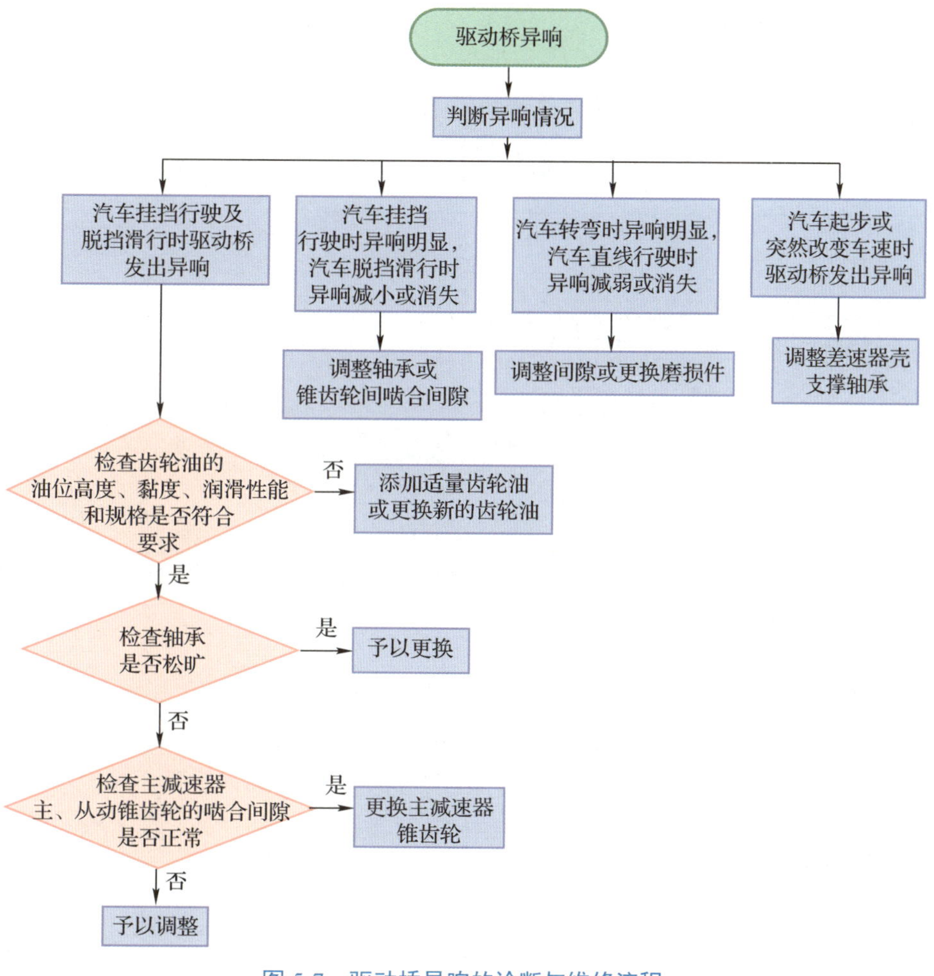

图 5-7　驱动桥异响的诊断与维修流程

（1）若汽车挂挡行驶及脱挡滑行时驱动桥发出异响，则进行以下操作。

① 检查齿轮油的油位高度、黏度、润滑性能和规格是否符合要求。若不符合，则添加适量齿轮油或更换新的齿轮油；若符合，则进行下一步操作。

② 检查轴承是否松旷。将驱动桥架起，用手握住主减速器的凸缘盘，沿轴线方向用力推拉，以检查主动锥齿轮的轴承是否松旷。若是，则予以更换；若不是，则进行下一步操作。

③ 检查主减速器主、从动锥齿轮的啮合间隙是否正常。松开驻车制动器，将变速器挂入空挡，用手

转动主动锥齿轮凸缘盘，若感觉活动感较大，则说明主减速器主、从动锥齿轮的啮合间隙过大，应予以调整；若无活动感，则说明啮合间隙过小，应予以调整；若活动感正常，则说明啮合间隙正常，故障可能由主减速器锥齿轮磨损严重、出现损伤等引起，应予以更换。

（2）若汽车挂挡行驶时异响明显，汽车脱挡滑行时异响减小或消失，则说明轴承松旷或锥齿轮间的啮合间隙过大，应予以调整。

（3）若汽车转弯时异响明显，汽车直线行驶时异响减小或消失，则说明行星锥齿轮与半轴锥齿轮的啮合间隙过大、半轴锥齿轮与半轴花键配合松旷、行星锥齿轮与半轴锥齿轮的齿面磨损严重或出现损伤等，应予以调整或更换磨损件。

（4）若汽车起步或突然改变车速时驱动桥发出异响，则说明差速器壳支撑轴承松旷，应予以调整。

汽车论坛

当驱动桥突然出现异响时，应立即停车检查并排除故障。如果不停车检查，那么会造成什么后果呢？

笔记

实践操作——更换挺柱

1. 任务准备

准备迈腾 B8L 汽车、汽车维修专用工具、维修手册、挺柱等。

更换挺柱

2. 操作步骤

（1）拆卸正时链条上部盖板，如图 5-8 所示。

（2）拆卸飞轮，如图 5-9 所示。

图 5-8 拆卸正时链条上部盖板

图 5-9 拆卸飞轮

（3）拆卸正时链条下部盖板。首先拆下正时链条下部盖板的螺栓，如图 5-10 所示；其次用铲刀铲下密封胶，如图 5-11 所示；最后取下正时链条下部盖板。

图 5-10 拆下正时链条下部盖板的螺栓

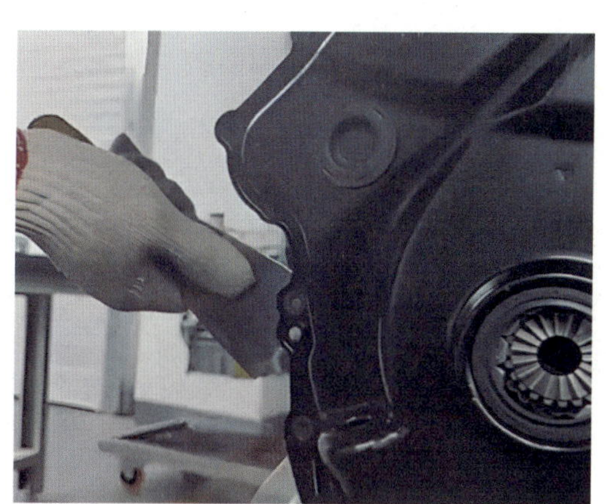
图 5-11 用铲刀铲下密封胶

（4）用专用工具拆下左侧和右侧的控制阀，如图 5-12 所示。

（5）拆卸轴承座，如图 5-13 所示。

图 5-12 用专用工具拆下左侧和右侧的控制阀

图 5-13 拆卸轴承座

（6）安上飞轮螺栓，如图 5-14 所示。

（7）取下正时链条上面的滑轨，如图 5-15 所示。

图 5-14　安上飞轮螺栓

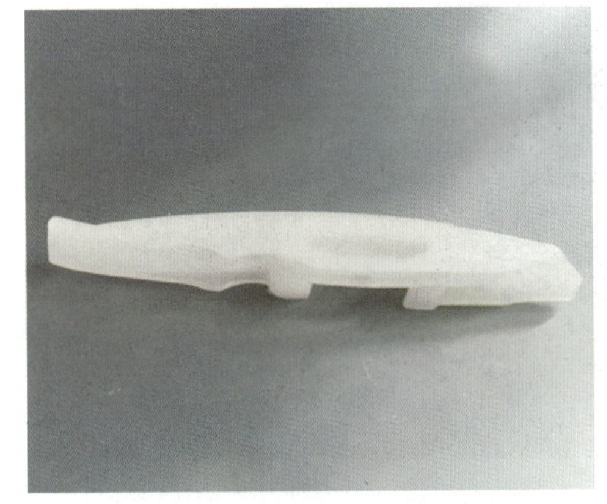
图 5-15　取下正时链条上面的滑轨

（8）将正时链条张紧器的卡环压到一起，并用专用工具固定，然后拆下正时链条张紧器，如图 5-16 所示。

（9）拆卸正时链条侧面的滑轨，如图 5-17 所示。

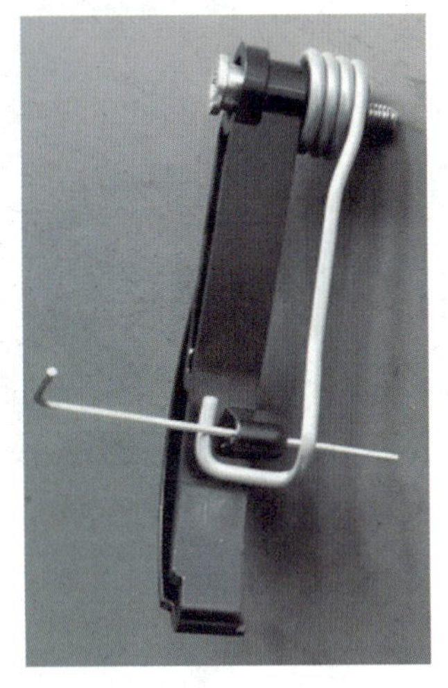
图 5-16　拆下正时链条张紧器

图 5-17　拆卸正时链条侧面的滑轨

（10）拆卸飞轮螺栓，取下正时链条，如图 5-18 所示。

（11）按顺序拧松气缸盖罩螺栓，并取下气缸盖罩，如图 5-19 所示。

图 5-18　取下正时链条

图 5-19　取下气缸盖罩

（12）取下凸轮轴，如图 5-20 所示。

图 5-20　取下凸轮轴

（13）取下挺柱，如图 5-21 所示。

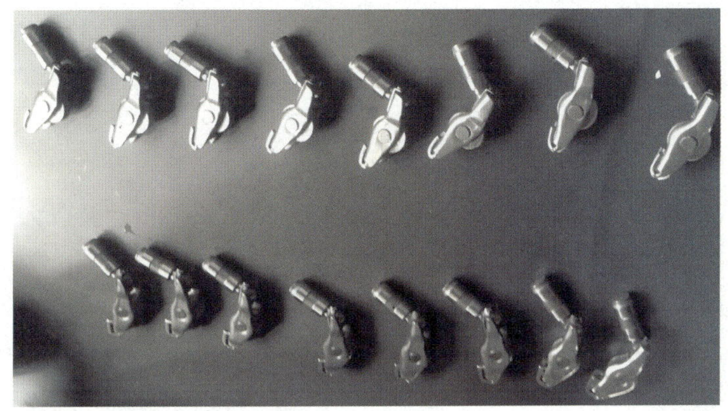

图 5-21　取下挺柱

（14）检查挺柱，发现挺柱变形，应予以更换。

（15）安装新的挺柱，安装顺序与拆卸顺序相反，此处不再赘述。

任务5.2 汽车渗漏与异味诊断与维修

任务引入

由于限行，小伟一直将汽车放在地下车库中，已经好久都没有开车了。这天，正好是法定节假日且不限行，小伟打算带全家人出游。他到达地下车库时，发现汽车下方有一大摊油，且其中间颜色深，边缘颜色浅。他意识到是汽车漏油了，只好将汽车送去汽修厂维修。维修人员快速锁定了漏油部位，并进行了维修。那么，除了以上提到的漏油现象，汽车还有哪些类型的漏油现象呢？

本任务将介绍汽车渗漏、汽车异味的诊断与维修，其知识与技能要求如表5-7所示。

表5-7 知识与技能要求

任务内容	汽车渗漏与异味诊断与维修	学习程度		
		识记	理解	应用
学习任务	汽车渗漏诊断与维修		●	
	汽车异味诊断与维修		●	
实训任务	空调异味诊断与维修			●
自我勉励				

任务工单——空调异味诊断与维修

1．学生分组

以 3～5 人为一组，选出组长并进行分工，将小组成员及分工情况填入表 5-8 中。

表 5-8　小组成员及分工情况

班级：　　　　　　　　　　组号：　　　　　　　　　　指导教师：

小组成员	姓名	学号	任务分工
组长			
组员			

2．获取信息

在进行实际操作前，需要掌握汽车渗漏与异味诊断与维修的相关知识。请各组组长组织组员收集相关资料，回答下列问题。

引导问题 1：汽车渗漏时，可能出现__________、__________、__________、__________、__________、__________等现象。

引导问题 2：用荧光剂如何检查汽车渗漏？

引导问题 3：汽车常见的异味有________、________、________、________等。

引导问题 4：造成车上有橡胶烧焦味的原因有哪些？该如何进行诊断与维修？

3. 任务准备

在明确任务内容的情况下，根据实际情况，在表 5-9 中写出车辆信息及所需的工具、设备、资料等。

表 5-9 车辆信息及所需的工具、设备、资料

车辆信息	车型	VIN 码	行驶里程
工具、设备、资料			

在进行实际操作前请做好现场防护，并把现场防护措施填入表 5-10 中。

表 5-10 现场防护措施

个人防护	
设备安全防护	
场地安全防护	

4. 任务实施

1）观察并描述故障现象

2）故障诊断与维修

根据出现的故障现象进行故障诊断与维修，补全任务点，并拍摄每步的操作图片，完成表 5-11。

表 5-11 操作步骤

序号	任务点	操作图片
1	拆下储物箱	

续表

序号	任务点	操作图片
2	拔下__________	
3	取出空调滤清器	
4	检查空调滤清器，结果为__________	
5	进行维修，维修步骤为__________	
6	盖上空调滤清器盖板	
7	装上储物箱	

3）维修验证

检查车辆故障是否消除，并把验证结果填入表 5-12 中。

表 5-12　维修验证

序号	验证结果
1	故障点是否恢复正常：是 □，否 □
2	打开空调，车内是否有异味：是 □，否 □

4）进行 5S 工作

对照表 5-13 进行 5S 工作，并把完成结果填入表中。

表 5-13　5S 工作

序号	完成结果
1	车内四件套是否取下：是 □，否 □
2	车外三件套是否取下：是 □，否 □
3	加长排气管是否取下：是 □，否 □
4	车轮挡块是否取下：是 □，否 □
5	地面是否清理干净：是 □，否 □

5．考核评价

各组组长展示任务完成情况，并配合指导教师完成如表 5-14 所示的考核评价表。

表 5-14　考核评价表

项目名称	评价内容	分值 / 分	评价分数 / 分		
			自评	互评	师评
职业素养考核项目（40%）	穿戴规范、整洁	6			
	安全意识、责任意识、服从意识强	6			
	积极参加教学活动，按时完成任务工单	10			
	团队合作、与人沟通能力强	6			
	劳动纪律良好	6			
	维修场地、设备等整洁	6			
专业能力考核项目（60%）	专业知识查找及时、准确	12			
	操作符合规范	18			
	操作熟练，工作效率高	12			
	任务完成度高	18			
合计		100			
总评	自评（20%）+ 互评（20%）+ 师评（60%）= ______	综合等级	指导教师（签名）：______		

6．课堂小结

______

______

______

相关知识

5.2.1 汽车渗漏

汽车渗漏包括汽车渗油和汽车漏油。

（1）汽车渗油是一种普遍现象。当渗油程度较为轻微时，它并不构成故障，这主要是因为机油具有较强的渗透性，可能会从油封等部件微量渗出。然而，如果渗油情况较为严重，则应及时进行维修处理。

（2）汽车漏油是一种故障现象，预示汽车可能存在很大的故障。

汽车内有燃油、机油、制动液、齿轮油、助力油等，它们都可能出现渗漏。

1. 故障现象

汽车渗漏时，可能出现飞溅油、明漏油、滴漏油、挂漏油、渗漏油、阴漏油等现象。

（1）飞溅油现象：渗漏部位周围有不规则且大面积的油迹。

（2）明漏油现象：有明显的油滴大量滴落，导致渗漏部位下方出现一大摊油迹，这摊油迹的中间颜色较深，四周颜色较浅，如图 5-22 所示。

图 5-22 明漏油现象

（3）滴漏油现象：油一点一点地滴下，渗漏部位下方会有油迹，且油迹中间颜色深，四周颜色浅。

（4）挂漏油现象：渗漏部位常挂着油滴，长时间后，这些油滴会滴落，导致渗漏部位下方会有小块油迹，且油迹中间颜色深，四周颜色浅。

（5）渗漏油现象：渗漏部位没有油滴，其四周有一片黑黑的油迹。

（6）阴漏油现象：与渗漏油比较相似，区别是没有明确的渗漏点，仅仅是一片淡淡的油迹。

2. 故障原因

造成汽车渗漏的主要原因有以下几点。

（1）密封件老化（见图 5-23）或损坏、密封条松动或移位。

图 5-23　密封件老化

（2）紧固件出现问题，如螺丝松动、垫片移位或损坏。

（3）在汽车制造或维修过程中，工艺不当或维修不当，导致渗漏。

（4）油液加注过多。

（5）零件（如油箱、水管等）损坏或腐蚀。

（6）冷却系统、空调系统或燃油系统故障。

3．故障诊断与维修

汽车渗漏的故障诊断与维修步骤通常是检查渗漏部位，然后找出故障原因并进行相应的维修。检查汽车渗漏部位的方法一般有以下几种。

1）目测检查

当肉眼可见某连接处有油迹时，此处可能有渗漏，此方法仅适用于一些明显、大量的渗漏。

2）肥皂水检查

先将被检查部位表面的污渍擦干净，再将调试好的肥皂水涂在被检查部位周围，若有气泡产生，则说明该处有渗漏。

前车之鉴

使用肥皂水检查时应防止弄湿车上的电气系统。

3）氮气检查

氮气检查适用于高压系统，如燃油系统、制动系统等，具体步骤为将待测系统充入 10～20 kg/cm^3 压力的氮气，然后浸入水中，冒泡处即为渗漏点。

4）气压差检查

气压差检查是利用系统内外的气压差来进行检查的，这种方法通过传感器将气压差放大，以数字、声音、电子信号的方式展示检查结果。气压差检查一般有真空负压、氦气正压和氮气正压三种检查方法。

5）电子检查

电子检查是指用电子检漏仪沿着所有可能渗漏部位移动，当电子检漏仪发出报警时，即表明此处有

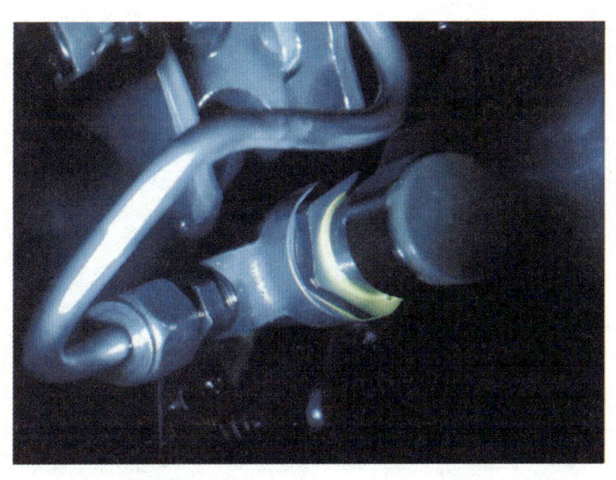

图 5-24　渗漏处呈现出明亮的黄色荧光

大量渗漏。这是一种较为先进的检查方法，仅适用于制冷系统渗漏的检查。

6）荧光剂检查

荧光剂检查主要用于检查空调系统的渗漏情况。这种方法是先将荧光剂按一定比例加入系统内的介质（如制冷剂）中，然后让系统运行一段时间，使荧光剂与介质充分混合并渗透到潜在的渗漏部位，此时，使用黑光灯（或紫外线灯）照射系统的外部，渗漏处将呈现出明亮的黄色荧光（见图 5-24），从而可以直观地识别出渗漏位置。

比较汽车渗漏的几种检查方法，说一说各方法的优缺点。

5.2.2　汽车异味

汽车常出现一些异味，这些异味往往表明汽车出现了一些故障。汽车常见的异味有橡胶烧焦味、空调异味、未燃烧的汽油味（生油味）、蓄电池臭味等。

1．橡胶烧焦味

1）故障现象

在汽车行车过程中会闻到橡胶烧焦的味道，甚至看到局部冒烟。

2）故障原因

（1）在行车过程中，连续且过度地使用制动，导致轮胎与地面之间的摩擦力显著增大，进而使轮胎温度升高。当温度升高到一定程度时，轮胎可能会烧焦，并散发出烧焦味。

（2）传动带（见图 5-25）松弛、打滑，导致车辆高速运转时传动带丢转，影响散热，过热的温度使传动带烧焦，散发出烧焦味。

（3）橡胶软管温度过高散发出烧焦味。

（4）导线过热或电气系统线路发生短路。

图 5-25　传动带

3）故障诊断与维修

（1）将车辆靠边停放，检查轮胎温度是否过高。若是，则让汽车停放一段时间，待轮胎温度降低后再行驶；若不是，则进行下一步操作。

（2）检查发动机舱内的传动带是否松弛、打滑。若是，则更换传动带；若不是，则进行下一步操作。

（3）检查各橡胶软管的温度是否过高。若是，则更换温度过高的橡胶软管；若不是，则检查电气系统线路，更换烧焦的导线，排除短路故障。

前车之鉴

注意在整个操作过程中千万不可以使用冷水降温！

2. 空调异味

1）故障现象

打开空调时，会闻到类似发霉的气味。

2）故障原因

空调异味通常是因为空调系统长时间没有清理，导致空调滤清器、鼓风机、蒸发箱、空调管路等滋生细菌、霉菌及螨虫，并因此散发出难闻的异味。

3）故障诊断与维修

闻到空调异味时，应更换空调滤清器，并彻底清洗空调系统。此外，平时在关闭空调前，可以先启动 3 min 左右的风扇模式，以便除去空调内的湿气。

3. 未燃烧的汽油味（生油味）

1）故障现象

在车上会闻到未燃烧的汽油味，严重时还会发现地上有油迹。

2）故障原因

燃油供给系统易发生输油管路老化、龟裂，油箱受损等故障。如果车辆遇到颠簸或管路内压力发生变化，燃油就可能从这些部位渗漏出来。

3）故障诊断与维修

一旦在行驶过程中闻到异常的汽油味，应马上停车检查油箱是否受损。若是，则应更换油箱；若不是，则按汽车渗漏故障进行诊断与维修。

4. 蓄电池臭味

1）故障现象

靠近蓄电池，会闻到一股刺鼻的气味，当发电机向蓄电池充电时，蓄电池因过热而冒白烟，气味也更加浓烈。

2）故障原因

蓄电池电解液泄漏，如图 5-26 所示。

3）故障诊断与维修

检查蓄电池是否存在破坏情况。若是，则更换蓄电池；若不是，则补充适量电解液。

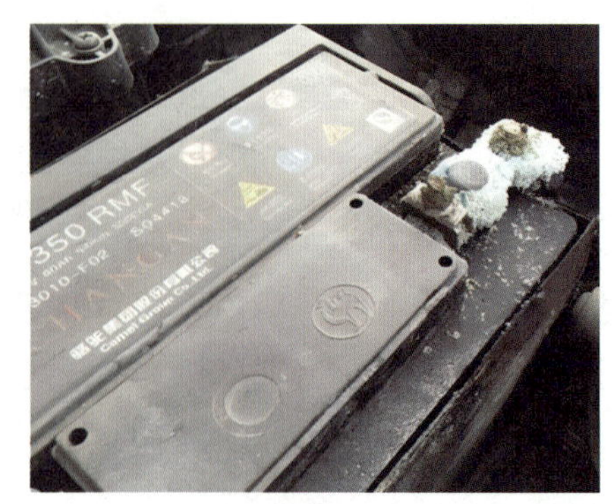

图 5-26　蓄电池电解液泄漏

笔记

实践操作——空调异味诊断与维修

1. 任务准备

（1）准备迈腾 B8L 汽车、车轮挡块、加长排气管、车内四件套、车外三件套、空调滤清器等。

（2）安装车轮挡块、加长排气管、车内四件套、车外三件套等，进入车内，降下车窗。

空调异味诊断与维修

2. 观察并描述故障现象

打开点火开关和空调，将风量调到最大（见图 5-27），此时会闻到异味。

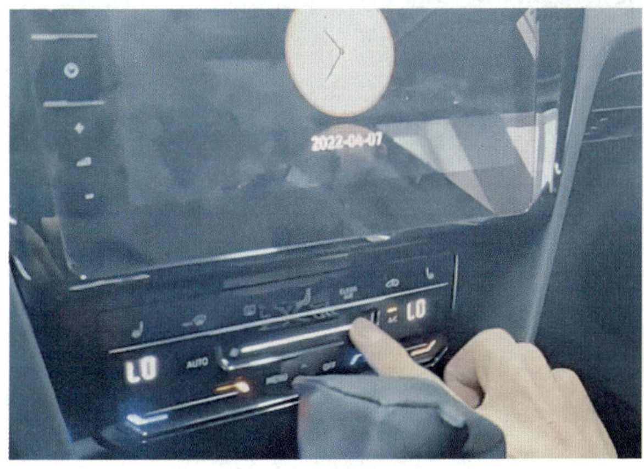

图 5-27　将风量调到最大

3．故障诊断与维修

（1）拆下储物箱，如图 5-28 所示。

（2）拔下空调滤清器盖板，如图 5-29 所示。

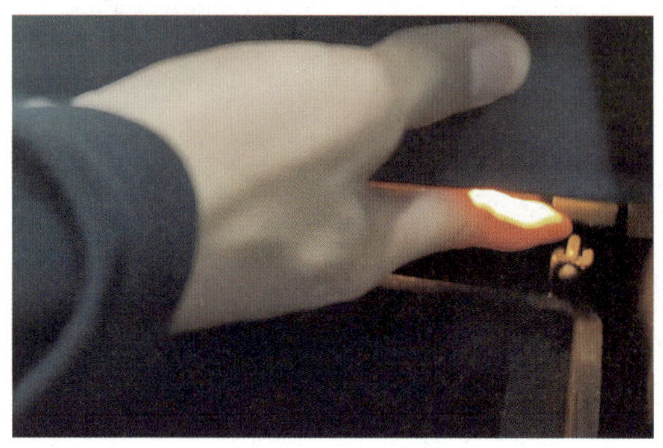

图 5-28　拆下储物箱

图 5-29　拔下空调滤清器盖板

（3）取出空调滤清器，如图 5-30 所示。看到空调滤清器脏污，如图 5-31 所示。

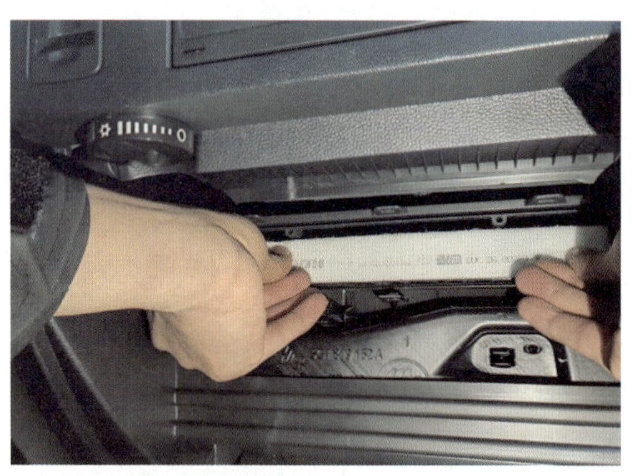

图 5-30　取出空调滤清器

图 5-31　空调滤清器脏污

（4）更换新的空调滤清器，如图 5-32 所示。然后盖上盖板，装上储物箱。

图 5-32　新的空调滤清器

4．维修验证

再次打开空调，并将风量调到最大，等待 5～10 min，车内无异味。

5．进行 5S 工作

取下车内四件套、车外三件套、加长排气管、车轮挡块，清理地面等。

任务5.3 汽车无法启动诊断与维修

任务引入

小王一个月前购置了一辆新车，由于需要临时出差两周，车辆一直未得到启动。出差归来后，他计划驾车前往公司。然而，当他打开点火开关时，只听到打火的声音，车辆却未能成功启动。尽管他多次尝试，汽车依然无法启动。无奈之下，他只能联系4S店，请求协助将车辆拖去维修。维修人员在对车辆进行细致检查后，迅速锁定了故障原因，并进行了维修。那么，维修人员是如何进行故障诊断与维修的呢？

本任务将介绍汽车无法启动且无着车征兆、汽车无法启动但有着车征兆的诊断与维修，其知识与技能要求如表5-15所示。

表5-15 知识与技能要求

任务内容	汽车无法启动诊断与维修	学习程度		
		识记	理解	应用
学习任务	汽车无法启动且无着车征兆诊断与维修		●	
	汽车无法启动但有着车征兆诊断与维修		●	
实训任务	汽车无法启动且无着车征兆诊断与维修			●
自我勉励				

任务工单——汽车无法启动且无着车征兆诊断与维修

1. 学生分组

以 3～5 人为一组，选出组长并进行分工，将小组成员及分工情况填入表 5-16 中。

表 5-16 小组成员及分工情况

班级： 组号： 指导教师：

小组成员	姓名	学号	任务分工
组长			
组员			

2. 获取信息

在进行实际操作前，需要掌握汽车无法启动诊断与维修的相关知识。请各组组长组织组员收集相关资料，回答下列问题。

引导问题 1：汽车无法启动主要表现为____________和____________两种现象。

引导问题 2：导致汽车无法启动且无着车征兆的原因有哪些？

引导问题 3：绘制汽车无法启动且有着车征兆的诊断与维修流程图。

3. 任务准备

在明确任务内容的情况下，根据实际情况，在表 5-17 中写出车辆信息及所需的工具、设备、资料等。

表 5-17　车辆信息及所需的工具、设备、资料

车辆信息	车型	VIN 码	行驶里程
工具、设备、资料			

在进行实际操作前请做好现场防护，并把现场防护措施填入表 5-18 中。

表 5-18　现场防护措施

个人防护	
设备安全防护	
场地安全防护	

4. 任务实施

1）观察并描述故障现象

2）故障诊断与维修

根据出现的故障现象进行故障诊断与维修，并将工作内容填入表 5-19 中。

表 5-19　操作步骤

序号	任务点	工作内容
1	连接故障诊断仪	连接过程：
2	读取故障码	无故障码（　　）/ 有故障码（　　） 故障码： 故障码说明：

续表

<table>
<tr><th>序号</th><th>任务点</th><th>工作内容</th></tr>
<tr><td rowspan="4">3</td><td rowspan="4">有故障码时，按故障码内容进行操作</td><td>可能故障原因：</td></tr>
<tr><td>诊断步骤：</td></tr>
<tr><td>诊断结果：</td></tr>
<tr><td>维修步骤：</td></tr>
<tr><td rowspan="4">4</td><td rowspan="4">无故障码时，检查相关部件</td><td>相关部件：</td></tr>
<tr><td>检查步骤：</td></tr>
<tr><td>检查结果：</td></tr>
<tr><td>维修步骤：</td></tr>
</table>

3）维修验证

检查车辆故障是否消除，并把验证结果填入表 5-20 中。

表 5-20　维修验证

序号	验证结果
1	故障点是否恢复正常：是 □，否 □
2	故障码是否消除：是 □，否 □
3	故障现象是否消除：是 □，否 □
4	车辆是否能够正常行驶：是 □，否 □

4）进行 5S 工作

对照表 5-21 进行 5S 工作，并把完成结果填入表中。

表 5-21　5S 工作

序号	完成结果
1	车内四件套是否取下：是 □，否 □
2	车外三件套是否取下：是 □，否 □
3	加长排气管是否取下：是 □，否 □
4	车轮挡块是否取下：是 □，否 □
5	地面是否清理干净：是 □，否 □

班级＿＿＿＿＿＿ 姓名＿＿＿＿＿＿ 学号＿＿＿＿＿＿

5．考核评价

各组组长展示任务完成情况，并配合指导教师完成如表 5-22 所示的考核评价表。

表 5-22　考核评价表

<table>
<tr><th rowspan="2">项目名称</th><th rowspan="2" colspan="2">评价内容</th><th rowspan="2">分值 / 分</th><th colspan="3">评价分数 / 分</th></tr>
<tr><th>自评</th><th>互评</th><th>师评</th></tr>
<tr><td rowspan="6">职业素养考核项目（40%）</td><td colspan="2">穿戴规范、整洁</td><td>6</td><td></td><td></td><td></td></tr>
<tr><td colspan="2">安全意识、责任意识、服从意识强</td><td>6</td><td></td><td></td><td></td></tr>
<tr><td colspan="2">积极参加教学活动，按时完成任务工单</td><td>10</td><td></td><td></td><td></td></tr>
<tr><td colspan="2">团队合作、与人沟通能力强</td><td>6</td><td></td><td></td><td></td></tr>
<tr><td colspan="2">劳动纪律良好</td><td>6</td><td></td><td></td><td></td></tr>
<tr><td colspan="2">维修场地、设备等整洁</td><td>6</td><td></td><td></td><td></td></tr>
<tr><td rowspan="4">专业能力考核项目（60%）</td><td colspan="2">专业知识查找及时、准确</td><td>12</td><td></td><td></td><td></td></tr>
<tr><td colspan="2">操作符合规范</td><td>18</td><td></td><td></td><td></td></tr>
<tr><td colspan="2">操作熟练，工作效率高</td><td>12</td><td></td><td></td><td></td></tr>
<tr><td colspan="2">任务完成度高</td><td>18</td><td></td><td></td><td></td></tr>
<tr><td colspan="3">合计</td><td>100</td><td></td><td></td><td></td></tr>
<tr><td rowspan="2">总评</td><td rowspan="2">自评（20%）+ 互评（20%）+ 师评（60%）= ＿＿＿＿＿＿＿＿</td><td>综合等级</td><td rowspan="2" colspan="4">指导教师（签名）：＿＿＿＿＿</td></tr>
<tr><td></td></tr>
</table>

6．课堂小结

相关知识

汽车无法启动主要表现为无着车征兆和有着车征兆两种现象。

5.3.1 汽车无法启动且无着车征兆

1. 故障现象

启动发动机时，启动机能带动发动机正常运转，但汽车无法启动且无着车征兆。

2. 故障原因

（1）发动机供电继电器断路。

（2）燃油箱无油。

（3）启动操作方法错误。

（4）燃油泵不工作。

（5）喷油器不工作。

（6）油压调节器渗漏。

（7）燃油滤清器堵塞。

3. 故障诊断与维修

（1）使用故障诊断仪识别是否存在电子控制系统故障。若故障诊断仪显示故障码，则应首先按照故障码指示的问题进行维修。例如，若显示发动机供电继电器断路，则应更换继电器。若不显示故障码，则进行下一步操纵。

（2）检查燃油箱存油情况。若油表指针不动或油量警告灯亮，则说明故障原因是燃油箱无油，应向燃油箱中注入适量的燃油；若正常，则进行下一步操作。

（3）确认启动操作方法是否正确。若不正确，则按正确的操作方法重新启动；若正确，则进行下一步操作。

知识加油站

在启动发动机时，控制系统明确要求不得踩下加速踏板。一旦在启动过程中完全踩下或频繁踩踏加速踏板，将触发控制系统的溢油消除机制，该机制会阻止喷油器喷油，进而造成汽车无法启动。

（4）检查燃油泵是否工作。若不工作，则应检查熔断器、继电器及燃油泵控制电路等，如以上检查都正常，说明燃油泵出现故障，更换燃油泵即可；若工作，则进行下一步操作。

（5）检查各喷油器是否工作，若喷油器不工作，则可用万用表测量其供电电压是否正常。若不正常，则说明喷油器控制系统或控制线路发生故障，应进一步检查相关电路和元件，并进行相应维修；若正常，则进行下一步操作。

（6）检查燃油压力是否正常。发动机未运转状态下的正常燃油压力应为 300 kPa 左右。若燃油压力过低，则应用包有软布的钳子夹住油压调节器的回油管（见图 5-33），阻断回油通路。此时，若燃油压力迅速上升，则说明油压调节器渗漏，应更换油压调节器；若燃油压力上升缓慢或基本不上升，则说明油路堵塞或燃油泵发生故障。对此，应先检查燃油滤清器（见图 5-34）是否堵塞，若发现堵塞，则应更换燃油滤清器；若燃油滤清器良好，则应更换燃油泵。

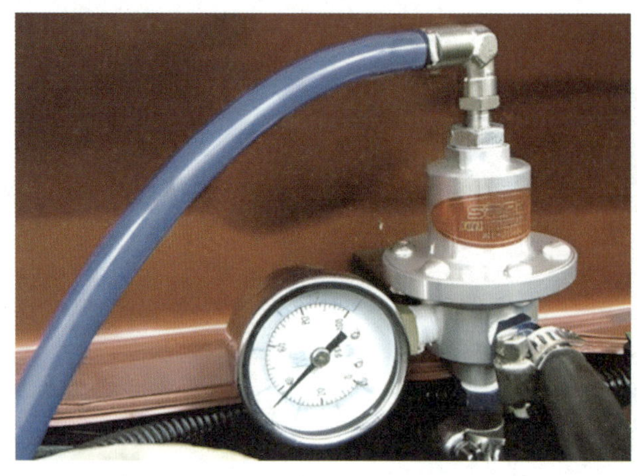

图 5-33　油压调节器的回油管

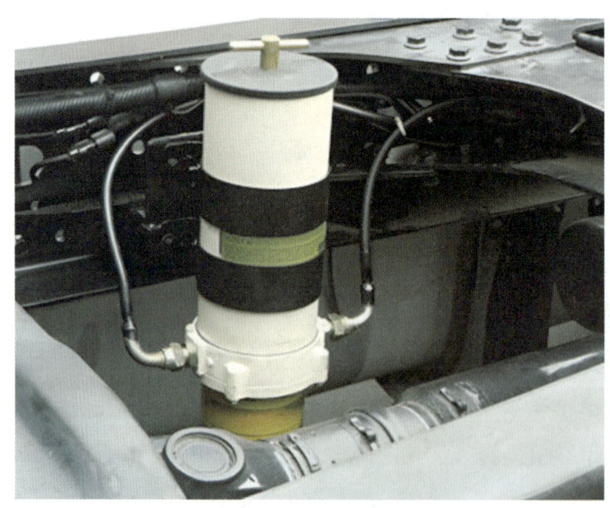

图 5-34　燃油滤清器

5.3.2　汽车无法启动但有着车征兆

1．故障现象

启动发动机时，启动机能带动发动机正常运转，有轻微着车征兆，但汽车不能完全启动。

2．故障原因

（1）冷却液温度传感器发生故障。

（2）空气流量传感器发生故障。

（3）曲轴位置传感器发生故障。

（4）进气系统漏气。

（5）空调滤清器堵塞。

（6）喷油器控制系统发生故障。

（7）燃油滤清器、油压调节器及燃油泵等出现故障。

（8）喷油器渗漏。

3．故障诊断与维修

汽车无法启动但有着车征兆的诊断与维修流程如图 5-35 所示。

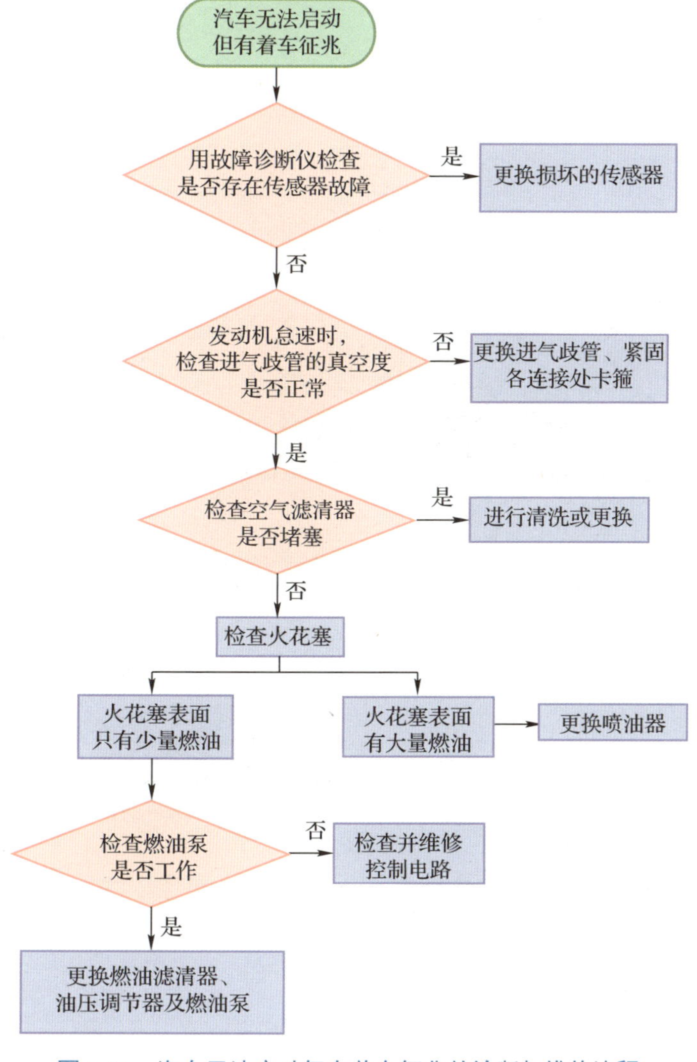

图 5-35　汽车无法启动但有着车征兆的诊断与维修流程

（1）用故障诊断仪检查是否存在传感器（如冷却液温度传感器、空气流量传感器、曲轴位置传感器等）故障。若是，则应更换损坏的传感器；若不是，则进行下一步操作。

（2）发动机怠速时，检查进气歧管的真空度是否正常。若不是，则说明进气歧管破裂、各连接处卡箍松脱等导致进气系统漏气，应更换进气歧管、紧固各连接处卡箍；若是，则进行下一步操作。

（3）检查空调滤清器是否堵塞。若是，则应进行清洗或更换；若不是，则进行下一步操作。

（4）检查火花塞。

① 若火花塞表面只有少量燃油，则说明喷油器喷油量太少。对此，应在启动发动机时检查燃油泵是否工作。若发动机能启动而燃油泵不工作，则应检查并维修控制电路；若发动机不能启动而燃油泵工作，则说明燃油滤清器、油压调节器及燃油泵等出现故障，应予以更换。

② 若火花塞表面有大量燃油，则说明气缸中已出现“呛油”现象，可能是喷油器渗漏，应予以更换。

笔记

实践操作——汽车无法启动且无着车征兆诊断与维修

1. 任务准备

汽车无法启动且无着车征兆诊断与维修

（1）准备迈腾 B8L 汽车、车轮挡块、加长排气管、车内四件套、车外三件套、故障诊断仪等。

（2）安装车轮挡块、加长排气管、车内四件套、车外三件套等，然后进入车内，降下车窗。

2. 观察并描述故障现象

踩下制动踏板，按下点火开关，启动机运转，但汽车无法启动且无着车征兆。

3. 故障诊断与维修

（1）插入蓝牙接线盒，安装故障诊断仪，读取故障码，如图 5-36 所示。

（2）打开保险盒，拔下发动机供电继电器，如图 5-37 所示。

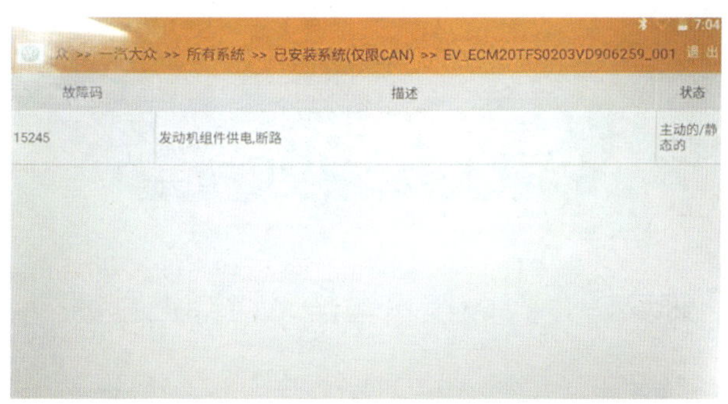

图 5-36　读取故障码

图 5-37　拔下发动机供电继电器

（3）将万用表的测量挡位调至欧姆挡，并校零。

（4）用万用表测量发动机供电继电器的线圈电阻，结果为无穷大，如图 5-38 所示。

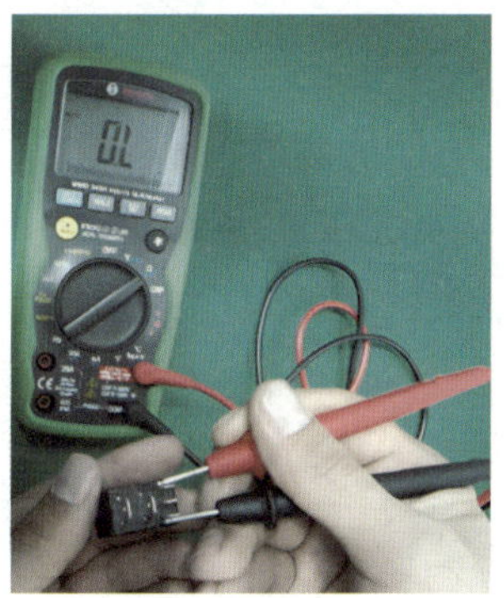

图 5-38　用万用表测量发动机供电继电器的线圈电阻

（5）诊断结果为发动机供电继电器断路，应更换新的发动机供电继电器。

4．维修验证

再次启动车辆，车辆正常启动。清除故障码后，再次读取故障码，无故障码。

5．进行 5S 工作

盖上保险盒盖，拔下故障诊断仪，取下车内四件套、车外三件套、加长排气管、车轮挡块，清理地面等。

模范先锋

陈文勇：打破技术壁垒　诠释工匠精神

作为先进工业技术的核心动力之一，电主轴在现代制造业中对提升加工效率、保证产品质量以及推动制造业的发展起到了至关重要的作用。由于其技术含量高，集成了电动机、液压系统、润滑系统、冷却系统、拉刀机构等多个复杂部件且对材料、制造工艺和精度要求极高。

面对价格高昂、长期依赖外部维修、维护成本高、维修周期长的困境，长安汽车新动力工厂陈文勇大师工作室挺身而出，誓要打破电主轴委外维修的技术壁垒。

“长期的技术依赖严重制约了自主技术创新和发展步伐。”陈文勇说。在过去，电主轴一旦出现故障，往往只能返厂维修或寄望于外部专业维修团队或提前采购主轴备件，不仅费用高、周期长、占库存，而且维修过程不透明，给公司带来沉重的经济负担和不确定的生产风险。“唯有掌握自主维修技术，才能从根本上摆脱这一困境，更是企业转型升级、实现高质量发展的必由之路。”

面对电主轴修复技术难题，长安汽车新动力工厂通过搭建以陈文勇技能大师为带头人的攻关改善团队，并从人力、设备、场地、费用渠道等多方面入手，为电主轴自主修复技术攻关工作提供全方位、强有力的保障。

作为中国兵器装备技能带头人，陈文勇为了攻克电主轴委外维修技术难题，带领团队制订了详细的攻关计划。深入学习电主轴的结构原理与维修技术，查阅文献、资料、手册，提升自身专业水平和维修能力；结合设备上电主轴常见故障进行分析和研究，由易到难，逐步攻克部件调整、替换和修复；对已经损坏严重的主轴进行拆解、检测，详细记录每个部件的规格、尺寸，并对损坏的部件开展原因分析。最终形成并制订了电主轴自主修复精度检验和调校标准。

年复一年，日复一日。六年的持续探索和深入研究，维修经验不断丰富，对各部件结构、功能了解更加深入。陈文勇大师工作室在电主轴修理领域也取得了显著成就。他们独创的主轴轴承“冷压法”“预热装配法”“修研法”以及动态和静态精度的“综合检测调整法”，成功突破了国际知名品牌的技术壁垒，攻克了电主轴维修成本高、周期长的难题，并获得《一种快换销式联轴器》实用新型专利。目前，工作室能够独立修复8个品牌20种类型的主轴，品类自主修复率高达66.7%。

为进一步降低修复成本，陈文勇大师工作室继续深研，开展同质化替代与高精度零部件自制，双管齐下，成效显著。前者通过优选性价比高的替代品，直接降低采购成本，采用多种替代品可以增强供应链的灵活性和韧性；后者则凭借技术实力，自主掌控生产过程和质量标准，确保零部件的精度和质量符合要求。经过一系列的努力和奋斗，陈文勇带领团队成功打破了电主轴委外维修的技术壁垒。

其实，新动力工厂有许多如陈文勇大师的工匠们，他们秉承“匠心筑梦，精益求精”的精神内核，不断探索前沿技术，勇于挑战未知领域，为公司持续发展注入源源不断的创新活力与强劲动力。

（资料来源：胡虹，《陈文勇：打破技术壁垒　诠释工匠精神》，
人民网，2024 年 9 月 24 日，有改动）

项目考核

1. 填空题

（1）汽车渗漏包括汽车渗油和______________。

（2）渗漏部位周围有不规则且面积大的油迹属于______________现象。

（3）检查汽车渗漏部位的方法一般有目测检查、肥皂水检查、______________、气压差检查、电子检查和______________。

（4）燃油箱无油属于____________________________的故障原因。

（5）汽车无法启动且有着车征兆的故障现象____。

2. 简答题

（1）正时齿轮异响的故障原因有哪些？

（2）简述离合器异响的故障诊断与维修步骤。

（3）空调异味的故障原因是什么？

（4）如何对汽车无法启动且无着车征兆进行故障诊断与维修？

参考文献

[1] 孔旭红. 汽车故障诊断技术 [M]. 2 版. 北京：中国劳动社会保障出版社，2019.

[2] 罗新闻. 汽车故障诊断与排除 [M]. 北京：机械工业出版社，2016.

[3] 李明杰，陈小兵，白平生. 汽车故障诊断与排除 [M]. 哈尔滨：哈尔滨工程大学出版社，2021.

[4] 钟志勇，张国川. 汽车故障诊断与排除 [M]. 武汉：华中科技大学出版社，2017.

[5] 解国林，符小泽，陈军强. 汽车故障诊断与排除 [M]. 天津：天津科学技术出版社，2020.

[6] 索昂才仁，麻成涛. 汽车故障诊断与维修 [M]. 上海：上海交通大学出版社，2020.

[7] 袁宗齐，许东晖. 汽车故障诊断与维修 [M]. 成都：四川大学出版社，2015.